沟 通 由 手 形 到 心 灵

中国手语系列丛书

理科专业手语

LIKE ZHUANYE SHOUYU

中国残疾人联合会教育就业部　中国聋人协会/编

华夏出版社
HUAXIA PUBLISHING HOUSE

编委会名单

名誉主任	程 凯
名誉副主任	杨 洋　张新龙
主　　任	唐淑芬　王联心
副 主 任	韩咏梅　黄 伟
委　　员	吴慧敏　葛玉红　赵伟时　宋晓华
	于缘缘
执　　笔	王联心　吴慧敏　葛玉红
绘　　图	孙联群
终　　审	顾定倩

编 写 说 明

当前,我国正处在工业化、现代化、信息化、国际化的时代,自然科学发展日新月异,聋人日常生活与学习的领域更为广阔。随着特殊教育学校课程改革,综合性的科学课(含科学、生物、物理、化学方面的知识)已成为我国聋校的一门基础课程。因此,表达自然科学专业术语的手语需要随之扩充与规范,以适应聋人交往与聋校教学的需要。

2005年4月,中国残疾人联合会教育就业部委托上海市教育委员会教研室组织编制《理科专业手语》(原称《自然科学手语》),作为《中国手语》的系列丛书之一。上海市教委教研室组成由学科专家、手语专家、聋人代表和聋校理科教师参加的编制研究小组开展研制工作,历经五年最终出版。

本书共收录词目1305个,其中新词目1180个,词目确定主要依据聋校科学课程教学内容,从中挑选常用、有代表性的专业基本词;同时收录聋校科学课教学中不要求学生掌握但在学习和日常生活中会见到和用到的专业术语,如"半衰期"。全书按物理、化学、生命科学、天文地理、实验五个部分编排,并按部首索引检词。

理科专业术语手势动作的编纂,根据《中国手语》提出的设计原则,凡是《中国手语》已有手势的,基本沿用,以保持手势的统一性;对《中国手语》、《计算机专业手语》和《体育专业手语》中个别手势动作,依据科学性、形象性原则作了修正。这些修正主要有以下几点:

第一,更改和补充动作。例如,例如,"月球"的"球"未用原《中国手语》书中"地球"手势(二)"一手握拳,腕部转动一下,表示地球"的动作,而采用聋人习惯打法"双手五指微曲,指尖相对成球形,同时向外转动一下"。再如,《体育专业手语》中有"计时器"一词,手势模仿按秒表动作;

本书"计时器"则用另外的动作,以泛指各种类型的计时器。另外调整动作的还有"频率""血管""位移""地球"等。

对于个别词目,如"尿"的手势动作,审议中聋人代表与其他人员的意见相佐,本书将两种不同的打法并列,使用者可自行选择。

第二,制订和调整规范。表示计量单位和化学品,《中国手语》原用书空字母、手指字母、手指字母+书空字母、手势动作等多种方式,但缺少有规律性的手势动作设计规范,不便记忆。为此,本书对此进行了梳理和初步的规范。

本书在表示计量单位时,一般用手指字母;如果手指字母与某个数字的手势动作相同,则改用书空字母的方式。例如,电压单位"伏",用手指字母"V"的指式与数字"2"的手势相同,表示"220V"会误解为"2202",因此,采用书空字母"V"的方式,即可避免混淆。表示能量单位的"焦",也用书空字母"J"的方式,以免误解为数字"9"。

在表示化学品时,原来多采用连续书空字母、数字呈现其化学式,或用特别设计的手势;遇到长的化学式,连续书空对于观看和记忆难度很大。经过反复讨论和研究,本书提出和采用如下规范:《中国手语》已有的化学类词目的手势继续沿用;新收录的化学类词目,含3个及以下字母的用书空方式表示化学式,超过3个字母的用手指字母表示化学式;化学式中的数字统一由书空方式表示;无机化学中含有"金"字旁的物质,如"铁、铝、铜、钡、钠",在手势动作不重复的情况下采用约定俗成的"左手握拳,右手打手指字母,然后右手向下砸一下左手"的手势表达方式。对既有学名又有俗名,但学名词手势与俗名词手势完全不同的词目(如"氢氧化钙"即"熟石灰"),不再用括号词的方式列出"熟石灰",以便使用者用相应的手势去表达该词。

《中国手语》和本书所收入的化学元素还不全,元素周期表中还有一些化学元素尚未制定手势动作,有待进一步完善。

本书的编写由上海市教委教研室特殊教育教研员王联心主持。参加编写工作的还有葛玉红、王瑞兴、顾爱玉、毛康庄、吴慧敏、代秀琴、陈迎华、邢蒋峰、王展明、沈善濠、刘灌慈老师。在编写期间,得到了上海市教委教研室领导,原中国聋人协会主席戴目,上海聋人协会主席陈捷,复旦大学教授龚群虎,原上海市第四聋校校长季佩玉,上海市残联赵伟时等专家的悉心指导和上海浦东特殊教育学校王树春等老师的信息技术支持。

本书手语图由孙联群绘制,部首检词表由宋晓华、于缘缘执笔,汉语拼音索引和英文索引由孟幻、李艳艳执笔。

国家手语和盲文研究中心主任、北京师范大学教育学部副部长顾定倩主持本书的终审和统稿工作。参加终审的有中国聋人协会富志伟、辽宁省聋人协会邱丽君、北京第一聋人学校宋晓华、北京第二聋人学校王秋阳、北京第三聋人学校于缘缘、北京第四聋人学校孙联群、天津聋人学校李桂志、苏州聋人学校谭京生、南京聋人学校史学军、合肥特殊教育中心学校裴功玲、广州聋人学校韦嘉欣、西安第二聋人学校张梅、温州龙港聋人学校吴明哲、华夏出版社徐聪。

中国残联教育就业部唐淑芬副主任、黄伟副处长和国际部李东梅处长,教育部语言文字应用管理司魏丹处长、基础教育二司周德茂调研员给予了精心指导。华夏出版社刘娲编辑对本书的出版付出了辛勤努力。

在此,对所有关心、支持理科手语研究和本书出版的同志们表示衷心的感谢!

由于水平有限,书中难免会有不妥之处,敬请大家提出宝贵意见。

《理科专业手语》编写组
2011 年 7 月

目 录

编写说明 …………………………………………………………… 1
汉语手指字母方案 ………………………………………………… 1
汉语手指字母图 …………………………………………………… 4
手势动作图解符号 ………………………………………………… 5

一、物理学
1. 一般词汇
物理 物理学 物理模型 物理现象 …………………………… 1
自然科学 自然现象 物体 标量 压强 ……………………… 2
气压 气体压强 标准大气压 剥离 间隙 …………………… 3
长度 体积 矢量 压缩 真空 ………………………………… 4
周期 原理 定理 定律 国际单位 …………………………… 5
几率 量程 能 太阳能 潮汐能 ……………………………… 6
风能 能量守恒定律 能源 测量 探究 ……………………… 7
数据 液晶 数码 时刻 速率 ………………………………… 8
位移 误差 光年 ……………………………………………… 9

2. 电学
电学 …………………………………………………………… 9
电功 电功率 电荷 电荷量 电流 …………………………… 10
电路 电路图 电路故障 电能 电源 ………………………… 11
电阻 电压 路端电压 额定电压 安全电压 ………………… 12
闭合电路 并联电路 串联电路 照明电路 避雷针 ………… 13
充电 束缚电子 自由电子 导电 导体 ……………………… 14
半导体 等离子体 火线 地线 零线 ………………………… 15
电场线 电动势 短路 断路 额定功率 ……………………… 16
输出功率 放电 正电荷 负电荷 正极 ……………………… 17
负极 交流电 静电 绝缘体 漏电 …………………………… 18
触电 匀强电场 磁感性 磁感应 磁极 ……………………… 19
磁力 磁体 磁性 地磁场 电磁场 …………………………… 20
电磁感应 电磁力 电磁震荡 电流磁效应 永磁体 ………… 21

左手定则 右手定则 互感 安培(A) 法拉(F) …………… 22
伏特(V) 焦耳(J) 焦耳定律 欧姆(Ω) 千瓦(kW) …… 23
千瓦时(kW.h) 亨利(H) 特斯拉(T) 韦伯(Wb) 瓦特(W) …… 24

3. 力学

力学 力矩 单摆 摆长 …………………………………… 25
变速运动 简谐运动 参照物 超重 动能 ……………… 26
势能 共点力 分力 斥力 弹力 ………………………… 27
浮力 恒力 拉力 推力 内力 …………………………… 28
外力 向心力 引力 合力 张力 ………………………… 29
作用力 反作用力 初速度 加速度 角速度 …………… 30
末速度 平均速度 瞬时速度 线速度 向心加速度 …… 31
第一宇宙速度 定滑轮 动滑轮 杠杆 支点 …………… 32
力臂 动力 动力臂 阻力 阻力臂 ……………………… 33
力的方向 力的分解 力的合成 力的平衡 力的作用 … 34
功 功率 共振 摩擦力 静摩擦力 ……………………… 35
动摩擦因数 滑动摩擦 惯性 横波 纵波 ……………… 36
虹吸现象 机械波 机械功 机械能 机械能守恒定律 … 37
机械效率 机械运动 机械振动 简单机械 静止状态 … 38
离心现象 离心运动 流线型 抛物线 抛体运动 ……… 39
平抛运动 斜抛运动 直线运动 曲线运动 圆周运动 … 40
转动 转速 匀速转动 匀速运动 匀变速运动 ………… 41
匀加速运动 匀减速运动 匀速圆周运动 平衡 平衡力 … 42
气垫导轨 失重 形变 悬浮 液压传动 ………………… 43
振动 质点 重力 重力势能 重心 ……………………… 44
自由落体 牛顿(N) 牛顿运动定律 帕斯卡定律 万有引力定律 …… 45

4. 热学

热学 比热 传导 良导体 ………………………………… 46
不良导体 导热性 对流 隔热体 绝对零度 …………… 47
绝对温标 摄氏温标 临界点 理想气体 内能 ………… 48
内燃机 凝华 膨胀 热量 热值 ………………………… 49
热传导 热效应 热运动 放热 沸点 …………………… 50
物态变化 状态变化 状态方程 气化 气态 …………… 51
液化 液态 液体 固态 开尔文(K) ……………………… 52

5. 声学

声学　声源　超声　声波 …… 53
　　声能　响度　噪音　乐音　音调 …… 54
　　音量　音频　音色　频率　分贝(dB) …… 55
  6. **光学**
　　光学　波　波长　波峰 …… 56
　　波谷　波速　波源　单色光　复色光 …… 57
　　发光体　法线　反射　反射定律　反射光 …… 58
　　漫反射　衍射　光子　光电子　光电效应 …… 59
　　光源　点光源　光能　光束　光速 …… 60
　　光线　焦点　聚焦　屈光度　直射点 …… 61
　　入射点　入射光　自然光　色散　实像 …… 62
　　虚像　影　主光轴 …… 63
  7. **原子物理**
　　电子 …… 63
　　粒子　带电粒子　中子　质子　原子核 …… 64
　　原子量　同位素　辐射(放射)　放射性　俘获 …… 65
　　聚变　衰变　半衰期　核电站　核反应 …… 66
　　核反应堆　核能 …… 67

二、化学

  1. **一般词汇**
　　化学　化学式　化学反应　化学符号 …… 68
　　化学平衡　化学变化　物理变化　化学性质　物理性质 …… 69
　　化学方程式　化合　化合价　化合态　化合物 …… 70
　　纯净物　混合物　反应物　生成物　变色 …… 71
　　无色　成分　纯度　浓度　盐度 …… 72
　　饱和　蒸馏　蒸馏水　分馏　分液 …… 73
　　过滤　沉淀　取代　升华　稀释 …… 74
　　电解质　电离　毒性　钝化　废气 …… 75
　　废水　废渣　分层　分类　分解 …… 76
　　潮解　裂解　水解　凝聚　结晶 …… 77
　　晶体　腐蚀性　正反应　逆反应　可逆反应 …… 78
　　复分解反应　焰色反应　氧化还原反应　催化剂　干燥剂 …… 79
　　缓冲剂　灭火剂　脱水剂　还原剂　氧化剂 …… 80
　　指示剂　制冷剂　胶粘剂　清洁剂　吸水 …… 81

脱水 挥发 胶体 结构式 结构简式 …… 82
结构示意图 燃烧 完全燃烧 着火点（燃点） 可燃物 …… 83
可燃性 熔点 熔融状态 扩散过程 凝固点 …… 84
溶剂 溶液 溶解 溶解性 溶质 …… 85
溶质质量分数 饱和溶液 不饱和溶液 波尔多液 水溶液 …… 86
浓溶液 稀溶液 悬浊液 乳浊液 微溶 …… 87
Ph 值 铁锈 生锈 酸性 碱性 …… 88
酸碱性 通式 褪色 微量 物质的量 …… 89
质量守恒 摩尔（mol） 分子 分子式 离子 …… 90
离子键 共价键 金属键 化学键 阳离子 …… 91
阴离子 氢离子（H^+） 氢氧根离子（OH^-） 吸热 吸热反应 …… 92
放热反应 吸收热量 气味 延展性 游离态 …… 93
元素符号 元素周期表 杂质 中毒 中和作用 …… 94
中性 …… 95

2. 无机化学

无机化学 氢气 稀有气体 …… 95
臭氧 氨水 活泼金属 不活泼金属 黑色金属 …… 96
有色金属 重金属 金属性 非金属 非金属性 …… 97
碘 二氧化氮 二氧化硅 二氧化硫 二氧化碳 …… 98
矾 高锰酸钾 硅酸 硅酸盐 硅藻土 …… 99
含氧酸 无氧酸 强碱 强酸 弱碱 …… 100
弱酸 碱石灰 酸式盐 碱式盐 碱性氧化物 …… 101
磷 硫（硫磺） 硫酸 硫酸钡 硫酸铝 …… 102
硫酸铝钾 硫酸铁 硫酸亚铁 硫酸铜 氯水 …… 103
氯化物 氯化铝 氯化钠 氯化铁 氯化铜 …… 104
镁 钠 氢氧化物 氢氧化钙 氢氧化铝 …… 105
氢氧化钠 三氧化硫 水泥 碳酸 碳酸钙 …… 106
碳酸钠 碳酸氢钠 无机物 一元酸 二元酸 …… 107
多元酸 硝酸 硝酸铜 锌 盐酸 …… 108
氧化物 氧化钙 氧化铝 氧化膜 氧化铁 …… 109
一氧化氮 一氧化碳 矿物 矿物质 白金 …… 110
黄金 青铜 黄铜 黄铜矿 赤铁矿 …… 111
银矿 铝土矿 铝合金 不锈钢 花岗岩 …… 112
大理石 红宝石 蓝宝石 金刚石 石灰石 …… 113

石墨　石蕊　炼钢　炼铁　漂白剂 ……………………………… 114
　　漂白粉　氮肥　磷肥　复合肥料　苏打 ……………………… 115
　　小苏打 ……………………………………………………………… 116
  3. 有机化学
　　有机化学　氨基酸　甲烷 ………………………………………… 116
　　丙烷　丁烷　戊烷　芳香烃　苯 ………………………………… 117
　　甲苯　柴油　机油　煤油　润滑油 ……………………………… 118
　　油脂　甲醇　甲基橙　酚酞　乙酸 ……………………………… 119
　　乙烯　聚乙烯　聚苯乙烯　聚氯乙烯　乙炔 …………………… 120
　　腈纶　尿素　农药　杀虫剂　杀菌剂 …………………………… 121
　　石蜡　有机玻璃　有机化合物　蔗糖　麦芽糖 ………………… 122
　　石油气　原油　炸药　复合材料 ………………………………… 123

三、生命科学
  1. 一般词汇
　　生物　生物圈　非生物　生理 …………………………………… 124
　　伴性遗传　变态　完全变态　变异　侧线 ……………………… 125
　　单循环　双循环　显性　隐性　核糖体 ………………………… 126
　　核酸　核糖核酸　脱氧核糖核酸　线粒体　染色体 …………… 127
　　常染色体　性染色体　减数分裂　有丝分裂　性状 …………… 128
　　性状分离　相对性状　性状隐性　基因　转基因 ……………… 129
　　基因突变　遗传因子　胚(胚胎)　胚根　胚乳 ………………… 130
　　胚芽　胚轴　胚珠　内胚层　外胚层 …………………………… 131
　　伸长区　浸泡　生产者　消费者　生长点 ……………………… 132
　　污染物　输送　转换器　检索表　食物链 ……………………… 133
　　食物网　共生 ……………………………………………………… 134
  2. 动物
　　动物　哺乳动物 …………………………………………………… 134
　　脊椎动物　无脊椎动物　扁形动物　环节动物　节肢动物 …… 135
　　腔肠动物　软体动物　线形动物　原生动物　多足类 ………… 136
　　甲壳类　昆虫类　两栖类　鸟类　爬行类 ……………………… 137
　　鱼类　蛛形类　前肢　后肢　附肢 ……………………………… 138
　　变形虫　草履虫　蝗虫　菜粉蝶　蚕 …………………………… 139
　　蛾　白暨豚　龟(乌龟)　鳖(甲鱼)　鳊鱼 …………………… 140
　　草鱼　鳜鱼　热带鱼　胖头鱼(鳙鱼)　青鱼 ………………… 141

章鱼 黄河鲤 黄鳝 对虾 龙虾 …… 142
沼虾 螃蟹 河蟹 海蟹 青蟹 …… 143
梭子蟹 泥螺 田螺 贝类 河蚌 …… 144
蛏子 文蛤 贻 红珊瑚 触手 …… 145
鳞片 水螅 水蛭 鱼虫(水蚤) 气孔 …… 146
气囊 鳃 候鸟 留鸟 喙 …… 147
翼 家鸽 羽毛 环带 环节 …… 148
家蚊 伊蚊 牦牛 蜥蜴 鸭嘴兽 …… 149
寄生 卵生 胎生 孵化 育雏 …… 150

3. 植物

植物 被子植物 裸子植物 种子植物 …… 151
单子叶植物 双子叶植物 有花植物 山茶花 紫藤 …… 152
雌蕊 雄蕊 冬虫夏草 根 根冠 …… 153
根尖 根瘤菌 葫芦藓 花 花瓣 …… 154
花粉 花药 蕨类 马兰 梅 …… 155
柏 银杏 水杉 悬铃木(法国梧桐) 铁树 …… 156
仙人掌 须根系 直根系 叶 叶绿素 …… 157
叶绿体 叶脉 叶肉 叶梢 藻类 …… 158
金鱼藻 蓝藻 衣藻 水绵 莲花 …… 159
莲子 苔藓 有机养料 蒸腾 种群 …… 160
群落 孢子 子房 子叶 自花传粉 …… 161
异花传粉 异养 自养 热带雨林 生态 …… 162
生态平衡 生态系统 光合作用 果实 变态根 …… 163
变态茎 …… 164

4. 人体结构系统

人体组织结构 系统 细胞壁 …… 164
细胞核 细胞膜 细胞器 细胞液 细胞质 …… 165
表皮 脂肪 指纹 横膈膜 器官 …… 166
运动系统 骨骼 骨连接 颅骨 脊柱 …… 167
肋骨 胸骨 前臂 上臂 躯干部 …… 168
肌肉 韧带 大脑皮质 前脑 端脑 …… 169
间脑 中脑 后脑 小脑 脑桥 …… 170
脑干 脑垂体 反射中枢 生命中枢 延髓 …… 171
脊髓 神经系统 周围神经系统 神经元 神经末梢 …… 172

神经冲动　条件反射　非条件反射　感觉器官　单眼皮 …………… 173
双眼皮　瞳孔　巩膜　虹膜　角膜 ………………………………… 174
视网膜　晶状体　通光孔　视觉　视觉暂留 ……………………… 175
视野　外耳　耳郭　耳垂　耳蜗 …………………………………… 176
中耳　内耳　听觉　听神经　听小骨 ……………………………… 177
听阈　痛觉　错觉　血(血液)　红细胞 …………………………… 178
白细胞　血红蛋白　血浆　血清　血糖 …………………………… 179
血细胞　血小板　血型　抗体　抗原 ……………………………… 180
循环系统　心房　左心房　右心房　心室 ………………………… 181
左心室　右心室　动脉　冠状动脉　体动脉 ……………………… 182
主动脉　动脉血　静脉　静脉血　血管 …………………………… 183
毛细血管　血压　收缩压　舒张压　脉搏 ………………………… 184
心率　淋巴　淋巴管　毛细淋巴管　组织液 ……………………… 185
免疫　体循环　肺循环　呼吸系统　呼吸 ………………………… 186
气管　支气管　肺泡　气体交换　消化系统 ……………………… 187
消化腔　口腔　乳牙　恒牙　牙釉质 ……………………………… 188
味蕾　喉(咽喉)　食管　胃黏膜　大肠 …………………………… 189
小肠　小肠绒毛　十二指肠　肠液　胆汁 ………………………… 190
胆固醇　酶　乳酸菌　发酵　酵母菌 ……………………………… 191
膳食　摄食　葡萄糖　蛋白质　维生素 C(VC) …………………… 192
纤维素　新陈代谢　排泄系统　肾(肾脏)　肾盂 ………………… 193
膀胱　输尿管　尿道　尿液　尿常规检查 ………………………… 194
肛门　内分泌系统　甲状腺　胰腺　胰岛素 ……………………… 195
胰液　肾上腺　激素　生殖系统　性腺 …………………………… 196
睾丸　卵巢　子宫　羊膜卵　液泡 ………………………………… 197
受精　双受精　体内受精　胎盘　脐带 …………………………… 198

5. 疾病

病(疾病)　病毒　尘螨　大肠杆菌 ………………………………… 199
痢疾杆菌　霉菌　黄曲霉　钩虫　蛔虫 …………………………… 200
蛔虫卵　疟原虫　血吸虫　原发性　继发性 ……………………… 201
感染者　携带者　近视　远视　色盲 ……………………………… 202
麦粒肿　粉刺　传导性聋　感音性聋　混合性聋 ………………… 203
龋齿(蛀牙)　传染病　流行性感冒　支气管炎　肺炎 …………… 204
肝炎　黄疸　疟疾　破伤风　糖尿病 ……………………………… 205

肾盂肾炎　白血病　胃癌　胃溃疡　胃炎 …………… 206
细菌性痢疾　高血压　心脏病　心绞痛　心肌梗死 …… 207
溺水　窒息　濒危　人工呼吸　骨质疏松 ……………… 208
烧伤　足癣　巨人症　呆小症　侏儒症 ………………… 209
淋病　艾滋病　手足口病　狂犬病　水痘 ……………… 210

6. 食物
白薯　菜豆　大豆　豌豆 …………………………………… 211
慈菇　真菌　胡萝卜　金花菜　苦瓜 …………………… 212
南瓜　蓬蒿菜（茼蒿）　荠菜　生菜　塌棵菜 ………… 213
蕹菜（空心菜）　西兰花　苋菜　雪里蕻菜（雪菜）　紫菜 … 214
糖类　甜菜　芋艿（芋头）　柑橘　龙眼 ……………… 215
杨梅　酒酿（江米酒）　酒曲　色素 …………………… 216

四、天文地理
1. 天文
天文　大气层　大气运动　等温线 ……………………… 217
锋面　干旱气候　寒潮　季风气候　梅雨 ……………… 218
酸雨　霜冻　太阳黑子　太阳系　天体 ………………… 219
星系　银河系　宇宙　月球　日冕 ……………………… 220
卫星　气象卫星　人造卫星　通信卫星　航天飞机 …… 221
宇宙飞船　宇宙空间站 …………………………………… 222

2. 地理
地理　地势 ………………………………………………… 222
地形　耕地　谷地　山地　峡谷 ………………………… 223
土壤　环境保护　水土流失　水质污染　边境 ………… 224
地球　地壳　地轴　北半球　南半球 …………………… 225
经线　纬线　赤道　北回归线　南回归线 ……………… 226
北极（N极）　南极（S极）　公转　自转　寒带 ……… 227
温带　热带　地中海　海岸　沿岸 ……………………… 228
半岛　群岛　地震波　震级　火山喷发 ………………… 229
岩浆　岩石　沉积物　地下水　潮（潮汐） …………… 230
赤潮　流量　水循环　地球仪　图例 …………………… 231
指南针 ……………………………………………………… 232

五、实验部分

1. 一般词汇
实验室　实验员　对照实验　实验报告 ·················· 233

2. 物理实验器材
变压器　变阻器　传感器　电阻器 ····················· 234
滑动变阻器　冷凝器　连通器　激光器　滤光器 ········ 235
光谱仪　摄谱仪　灯管　灯泡　显像管 ················ 236
电动机　电键　电铃　导管　导线 ····················· 237
熔丝(保险丝)　电缆　光缆　光屏　电流表 ············ 238
电能表　电压表　万用表　电池　蓄电池 ·············· 239
原电池　干电池　镍镉电池　镍铁电池　电磁铁 ········ 240
蹄形磁铁　条形磁铁　线圈　副线圈　扬声器 ·········· 241
音量控制器　纯音听力计　音叉　测力计　台秤 ········ 242
弹簧秤　体重秤　电子秤　电子天平　托盘天平 ········ 243
砝码　刻度尺　马德堡半球　元件　汞柱(水银柱) ····· 244
计时器　打点计时器　节拍器　凹透镜　凸透镜 ········ 245
薄透镜　放大镜　棱镜　分光棱镜　直角棱镜 ·········· 246
望远镜　潜望镜　光具座 ····························· 247

3. 化学实验器材
表面皿 ··· 247
蒸发皿　漏斗　长颈漏斗　分液漏斗　滴管 ············ 248
滤纸　干燥器　坩埚　坩埚钳　广口瓶 ················ 249
细口瓶　集气瓶　锥形瓶　恒温器　量杯 ·············· 250
量筒　灭火器　酒精灯　药匙　燃烧匙 ················ 251
烧杯　烧瓶　试管夹　试管架　试管刷 ················ 252
试剂　试剂瓶　试纸　水槽　洗涤槽 ··················· 253
三脚架　铁夹　铁架台　铁圈　橡皮塞 ················ 254
石棉网　温度计 ····································· 255

4. 生物实验器材
显微镜　低倍镜 ····································· 255
高倍镜　反射镜　目镜　物镜　盖玻片 ················ 256
载玻片　压片夹　粗调节器(粗准焦螺旋)　细调节器(细准焦螺旋)
临时装片 ··· 257
永久装片　载物台 ··································· 258

部首检词表 …………………………………………………… 259
拼音索引 ……………………………………………………… 274
英文索引 ……………………………………………………… 289
附录:中华人民共和国法定计量单位 ………………………… 302

汉语手指字母方案

(中华人民共和国内务部、教育部、中国文字改革委员会
一九六三年十二月二十九日公布施行)

第一条 汉语手指字母用指式代表字母,按照汉语拼音方案拼成普通话,作为手语的一种——指语。

第二条 汉语拼音方案所规定的二十六个字母,用下列指式表示:

A: 拇指伸出,指尖向上,其余四指握拳。

B: 手掌伸直,拇指弯曲贴在手心,其余四指并齐,指尖向上,手心向前偏左。

C: 拇指在下,向上弯曲,其余四指并齐,向下弯曲,相对成C形,虎口朝里。

D: 手握拳,拇指搭在中指第二节上,虎口向后上方。

E: 中、无名、小三指伸直,分开不并紧、指尖向左,手背朝外,拇指和食指弯曲,拇指搭在食指上。

F: 食、中二指伸直,分开不并,指尖向左,手背朝外,其余三指弯曲,拇指搭在无名指上。

G: 食指伸直,指尖向左,其余四指握拳,手背朝外。

H: 食、中二指并紧伸直,指尖向上,手心向前偏左,其余三指弯曲,拇指搭在无名指上。

I: 食指伸直,指尖向上,其余四指握拳,拇指搭在中指上,手心向前偏左。

J: 食指伸起带弯曲,其余四指握拳,拇指搭在中指上,手心向前偏左。

K: 食指伸直,指尖向上,中指伸直跟食指成90度角,拇指跟中指交叉相搭,其余二指弯曲,虎口朝里。

L： 拇、食二指伸直分开,形成 L 形,其余三指握拳,虎口向上,手心向前偏左。

M： 拇指和小指弯曲,拇指搭在小指第二节上,其余三指并齐、向下弯曲,指尖稍向下斜,临空压在拇指上,手心向前偏左。

N： 无名指、小指弯曲,拇指搭在无名指上,其余二指并齐,向下弯曲,指尖稍向下斜,临空压在拇指上,手心向前偏左。

O： 食、中、无名、小四指并齐弯曲,拇指跟食指、中指相抵成空拳,虎口朝里,如 O 形。

P： 拇指跟食指相抵成圆圈,其余三指伸直并齐,指尖向下斜伸,虎口向外稍斜。

Q： 拇指跟食指、中指相捏,其余二指弯曲,虎口朝里偏左。

R： 拇指、食指伸出,拇指指尖向上稍斜,食指指尖向左,手背朝外,其余三指握拳。

S： 食、中、无名、小四指并齐弯曲,手指近手掌一节跟手掌成 90 度角,拇指向上伸出,手心向左前方。

T： 拇指跟中指、无名指相抵,成圆圈,食指和小指伸出,指尖向上,手心向前偏左。

U： 手掌伸直,食、中、无名、小四指并齐,指尖向上,拇指分开不贴紧食指,手心向前偏左。

V： 食指和中指伸直分开,成 V 形,指尖向上,其余三指弯曲,拇指搭在无名指上,手心向前偏左。

W： 食、中、无名三指伸直分开,成 W 形,指尖向上,其余二指弯曲相搭,手心向前偏左。

X： 中指搭在食指上,成交叉形,指尖向上,其余三指握拳,拇指搭在无名指上,手心向前偏左。

Y： 拇指和小指伸出,指尖向上,其余三指握拳,手心向前偏左。

Z： 食指和小指伸直,指尖向左,手背向外,其余三指弯曲,拇指搭在中指和无名指上。

第三条　汉语拼音方案所规定的四组双字母(ZH,CH,SH,NG),用下列指式表示：

ZH： 食、中、小三指伸直,指尖向左,手背向外,拇指和无名指弯曲,拇指搭在无名指上。

CH： 食、中、无名、小四指并齐伸直,跟拇指相捏,手背向上。

SH： 食指和中指并齐弯曲,手指靠近手掌一节跟手掌成90度角,拇指向上伸出,无名指和小指弯曲贴在手心,手心向前偏左。

NG： 小指伸直,指尖向左,其余四指握拳,虎口向上,手背朝外。

第四条　汉语拼音方案所规定的两个加符字母(Ê、Ü)用原字母(E、U)附加如下动作表示:

　　Ê　用 E 的指式,手指上下摇动两下。

　　Ü　用 U 的指式,手指前后振动两下。

第五条　阴平(-)、阳平(ˊ)、上声(ˇ)、去声(ˋ)四种声调符号,用书空表示。隔音符号·也用书空表示。

第六条　汉语手指字母完全用一只右手打出,但是在必要的时候也可以用左手代替(方向作对应的改变)。

汉语手指字母图

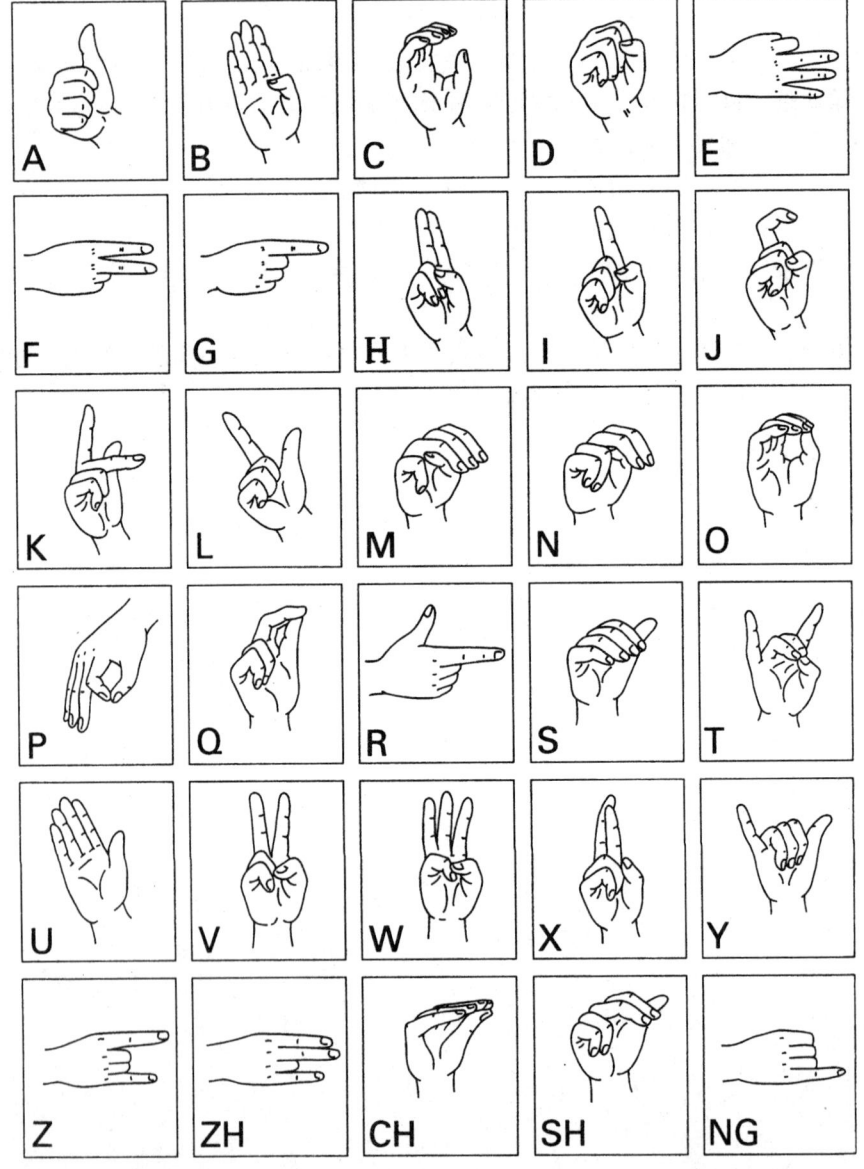

手势动作图解符号说明

	表示手势沿箭头方向移动。
	表示手势上下(或左右、前后)反复摆动或捏动。
	表示手势沿箭头方向一顿一顿移动。
	表示手势沿箭头方向做波浪形(或曲线形)移动。
	表示手上下抖动。
	表示拇指与其他手指互捻。
	表示五指交替抖动(或点动)几下。
	表示手势向前(或向下)一顿,或到此终止。
	表示握拳的手按①②③④顺序依次伸出手指。
	表示手臂或手指轻轻颤抖。
	表示握拳或撮合的手边沿箭头方向移动边放开五指。

	手横立，掌心向内或向外，指尖朝左或朝右。
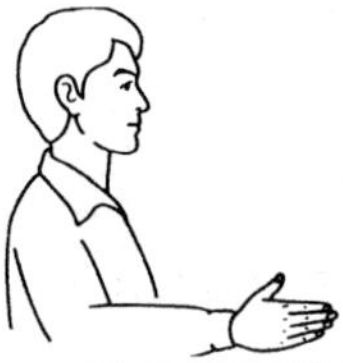	手侧立，掌心向左或向右，指尖朝前。
	手直立，掌心可向前、后、左、右四个方向，指尖朝上。
	手横伸，掌心向上或向下，指尖朝左或朝右。
	手平伸，掌心向上或向下，指尖朝前。
	手斜伸，掌心可向前、后、左、右四个方向的斜上方或斜下方，指尖朝斜上方或斜下方。
	手侧伸，掌心向侧上方或侧下方，指尖朝侧上方或侧下方。

一、物理学

1. 一般词汇

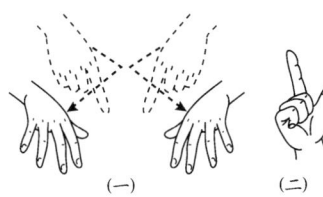

物理 wùlǐ physics
(一)双手食指指尖朝前,先互碰一下,然后向两侧分开,并张开五指。
(二)一手打手指字母"L"的指式。

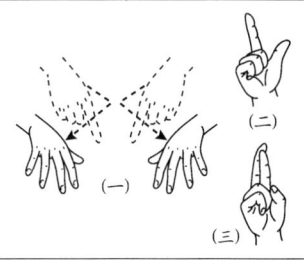

物理学 wùlǐxué physics
(一)同"物理"手势(一)。
(二)同"物理"手势(二)。
(三)一手打手指字母"X"的指式。

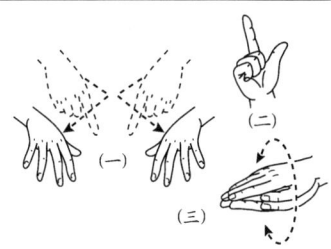

物理模型 wùlǐmóxíng physical model
(一)同"物理"手势(一)。
(二)同"物理"手势(二)。
(三)双手五指微曲,掌心相合,上下翻转两次,如翻砂铸模型状。

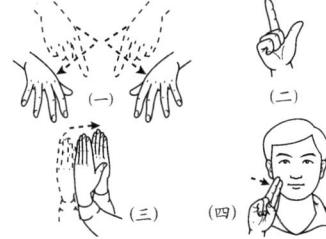

物理现象 wùlǐxiànxiàng physical phenomena
(一)同"物理"手势(一)。
(二)同"物理"手势(二)。
(三)双手直立,掌心向内;左手不动,右手向内移一下。
(四)一手食、中指直立并拢,掌心向外,朝面颊部碰一下。

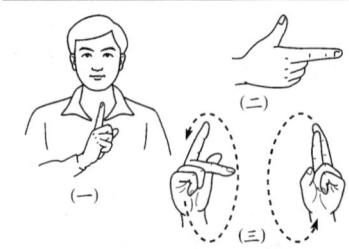

自然科学 zìránkēxué natural science

（一）一手食指指立，贴于胸部。
（二）一手打手指字母"R"的指式。
（三）右手打手指字母"K"的指式，左手打手指字母"X"的指式，然后前后交替转两圈。

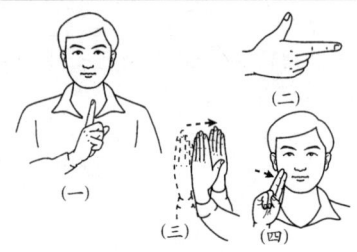

自然现象 zìránxiànxiàng natural phenomena

（一）同"自然科学"手势（一）。
（二）同"自然科学"手势（二）。
（三）同"物理现象"手势（三）（见第1页之5）。
（四）同"物理现象"手势（四）。

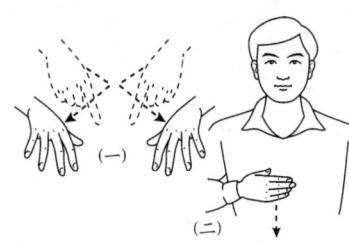

物体 wùtǐ object

（一）同"物理"手势（一）（见第1页之2）。
（二）一手掌贴于胸部并向下移动。

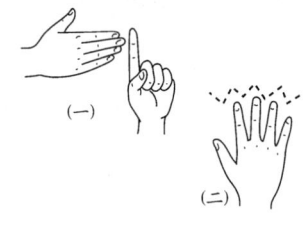

标量 biāoliàng scalar

（一）左手食指直立；右手侧立，指尖对准左手食指。
（二）一手五指分开，指尖向上，手指微微抖动几下。

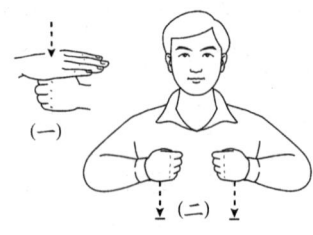

压强 yāqiáng pressure

（一）左手握拳，虎口朝上；右手横伸，掌心向下，置于左手上并向下一压。
（二）双手握拳屈肘，同时向下一顿。

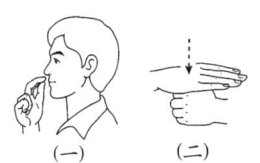

气压 qìyā atmospheric pressure

（一）一手打手指字母"Q"的指式，置于鼻孔处。

（二）同"压强"手势（一）（见第2页之5）。

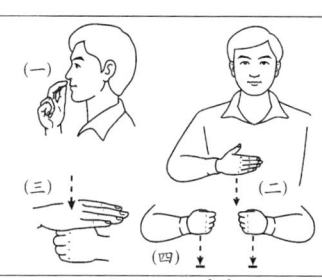

气体压强 qìtǐyāqiáng gas pressure

（一）同"气压"手势（一）。

（二）同"物体"手势（二）（见第2页之3）。

（三）同"压强"手势（一）。

（四）同"压强"手势（二）。

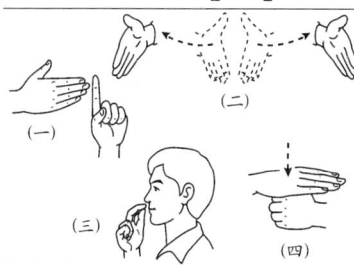

标准大气压 biāozhǔndàqìyā standard atmosphere

（一）同"标量"手势（一）（见第2页之4）。

（二）双手侧立，掌心相对，同时向两侧移动，幅度要大些。

（三）同"气压"手势（一）。

（四）同"压强"手势（一）。

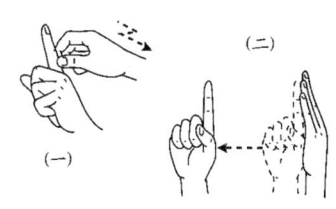
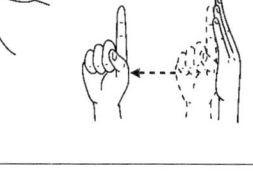

剥离 bōlí peel off

（一）左手食指直立；右手拇、食指揪住左手食指根部，然后向后揪动两下。

（二）左手直立，掌心向右；右手食指直立，先贴于左手掌，然后向右移动。

间隙 jiànxì gap

双手直立，拇指贴于掌心，掌心向外，然后双手稍分开，眼睛从缝隙向外看。

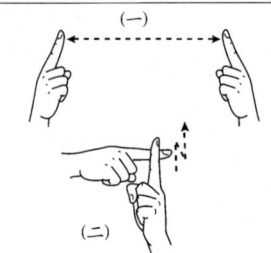

长度 chángdù length

(一)双手食指直立,指面相对,从中间向两侧拉开。

(二)左手食指直立不动;右手食指横贴于左手食指并上下移动。

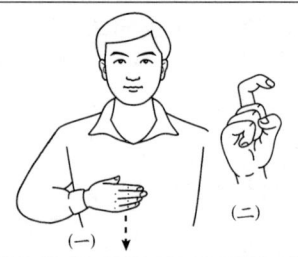

体积 tǐjī volume

(一)同"物体"手势(二)(见第2页之3)。

(二)一手打手指字母"J"的指式。

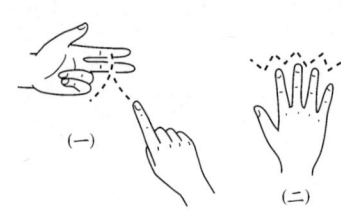

矢量 shǐliàng vector

(一)左手伸拇、食、中指,手背向外;右手食指在左手食、中指处书空"人"字,仿"矢"字形。

(二)同"标量"手势(二)(见第2页之4)。

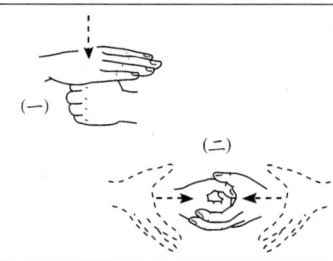

压缩 yāsuō compression

(一)同"压强"手势(一)(见第2页之5)。

(二)双手侧立,五指微曲,掌心相对,从两侧向中间移动,一手将另一手紧紧包住。

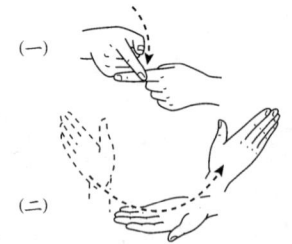

真空 zhēnkōng vacuum

(一)左手食指横伸,右手食指向下敲一下左手食指。

(二)左手横伸;右手侧立,从左手掌心上刮过。

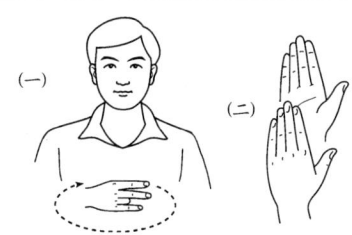

周期 zhōuqī　cycle
（一）一手打手指字母"ZH"的指式，顺时针平行转一圈。
（二）双手直立，掌心相对。

原理 yuánlǐ　principle
（一）一手拇、食指捏成小圆圈。
（二）一手打手指字母"L"的指式。

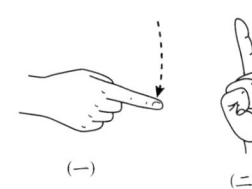

定理 dìnglǐ　theorem
（一）一手食指直立，向下挥动一下。
（二）一手打手指字母"L"的指式。

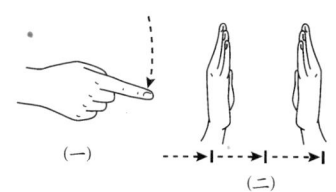

定律 dìnglǜ　law
（一）同"定理"手势（一）。
（二）双手直立，掌心相对，向一侧一顿一顿移动几下。

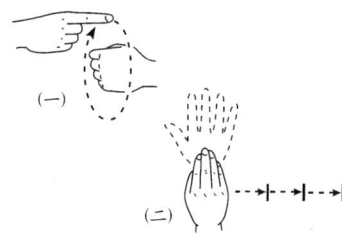

国际单位 guójìdānwèi　international unit
（一）左手握拳，手背向外；右手打手指字母"G"的指式，由上而下绕左拳一圈。
（二）一手五指先张开后并拢，指尖朝上，同时向一侧一顿一顿移动几下。

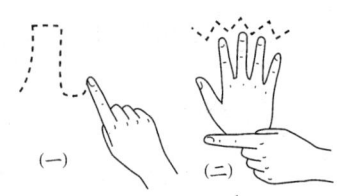

几率 jīlǜ probability

(一)一手食指书空"几"字。

(二)左手食指横伸;右手直立,掌心向内,五指分开,交替点动几下。

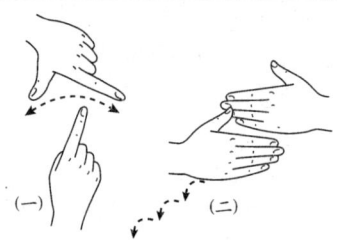

量程 liángchéng range

(一)左手拇、食指张开成半圆形,指尖朝下;右手食指直立,在左手下左右摆动几下,如仪表指针显示状。

(二)双手横立,左手在后不动,右手向前移动几下。

能 néng energy

一手直立,掌心向外,然后食、中、无名、小指弯曲一下。

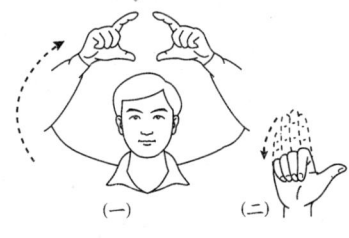

太阳能 tàiyángnéng solar energy

(一)双手拇、食指搭成大圆形,从身体右侧向头顶做弧形移动,如太阳升起。

(二)同"能"手势。

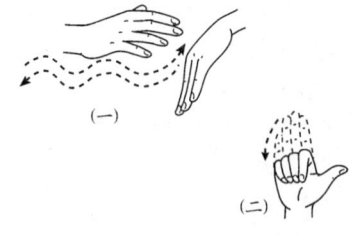

潮汐能 cháoxīnéng tidal energy

(一)左手斜伸,手背朝上,指尖斜向右下方;右手横伸,掌心向下,向左侧做波浪形移动,指尖碰到左手背后向上抬起,象征潮水拍击海岸。

(二)同"能"手势。

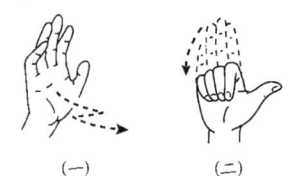

风能 fēngnéng wind energy

（一）一手直立，五指微曲，左右来回扇动几下。
（二）同"能"手势（见第6页之3）。

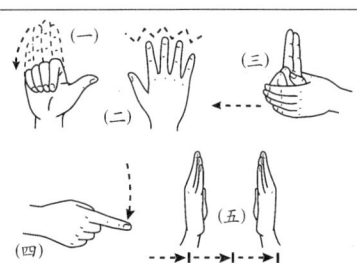

能量守恒定律 néngliàngshǒuhéngdìnglǜ
energy conservation law

（一）同"能"手势。
（二）同"标量"手势（二）（见第2页之4）。
（三）左手横立，五指微曲；右手打手指字母"H"的指式置于左手内，然后双手向一侧移动。
（四）同"定理"手势（一）（见第5页之3）。
（五）同"定律"手势（二）（见第5页之4）。

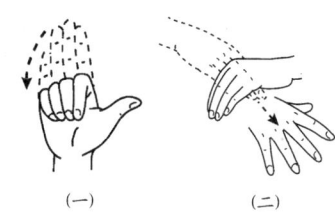

能源 néngyuán power source

（一）同"能"手势。
（二）左手五指弯曲，指尖朝下；右手平伸，掌心向下，边插入左手掌心下边张开五指。

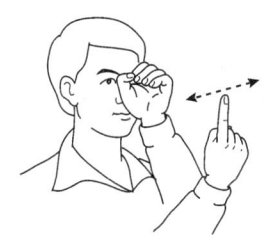

测量 cèliáng measure

左手虚握，虎口朝内贴于眼部；右手食指直立，在眼前左右移动，模仿测量人员工作的动作。

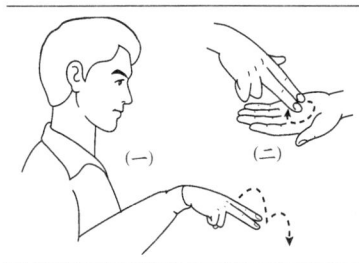

探究 tànjiū explore

（一）一手食、中指分开，指尖朝下，在胸前不同位置点两下。
（二）左手横伸，掌心向上；右手拇、食指并拢，指尖朝下，在左手掌心上转动几下。

数据 shùjù data
(一)同"标量"手势(二)(见第2页之4)。
(二)左手握拳,手背向上;右手握住左手腕部。

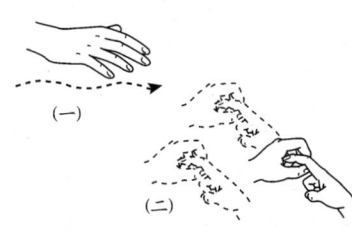

液晶 yèjīng liquid crystal
(一)一手横伸,掌心向下,向一侧做波浪状移动。
(二)左手拇、食指与右手食指搭成"日"字形,然后在下面连打两次,仿"晶"字形。

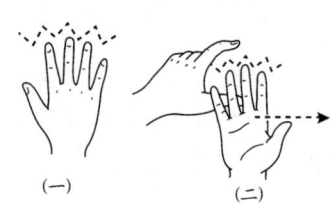

数码 shùmǎ digital
(一)同"标量"手势(二)。
(二)左手拇、食指成"["形;右手手背向外,五指直立分开,在"["形内从左向右连续抖动,表示一串数码。

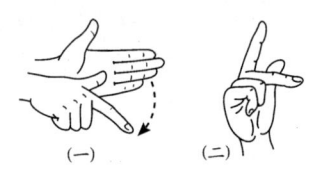

时刻 shíkè time
(一)左手侧立;右手伸拇、食指,拇指尖抵于左手掌心,食指向下转动。
(二)一手打手指字母"K"的指式。

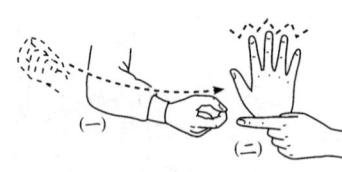

速率 sùlǜ rate
(一)一手拇、食指相捏,由一侧向另一侧快速挥动一下。
(二)同"几率"手势(二)(见第6页之1)。

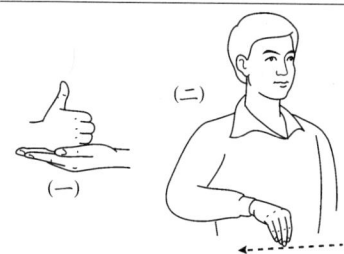

位移 wèiyí displacement

（一）左手横伸；右手伸拇指，置于左手掌心上。

（二）一手五指撮合，指尖朝下，从一侧向另一侧移动。

误差 wùchā error

（一）一手食、中指直立并分开，在额前由掌心向外翻转为掌心向内。

（二）双手平伸，掌心向下，左手不动，右手向下移。

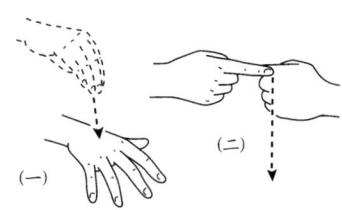

光年 guāngnián light years

（一）一手五指撮合，指尖朝下，然后边向下移动边放开五指。

（二）左手握拳，手背向外；右手食指从左手食指骨节处向下划。

2. 电　学

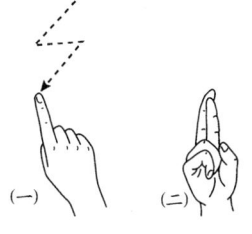

电学 diànxué electricity

（一）一手食指做"彡"形划动。

（二）一手打手指字母"X"的指式。

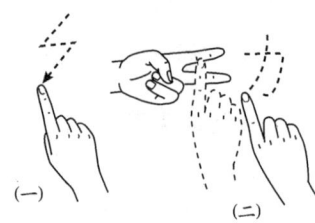

电功 diàngōng electric work

（一）同"电学"手势（一）（见第9页之5）。

（二）左手食、中指与右手食指搭成"工"字形，右手食指再在左手旁边书空"力"字，仿"功"字形。

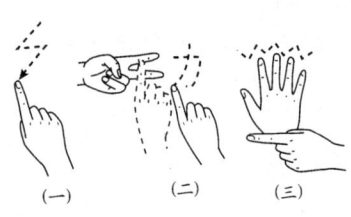

电功率 diàngōnglǜ electric power

（一）同"电学"手势（一）。

（二）同"电功"手势（二）。

（三）左手食指横伸；右手直立，掌心向内，五指分开，交替点动几下。

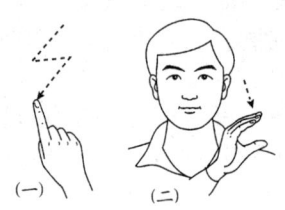

电荷 diànhè electric charge

（一）同"电学"手势（一）。

（二）右手五指成"冂"形，按在左肩上。

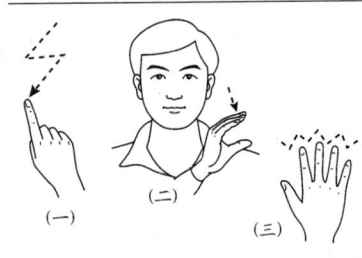

电荷量 diànhèliàng charge amount

（一）同"电学"手势（一）。

（二）同"电荷"手势（二）。

（三）一手五指分开，指尖向上，手指微微抖动几下。

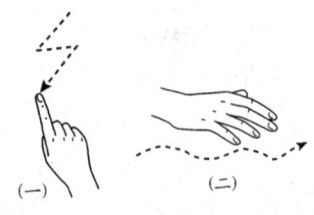

电流 diànliú current

（一）同"电学"手势（一）。

（二）一手横伸，掌心向下，向一侧做波浪状移动。

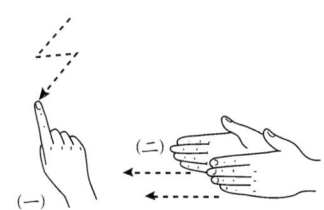

电路 diànlù　circuit

（一）同"电学"手势（一）（见第9页之5）。

（二）双手侧立，掌心相对，相距约20厘米，向前伸出。

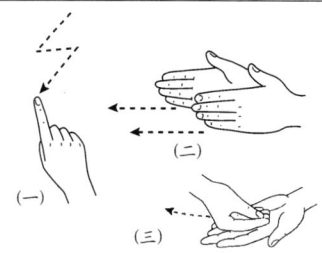

电路图 diànlùtú　circuit diagram

（一）同"电学"手势（一）。

（二）同"电路"手势（二）。

（三）左手横伸，掌心向上；右手五指撮合，在左手掌心上抹一下。

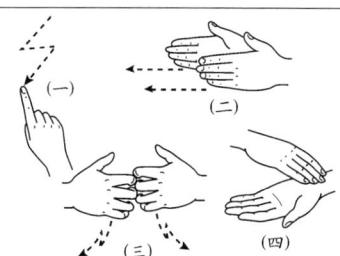

电路故障 diànlùgùzhàng　circuit fault

（一）同"电学"手势（一）。

（二）同"电路"手势（二）

（三）双手五指弯曲，食、中、无名、小指关节交错相触，并转动几下。

（四）左手平伸，掌心向上；右手五指并拢，食、中、无名指指尖按于左手脉门处，如中医诊脉状。

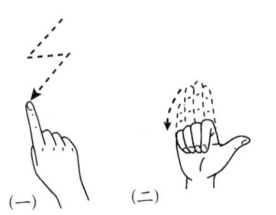

电能 diànnéng　electric energy

（一）同"电学"手势（一）。

（二）一手直立，掌心向外，然后食、中、无名、小指弯曲一下。

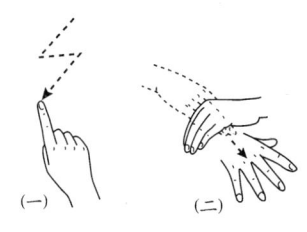

电源 diànyuán　power supply

（一）同"电学"手势（一）。

（二）左手五指弯曲，指尖朝下；右手平伸，掌心向下，边插入左手掌心下边张开五指。

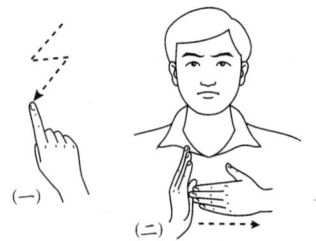

电阻 diànzǔ resistance
（一）同"电学"手势（一）（见第9页之5）。
（二）左手横立；右手直立，掌心抵住左手指尖，然后向左一推。

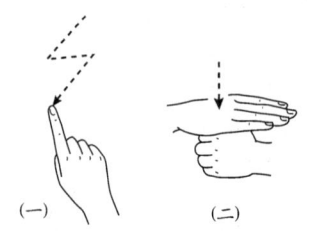

电压 diànyā voltage
（一）同"电学"手势（一）。
（二）左手握拳，虎口朝上；右手横伸，掌心向下，置于左手上并向下一压。

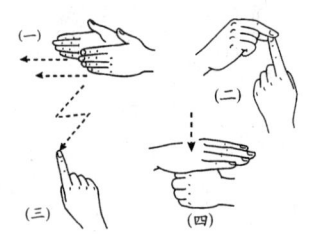

路端电压 lùduāndiànyā terminal voltage
（一）同"电路"手势（二）（见第11页之1）
（二）左手食指直立；右手拇、食指捏住左手食指指尖。
（三）同"电学"手势（一）。
（四）同"电压"手势（二）。

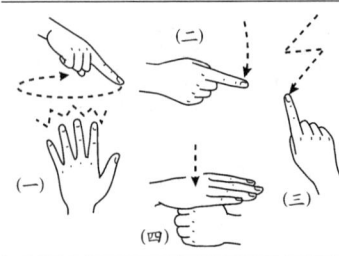

额定电压 édìngdiànyā rated voltage
（一）左手五指分开，指尖朝上，微微抖动；右手食指指尖朝下，在左手上方绕一圈。
（二）一手食指直立，向下挥动一下。
（三）同"电学"手势（一）。
（四）同"电压"手势（二）。

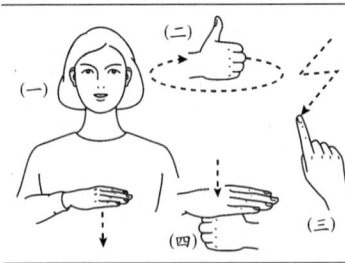

安全电压 ānquándiànyā safe voltage
（一）一手横伸，掌心向下，自胸部向下一按。
（二）一手伸拇指，顺时针平行转一圈。
（三）同"电学"手势（一）。
（四）同"电压"手势（二）。

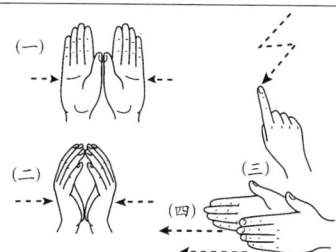

闭合电路 bìhédiànlù closed circuit

（一）双手直立，掌心向外，从两侧向中间靠拢。

（二）双手直立，五指微曲，掌心相对，从两侧向中间合拢。

（三）同"电学"手势（一）（见第9页之5）。

（四）同"电路"手势（二）（见第11页之1）。

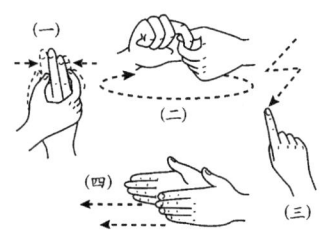

并联电路 bìngliándiànlù parallel circuit

（一）左手食、中指直立并分开，手背向外；右手拇、食指将左手食、中指捏拢。

（二）双手拇、食指互相套环，然后顺时针平行转一圈。

（三）同"电学"手势（一）。

（四）同"电路"手势（二）。

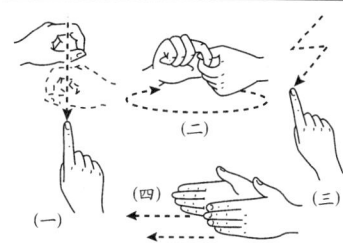

串联电路 chuànliándiànlù series circuit

（一）双手拇、食指捏成圆圈，一上一下，然后左手在上不动，右手食指由上而下一划，仿"串"字形。

（二）同"并联电路"手势（二）。

（三）同"电学"手势（一）。

（四）同"电路"手势（二）。

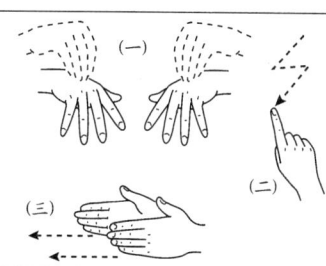

照明电路 zhàomíngdiànlù lighting circuit

（一）双手五指先撮合，指尖朝下，然后张开五指。

（二）同"电学"手势（一）。

（三）同"电路"手势（二）。

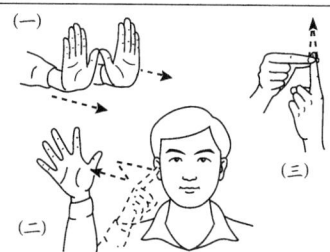

避雷针 bìléizhēn lightning rod

（一）双手直立，掌心向外一推。

（二）一手食指先指耳部，然后向外做"彡"形移动，同时五指放开，象征雷声震耳。

（三）左手食指直立不动；右手拇、食指先捏住左手食指指尖，然后向上移动。

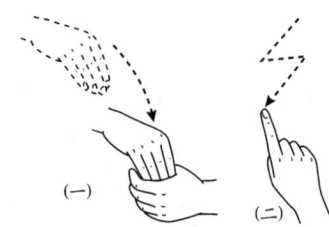

充电 chōngdiàn charge up

（一）左手五指成半圆形，虎口朝上；右手五指撮合，指尖朝下，由上而下移入左手虎口内。

（二）同"电学"手势（一）（见第9页之5）。

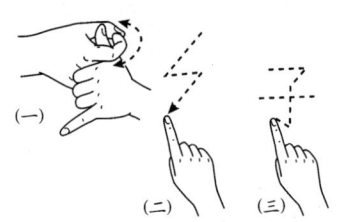

束缚电子 shùfùdiànzǐ bound electron

（一）左手伸拇、小指；右手拇、食指捏成小圆形套在左手拇指上，并转动一下。

（二）同"电学"手势（一）。

（三）一手食指书空"子"字形。

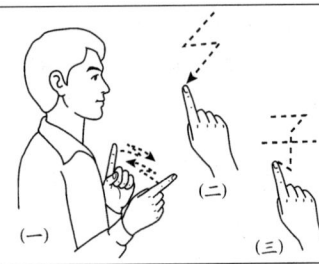

自由电子 zìyóudiànzǐ free electron

（一）双手食指直立，在胸前前后晃动几下。

（二）同"电学"手势（一）。

（三）同"束缚电子"手势（三）。

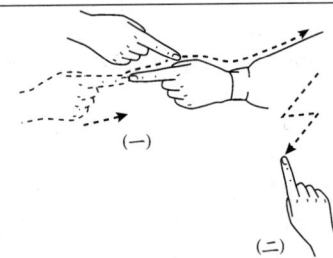

导电 dǎodiàn conductive

（一）双手食指横伸，左手不动；右手食指移动并触到左手食指，然后沿左手臂向上移动。

（二）同"电学"手势（一）。

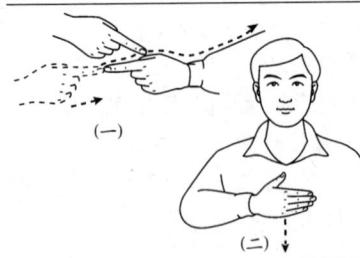

导体 dǎotǐ conductor

（一）同"导电"手势（一）。

（二）一手掌贴于胸部并向下移动。

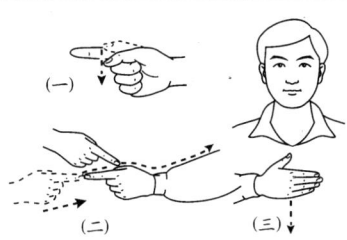

半导体 bàndǎotǐ semiconductor

（一）一手食指横伸，拇指在食指中部向下划一下。

（二）同"导电"手势（一）（见第14页之4）。

（三）同"导体"手势（二）（见第14页之5）。

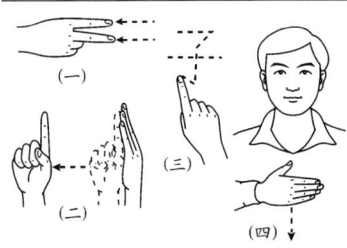

等离子体 děnglízǐtǐ plasma

（一）右手食、中指横伸并稍分开，从左向右微移。

（二）左手直立，掌心向右；右手食指直立，先贴于左手掌，然后向右移动。

（三）同"束缚电子"手势（三）（见第14页之2）。

（四）同"导体"手势（二）。

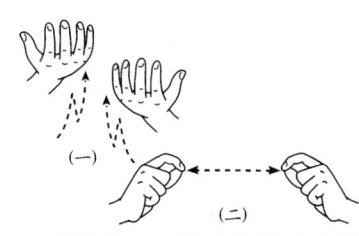

火线 huǒxiàn live wire

（一）双手平伸，五指微曲，掌心向上，上下动两下。

（二）双手拇、食指相捏，从中间向两侧拉动。

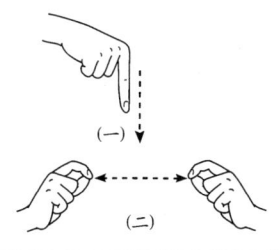

地线 dìxiàn earth wire

（一）一手伸食指，向下指一下。

（二）同"火线"手势（二）。

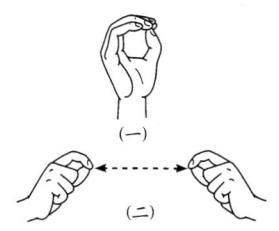

零线 língxiàn neutral line

（一）一手五指捏成圆球状，虎口朝内。

（二）同"火线"手势（二）。

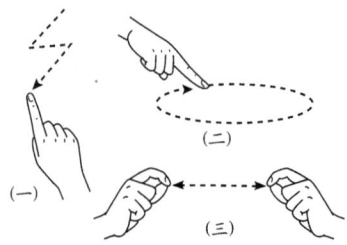

电场线 diànchǎngxiàn electric field line

(一)同"电学"手势(一)(见第9页之5)。
(二)一手食指指尖朝下划一大圈。
(三)同"火线"手势(二)(见第15页之3)。

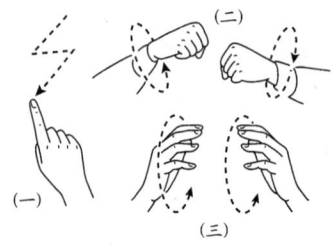

电动势 diàndòngshì electromotive force

(一)同"电学"手势(一)。
(二)双手握拳屈肘,前后交替转动几下。
(三)双手五指微曲分开,掌心相对,同时向前转动一下。

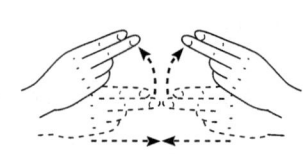

短路 duǎnlù short circuit

双手食、中指横伸并拢,从两侧向中间移动,指尖相触后立即向上挑开。

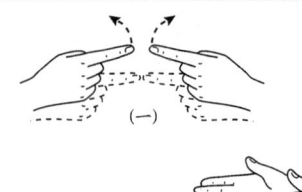

断路 duànlù open circuit

(一)双手食指横伸,指尖相对,同时向上挑动一下。
(二)同"电路"手势(二)(见第11页之1)。

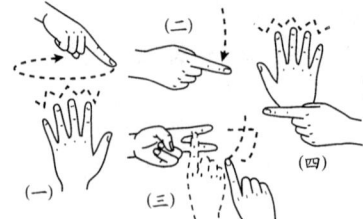

额定功率 édìnggōnglǜ rated power

(一)同"额定电压"手势(一)(见第12页之4)。
(二)同"额定电压"手势(二)。
(三)同"电功"手势(二)(见第10页之1)。
(四)同"电功率"手势(三)(见第10页之2)。

一、物理学　17

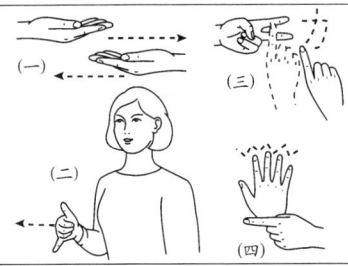

输出功率　shūchūgōnglǜ　output power
（一）双手横伸，掌心向上，左右交错移动。
（二）一手伸出拇、食指，自内向外移动。
（三）同"电功"手势（二）（见第10页之1）。
（四）同"电功率"手势（三）（见第10页之2）。

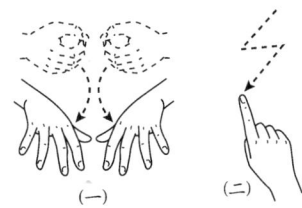

放电　fàngdiàn　discharge
（一）双手虚握，虎口朝上，然后同时张开五指，掌心向下。
（二）同"电学"手势（一）（见第9页之5）。

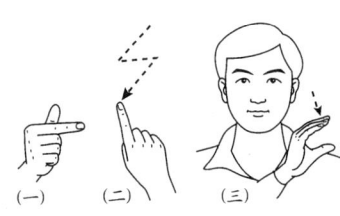

正电荷　zhèngdiànhè　positive charge
（一）一手拇、食指搭成"十"字形。
（二）同"电学"手势（一）
（三）同"电荷"手势（二）（见第10页之3）

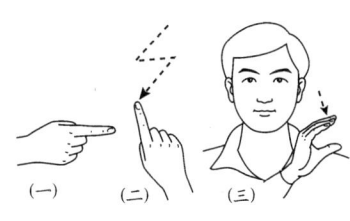

负电荷　fùdiànhè　negative charge
（一）一手食指横伸。
（二）同"电学"手势（一）。
（三）同"电荷"手势（二）。

正极　zhèngjí　anode
一手握拳，虎口朝上；另一手拇、食指搭成"十"字形，置于虎口上。

负极 fùjí cathode

一手握拳,虎口朝上;一手食指横伸,置于拳头下。

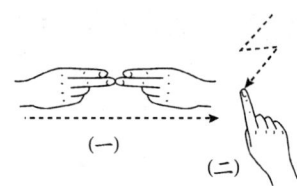

交流电 jiāoliúdiàn alternating current

(一)双手食、中指横伸,指尖相抵,并向一侧移动。

(二)同"电学"手势(一)(见第9页之5)。

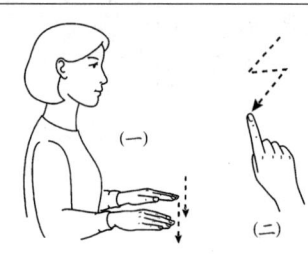

静电 jìngdiàn static electricity

(一)双手平伸,掌心向下,同时缓缓向下微按。

(二)同"电学"手势(一)。

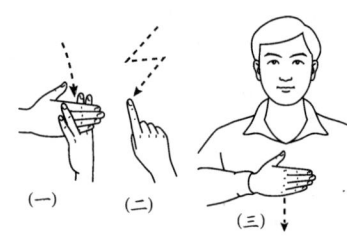

绝缘体 juéyuántǐ insulator

(一)左手直立,掌心向内;右手切入左手中、无名指指缝。

(二)同"电学"手势(一)。

(三)同"导体"手势(二)(见第14页之5)。

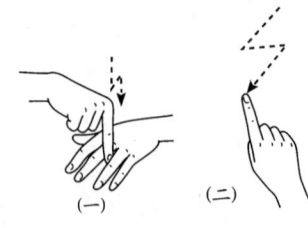

漏电 lòudiàn leakage

(一)左手横伸,掌心向下,五指分开;右手食指朝下,在左手食、中、无名指指缝间各插一下。

(二)同"电学"手势(一)。

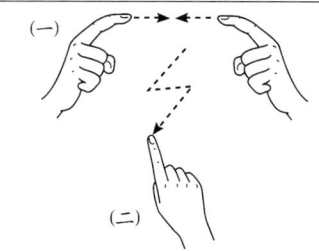

触电 chùdiàn electric shock

（一）双手食指微曲，指尖相对，从两侧向中间互触。

（二）同"电学"手势（一）（见第9页之5）。

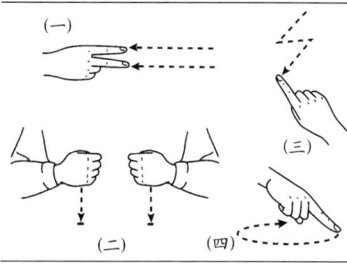

匀强电场 yúnqiángdiànchǎng uniform electric field

（一）同"等离子体"手势（一）（见第15页之2）。

（二）双手握拳屈肘，同时向下一顿。

（三）同"电学"手势（一）。

（四）同"电场线"手势（二）（见第16页之1）。

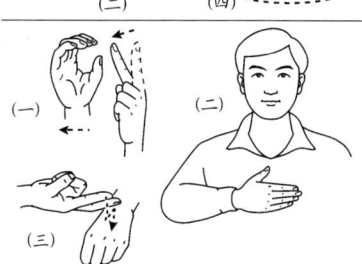

磁感性 cígǎnxìng magnetic inductive

（一）左手食指直立；右手打手指字母"C"的指式，然后向右移动，左手食指随之向右倾斜。

（二）右手掌贴于心脏部位。

（三）左手握拳，手背向上；右手伸食、中指，用指背弹击两下左手背。

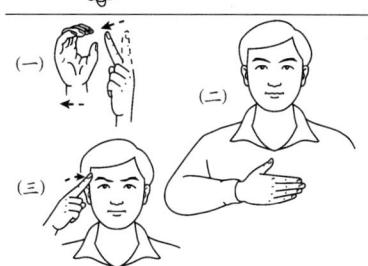

磁感应 cígǎnyìng magnetic induction

（一）同"磁感性"手势（一）。

（二）同"磁感性"手势（二）。

（三）一手食指指一下太阳穴。

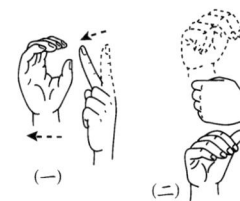

磁极 cíjí magnetic pole

（一）同"磁感性"手势（一）。

（二）左手握拳；右手先在左拳上打手指字母"N"的指式，再在左拳下打手指字母"S"指式。

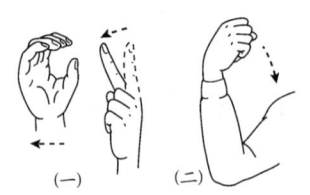

磁力 cílì magnetic force

（一）同"磁感性"手势（一）（见 19 页之 3）。

（二）一手握拳屈肘，向内弯动一下。

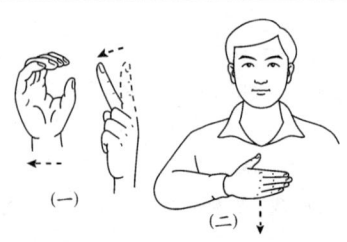

磁体 cítǐ magnet

（一）同"磁感性"手势（一）。

（二）同"导体"手势（二）（见第 14 页之 5）。

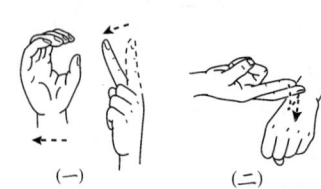

磁性 cíxìng magnetism

（一）同"磁感性"手势（一）。

（二）同"磁感性"手势（三）。

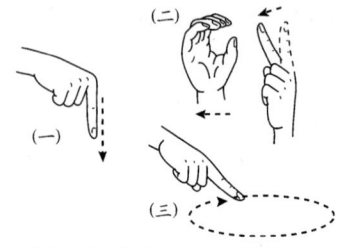

地磁场 dìcíchǎng geomagnetic field

（一）同"地线"手势（一）（见第 15 页之 4）。

（二）同"磁感性"手势（一）。

（三）同"电场线"手势（二）（见第 16 页之 1）。

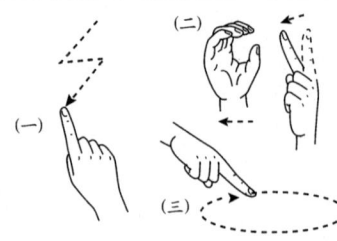

电磁场 diàncíchǎng electromagnetic field

（一）同"电学"手势（一）（见第 9 页之 5）。

（二）同"磁感性"手势（一）。

（三）同"电场线"手势（二）。

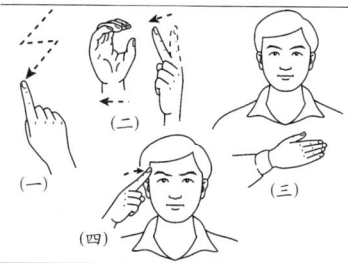

电磁感应 diàncígǎnyìng electromagnetic induction

（一）同"电学"手势（一）（见第 9 页之 5）。
（二）同"磁感性"手势（一）（见第 19 页之 3）。
（三）同"磁感性"手势（二）。
（四）同"磁感应"手势（三）（见第 19 页之 4）。

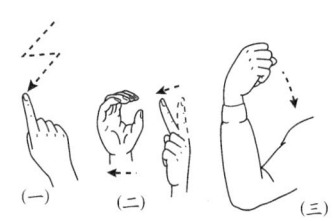

电磁力 diàncílì electromagnetic force

（一）同"电学"手势（一）。
（二）同"磁感性"手势（一）。
（三）同"磁力"手势（二）（见第 20 页之 1）。

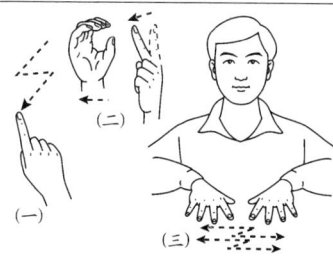

电磁振荡 diàncízhèndàng electromagnetic vibration

（一）同"电学"手势（一）。
（二）同"磁感性"手势（一）。
（三）双手平伸，五指张开，掌心向下，同时平行晃动几下。

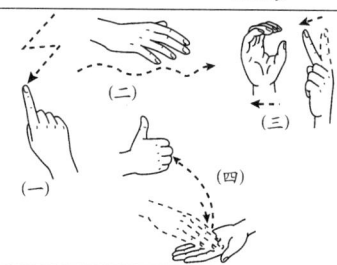

电流磁效应 diànliúcíxiàoyìng current magnetic effect

（一）同"电学"手势（一）。
（二）同"电流"手势（二）（见第 10 页之 5）。
（三）同"磁感性"手势（一）。
（四）左手横伸，掌心向上；右手拍一下左手掌，然后伸出拇指。

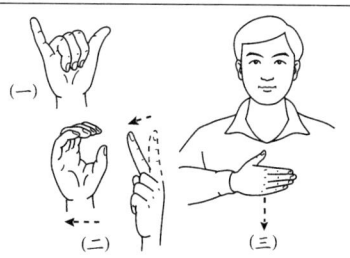

永磁体 yǒngcítǐ permanent magnet

（一）一手打手指字母"Y"的指式。
（二）同"磁感性"手势（一）。
（三）同"导体"手势（二）（见第 14 页之 5）。

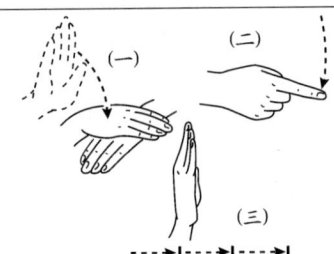

左手定则 zuǒshǒudìngzé　left-half rule
（一）右手拍一下左手背。
（二）同"额定电压"手势（二）（见第12页之4）。
（三）右手直立，掌心向左，向左侧一顿一顿移动几下。

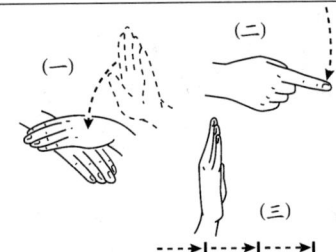

右手定则 yòushǒudìngzé　right-half rule
（一）左手拍一下右手背。
（二）同"额定电压"手势（二）。
（三）同"左手定则"手势（三）。

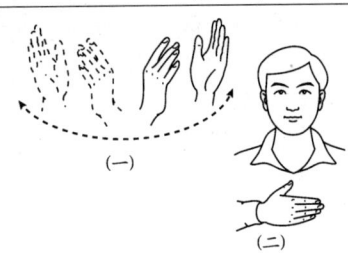
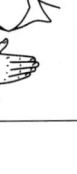

互感 hùgǎn　mutual inductance
（一）双手直立，掌心相对，左右同时摆动几下。
（二）同"磁感性"手势（二）（见第19页之3）。

安培（A）　ānpéi　ampere
一手打手指字母"A"的指式。

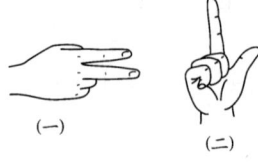

法拉（F）　fǎlā　farad
（一）一手打手指字母"F"的指式。
（二）一手打手指字母"L"的指式。
（表示电容量单位时只用第一个手势）

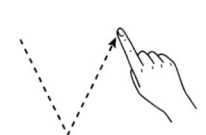

伏特(V) fútè volt
一手食指书空字母"V"。
(表示电流量单位时用此手势)

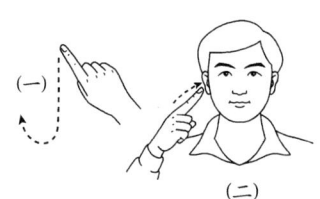

焦耳(J) jiāo'ěr joule
(一)一手食指书空字母"J"。
(二)一手食指指耳朵。
(表示能量单位时用第一个手势)

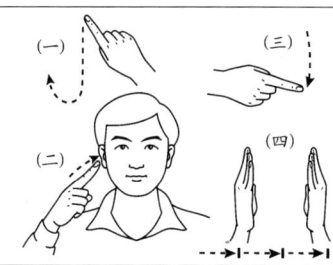

焦耳定律 jiāo'ěrdìnglǜ Joule's law
(一)同"焦耳"手势(一)。
(二)同"焦耳"手势(二)。
(三)同"额定电压"手势(二)(见第12页之4)。
(四)双手直立,掌心相对,向一侧一顿一顿移动几下。

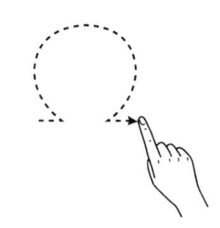

欧姆(Ω) ōumǔ ohm
一手食指书空字母"Ω"。
(表示电阻量单位时用此手势)

千瓦(kW) qiānwǎ kilowatt
(一)一手打手指字母"K"的指式。
(二)一手打手指字母"W"的指式。

(一) (二) (三)

千瓦时(kW.h)　qiānwǎshí　kilowatt-hour
(一)一手打手指字母"K"的指式。
(二)一手打手指字母"W"的指式。
(三)一手打手指字母"H"的指式。

亨利(H)　hēnglì　henry
一手打手指字母"H"的指式。
(表示电感量单位时用此手势)

特斯拉(T)　tèsīlā　tesla
一手打手指字母"T"的指式。
(表示磁通量密度、磁感应强度量单位时用此手势)

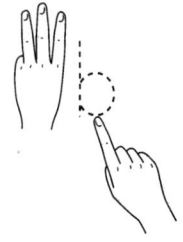

韦伯(Wb)　wéibó　weber
左手打手指字母"W"的指式;右手食指在左手旁书空字母"b"。
(表示磁通量单位时用此手势)

瓦特(W)　wǎtè　watt
一手打手指字母"W"的指式。
(表示功率、辐射通量单位时用此手势)

3. 力 学

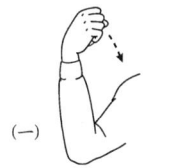 

力学 lìxué mechanics
(一)一手握拳屈肘,向内弯动一下。
(二)一手打手指字母"X"的指式。

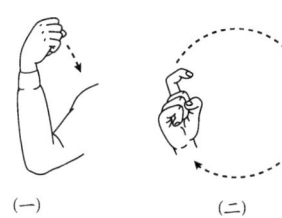

力矩 lìjǔ torque
(一)同"力学"手势(一)。
(二)一手打手指字母"J"的指式,并上下转动一圈。

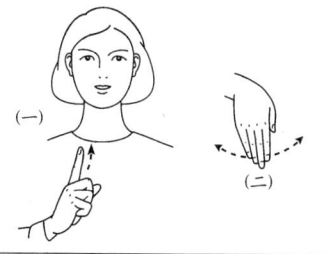

单摆 dānbǎi simple pendulum
(一)一手食指直立,贴于胸部并向上微微移动。
(二)一手五指并拢,手掌下垂,左右摆动。

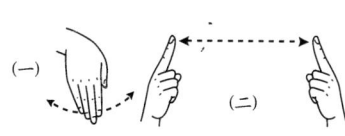

摆长 bǎicháng pendulum length
(一)同"单摆"手势(二)
(二)双手食指直立,从中间向两侧拉开。

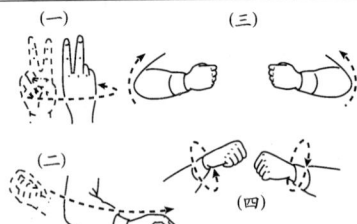

变速运动 biànsùyùndòng variable motion

（一）一手食、中指直立并分开，由掌心向外翻转为掌心向内。
（二）一手拇、食指相捏，由一侧向另一侧快速挥动一下。
（三）双手握拳屈肘，在胸前做扩胸运动。
（四）双手握拳屈肘，前后交替转动几下。

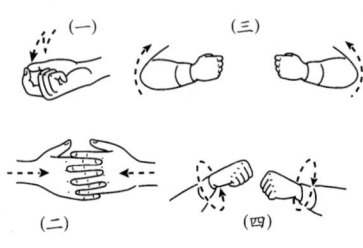

简谐运动 jiǎnxiéyùndòng simple harmonic motion

（一）一手拇、食指相捏，手背向下，上下动几下。
（二）双手横伸，掌心向内，五指张开，从两侧向中间移动并互相交错夹住。
（三）同"变速运动"手势（三）。
（四）同"变速运动"手势（四）。

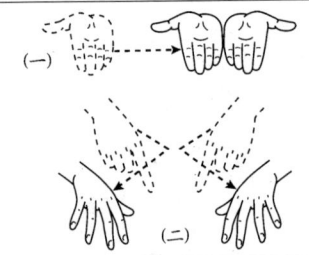

参照物 cānzhàowù reference

（一）双手平伸，掌心向上，左手不动，右手移向左手。
（二）双手食指指尖朝前，先互碰一下，然后向两侧分开，并张开五指。

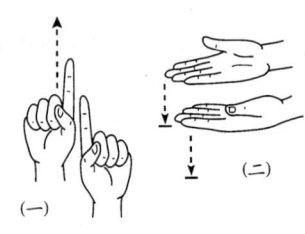

超重 chāozhòng overweight

（一）双手食指直立，手背向内，左手不动，右手向上移动一下。
（二）双手平伸，掌心向上，同时朝下一顿。

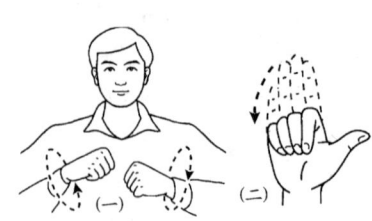

动能 dòngnéng kinetic energy

（一）同"变速运动"手势（四）。
（二）一手直立，掌心向外，然后食、中、无名、小指弯曲一下。

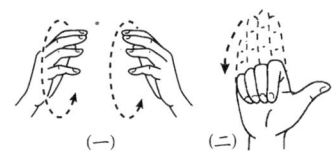

势能 shìnéng potential energy
（一）双手五指微曲张开，掌心相对，同时向前转动一下。
（二）同"动能"手势（二）（见第 26 页之 5）。

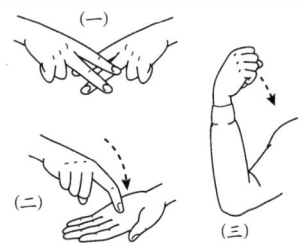

共点力 gòngdiǎnlì concurrent forces
（一）双手食、中指搭成"共"字形。
（二）左手横伸；右手食指在左手掌心上点一下。
（三）同"力学"手势（一）。

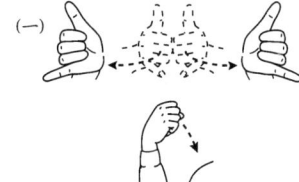

分力 fēnlì contribute
（一）双手伸出拇、小指，手腕先相贴，然后向两侧分开。
（二）同"力学"手势（一）。

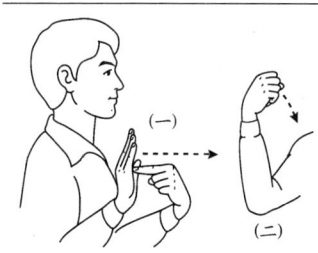

斥力 chìlì repulsion
（一）左手伸食指，指尖朝内；右手直立，掌心抵住左手食指，然后用力向外一推。
（二）同"力学"手势（一）。

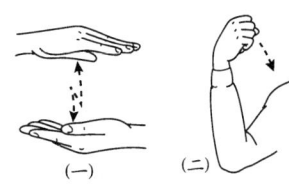

弹力 tánlì elasticity
（一）双手横伸，掌心相对，左手在下不动，右手向下压两下。
（二）同"力学"手势（一）。

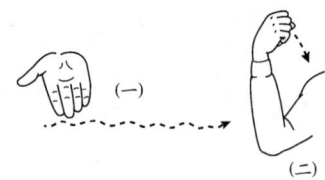

浮力 fúlì buoyancy

（一）一手平伸，掌心向上，边上下微微晃动边向一侧移动。
（二）同"力学"手势（一）（见第 25 页之 2）。

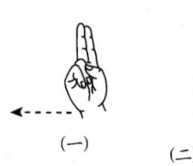 

恒力 hénglì constant

（一）一手打手指字母"H"的指式，并横向移动一下。
（二）同"力学"手势（一）。

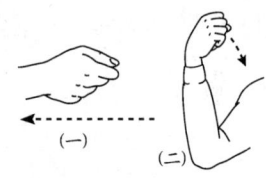

拉力 lālì pull

（一）一手握拳，从外向内拉动。
（二）同"力学"手势（一）。

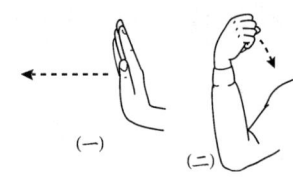

推力 tuīlì thrust

（一）一手直立，掌心向外一推。
（二）同"力学"手势（一）。

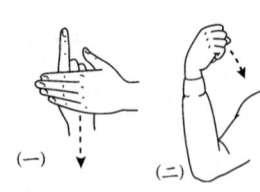

内力 nèilì internal force

（一）左手横立，掌心向内；右手食指直立，在左手掌心内由上向下移动。
（二）同"力学"手势（一）。

外力 wàilì external force

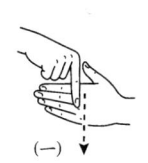

（一）左手横立,掌心向内;右手伸食指,在左手背外向下指。
（二）同"力学"手势（一）(见第25页之2)。

向心力 xiàngxīnlì centripetal force

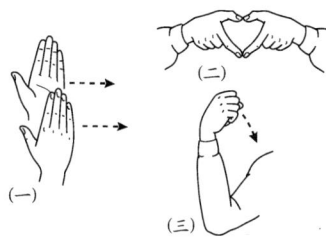

（一）双手直立,掌心相对,向前移动一下。
（二）双手拇、食指搭成"♡"形。
（三）同"力学"手势（一）。

引力 yǐnlì gravitational

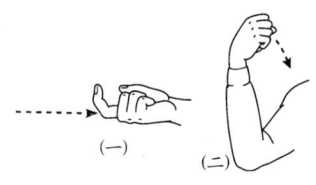

（一）一手食指弯曲,指尖朝上,由外向内一拉。
（二）同"力学"手势（一）。

合力 hélì resultant force

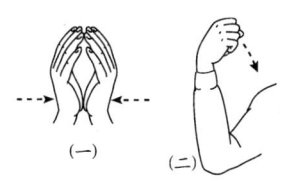

（一）双手直立,五指微曲,掌心相对,从两侧向中间合拢。
（二）同"力学"手势（一）。

张力 zhānglì tensility

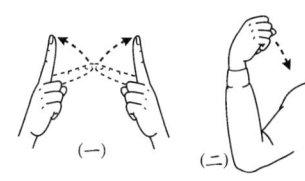

（一）双手食指指尖斜向相触,然后慢慢向两侧移动,手腕不动。
（二）同"力学"手势（一）。

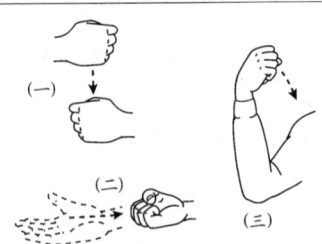
作用力 zuòyònglì acting force
（一）双手握拳，一上一下，右拳向下砸一下左拳。
（二）一手平伸，掌心向上，边向后移动边收拢五指。
（三）同"力学"手势（一）（见第25页之2）。

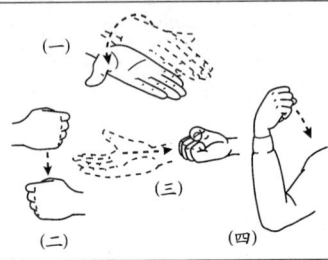
反作用力 fǎnzuòyònglì counterforce
（一）一手平伸，掌心朝下，然后翻转为掌心朝上。
（二）同"作用力"手势（一）。
（三）同"作用力"手势（二）。
（四）同"力学"手势（三）。

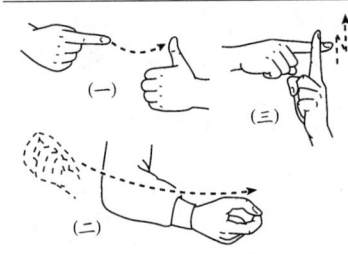
初速度 chūsùdù muzzle velocity
（一）左手伸拇指；右手伸食指碰一下左手拇指。
（二）同"变速运动"手势（二）（见第26页之1）。
（三）左手食指直立；右手食指横贴于左手食指并上下移动。

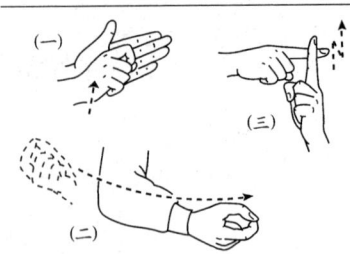
加速度 jiāsùdù acceleration
（一）左手侧立；右手拇、食指捏成小圆圈，虎口贴向左手掌心。
（二）同"变速运动"手势（二）。
（三）同"初速度"手势（三）。

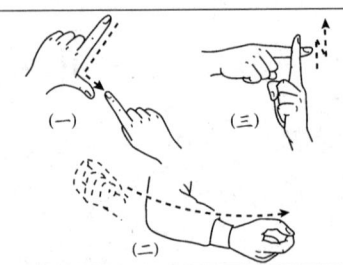
角速度 jiǎosùdù angular velocity
（一）左手拇、食指张开，虎口朝内；右手食指沿左手食指向下划动到拇指尖。
（二）同"变速运动"手势（二）。
（三）同"初速度"手势（三）。

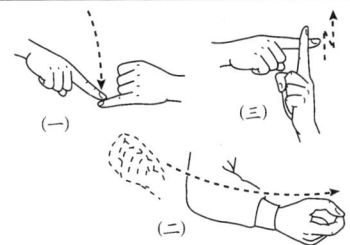

末速度 mòsùdù final velocity
(一)左手伸小指;右手食指敲一下左手小指尖。
(二)同"变速运动"手势(二)(见第 26 页之1)。
(三)同"初速度"手势(三)(见第 30 页之3)。

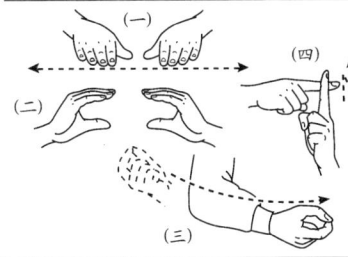

平均速度 píngjūnsùdù average velocity
(一)双手平伸,掌心向下,从中间向两侧移动。
(二)双手五指成"[ ]"形,指尖相对。
(三)同"变速运动"手势(二)。
(四)同"初速度"手势(三)。

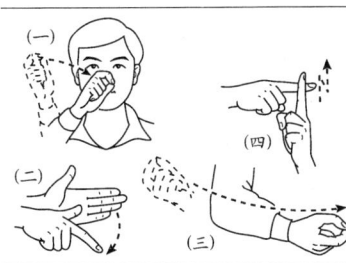

瞬时速度 shùnshísùdù instantaneous velocity
(一)一手拇、食指捏成小圆圈,在眼前快速移动一下。
(二)左手侧立;右手伸拇、食指,拇指尖抵于左手掌心,食指向下转动。
(三)同"变速运动"手势(二)。
(四)同"初速度"手势(三)。

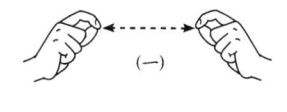
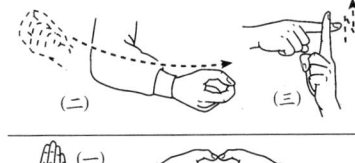

线速度 xiànsùdù linear velocity
(一)双手拇、食指相捏,从中间向两侧拉动。
(二)同"变速运动"手势(二)。
(三)同"初速度"手势(三)。

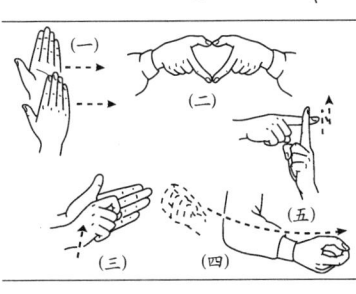

向心加速度 xiàngxīnjiāsùdù acceleration centripetal
(一)同"向心力"手势(一)(见第 29 页之2)。
(二)同"向心力"手势(二)。
(三)同"加速度"手势(一)(见第 30 页之4)。
(四)同"变速运动"手势(二)。
(五)同"初速度"手势(三)。

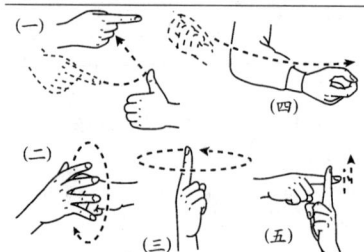

第一宇宙速度 dìyīyǔzhòusùdù first cosmic velocity

(一)左手伸拇指;右手伸食指先碰一下左手拇指,然后食指横伸。
(二)左手握拳,手背向外;右手五指张开围绕左手转一圈。
(三)一手食指直立,在头顶上方转动一圈。
(四)同"变速运动"手势(二)(见第26页之1)。
(五)同"初速度"手势(三)(见第30页之3)。

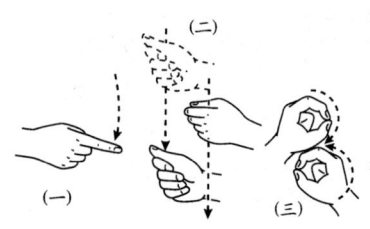

定滑轮 dìnghuálún crown block

(一)一手食指直立,向下挥动一下。
(二)双手虚握,上下交替拉动几下。
(三)双手拇、食指捏成小圆圈,上下相叠,然后转动两下。

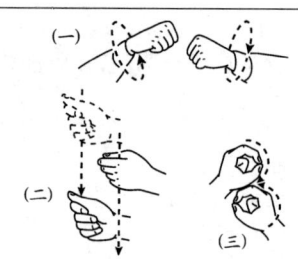

动滑轮 dònghuálún travelling block

(一)同"变速运动"手势(四)。
(二)同"定滑轮"手势(二)。
(三)同"定滑轮"手势(三)

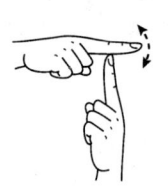

杠杆 gànggǎn lever

左手食指直立;右手食指横伸,置于左手指指尖上,并向上撬动几下。

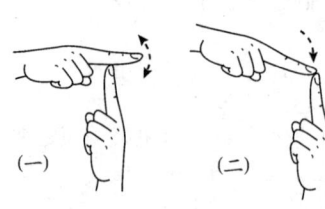

支点 zhīdiǎn fulcrum

(一)同"杠杆"手势。
(二)左手食指直立;右手食指点一下左手食指指尖。

 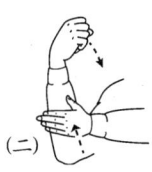

力臂 lìbì arm

（一）同"力学"手势（一）（见第 25 页之 2）。

（二）右手握拳屈肘，左手掌拍一下右手臂。

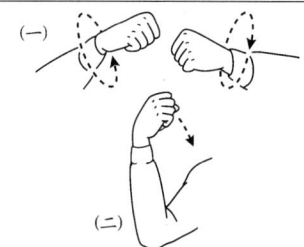

动力 dònglì power

（一）同"变速运动"手势（四）（见第 26 页之 1）。

（二）同"力学"手势（一）。

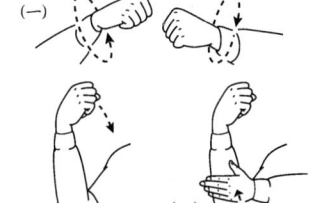

动力臂 dònglìbì power arm

（一）同"变速运动"手势（四）。
（二）同"力学"手势（一）。
（三）同"力臂"手势（二）。

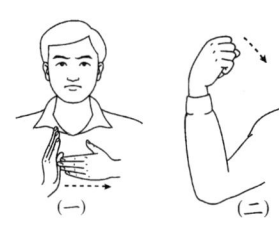

阻力 zǔlì resistance

（一）左手横立；右手直立，掌心抵住左手指尖，然后向左一推。
（二）同"力学"手势（一）。

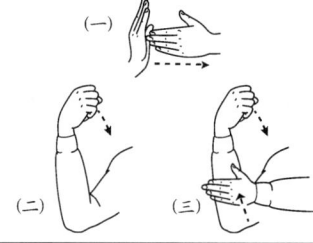

阻力臂 zǔlìbì resistance arm

（一）同"阻力"手势（一）。
（二）同"力学"手势（一）。
（三）同"力臂"手势（二）。

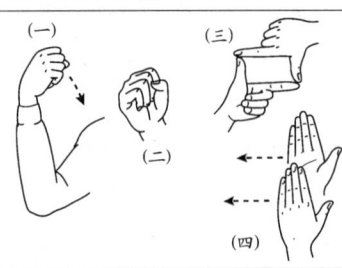

力的方向 lìdefāngxiàng direction of force

（一）同"力学"手势（一）（见第 25 页之 2）。

（二）一手打手指字母"D"的指式。

（三）双手拇、食指成"⊔"形。

（四）同"向心力"手势（一）（见第 29 页之 2）。

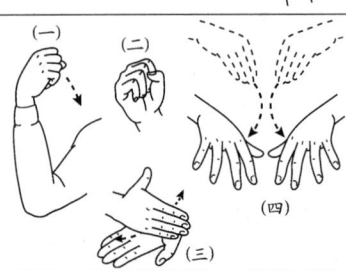

力的分解 lìdefēnjiě resolution of force

（一）同"力学"手势（一）。

（二）一手打手指字母"D"的指式。

（三）左手横伸；右手侧立于左手掌心上，并左右拨动两下。

（四）双手五指撮合，指尖朝下，然后同时向下一挥，并放开五指。

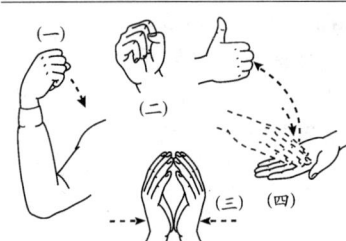

力的合成 lìdehéchéng composition of forces

（一）同"力学"手势（一）。

（二）一手打手指字母"D"的指式。

（三）同"合力"手势（一）（见第 29 页之 4）。

（四）左手横伸，掌心向上；右手拍一下左手掌，然后伸出拇指。

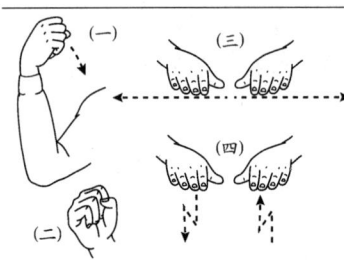

力的平衡 lìdepínghéng equilibrium of forces

（一）同"力学"手势（一）。

（二）一手打手指字母"D"的指式。

（三）同"平均速度"手势（一）（见第 31 页之 2）。

（四）双手平伸，掌心向下，先上下交替微动，然后双手保持平衡状态。

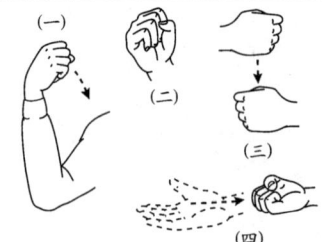

力的作用 lìdezuòyòng function of force

（一）同"力学"手势（一）。

（二）一手打手指字母"D"的指式。

（三）同"作用力"手势（一）（见第 30 页之 1）。

（四）同"作用力"手势（二）。

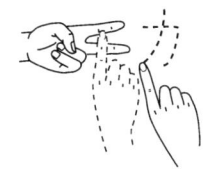

功 gōng work

左手食、中指与右手食指搭成"工"字形,右手食指再在左手旁边书空"力"字,仿"功"字形。

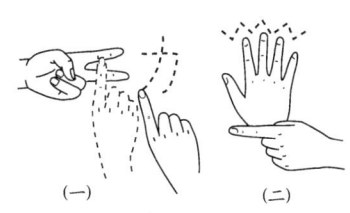

功率 gōnglǜ power

(一)同"功"手势。

(二)左手食指横伸,在前;右手直立,在后,手腕贴于左手食指,掌心向内,五指分开,交替抖动几下。

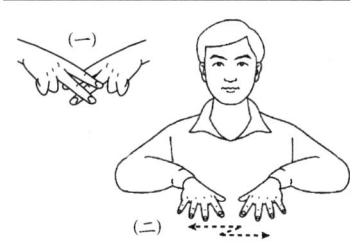

共振 gòngzhèn resonance

(一)同"共点力"手势(一)(见第27页之2)。

(二)双手平伸,五指张开,掌心向下,同时平行晃动几下。

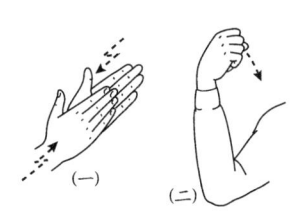

摩擦力 mócālì friction force

(一)双手侧立,掌心相贴,来回搓几下。

(二)同"力学"手势(一)(见第25页之2)。

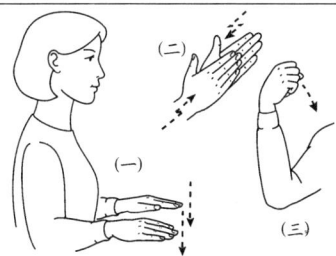

静摩擦力 jìngmócālì breakout friction

(一)双手平伸,掌心向下,同时缓缓向下微按。

(二)同"摩擦力"手势(一)。

(三)同"力学"手势(一)。

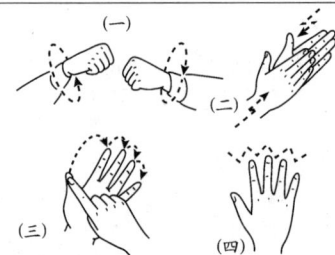

动摩擦因数 dòngmócāyīnshù dynamic friction coefficient

（一）同"变速运动"手势（四）（见第26页之1）。
（二）同"摩擦力"手势（一）（见第35页之4）。
（三）左手直立，五指张开，掌心向内；右手食指自左手拇指依次点一下各指。
（四）一手五指分开，指尖向上，手指微微抖动几下。

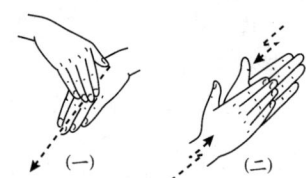

滑动摩擦 huádòngmócā sliding friction

（一）左手斜伸，指尖朝前下方；右手掌心贴在左手背上向下滑动。
（二）同"摩擦力"手势（一）。

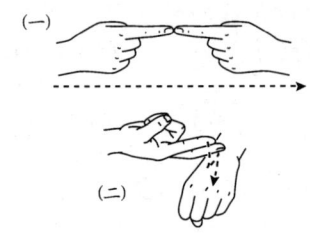

惯性 guànxìng inertia

（一）双手食指横伸，指尖相抵，同时向一侧移动。
（二）左手握拳，手背向上；右手伸食、中指，用指背弹击两下左手背。

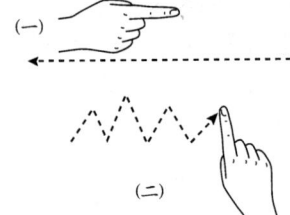

横波 héngbō transverse wave

（一）一手食指横伸，从左向右水平移动一下。
（二）一手伸食指，指尖朝前，做折线形移动。

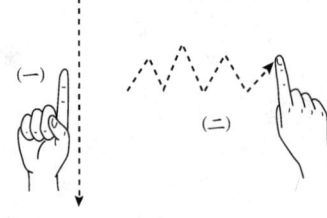

纵波 zòngbō longitudinal wave

（一）一手食指直立，由上向下移动一下。
（二）同"横波"手势（二）。

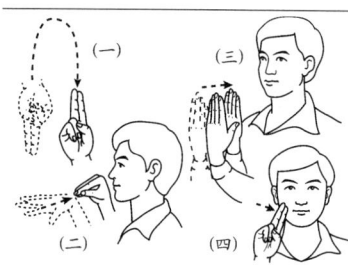

虹吸现象 hóngxīxiànxiàng siphon

（一）一手食、中指并拢，指尖朝下，然后作"∩"形移动，象征利用压力差使水上升后再流到低处。
（二）一手五指张开，掌心向外，边向鼻部移动边撮合五指，如吸气状。
（三）双手直立，掌心向内；左手不动，右手向内移一下。
（四）一手食、中指直立并拢，掌心向外，朝面颊部碰一下。

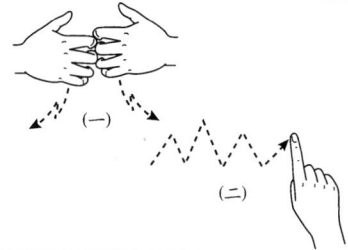

机械波 jīxièbō mechanical wave

（一）双手五指弯曲，食、中、无名、小指关节交错相触，并转动两下。
（二）同"横波"手势（二）（见第 36 页之 4）。

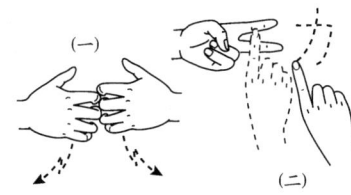

机械功 jīxiègōng mechanical work

（一）同"机械波"手势（一）。
（二）同"功"手势（见第 35 页之 1）。

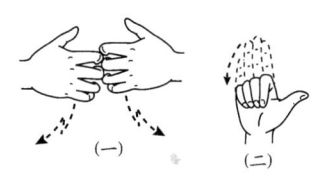

机械能 jīxiènéng mechanical energy

（一）同"机械波"手势（一）。
（二）同"动能"手势（二）（见第 26 页之 5）。

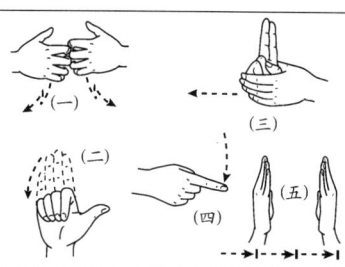

机械能守恒定律 jīxiènéngshǒuhéngdìnglǜ law of conservation of mechanical energy

（一）同"机械波"手势（一）。
（二）同"动能"手势（二）。
（三）左手横立，五指微曲；右手打手指字母"H"的指式置于左手内，然后双手向一侧移动。
（四）同"定滑轮"手势（一）（见第 32 页之 2）
（五）双手直立，掌心相对，向一侧一顿一顿移动几下。

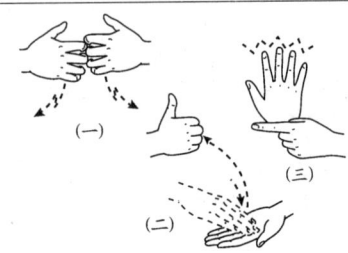

机械效率 jīxièxiàolǜ mechanical efficiency

（一）同"机械波"手势（一）（见第 37 页之 2）。

（二）同"力的合成"手势（四）（见第 34 页之 3）。

（三）同"功率"手势（二）（见第 35 页之 2）。

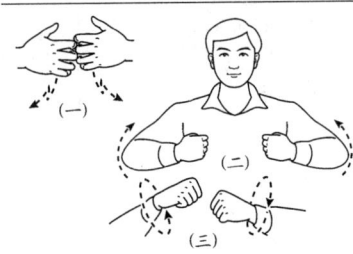

机械运动 jīxièyùndòng mechanical motion

（一）同"机械波"手势（一）。

（二）同"变速运动"手势（三）（见第 26 页之 1）。

（三）同"变速运动"手势（四）。

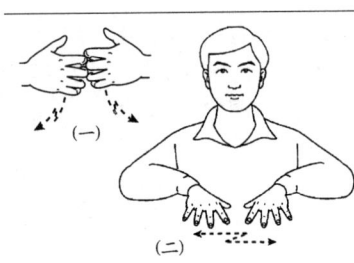

机械振动 jīxièzhèndòng mechanical vibration

（一）同"机械波"手势（一）。

（二）同"共振"手势（二）（见第 35 页之 3）。

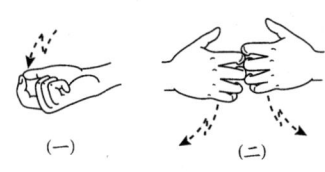

简单机械 jiǎndānjīxiè simple machine

（一）同"简谐运动"手势（一）（见第 26 页之 2）。

（二）同"机械波"手势（一）。

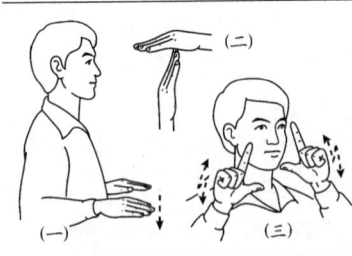

静止状态 jìngzhǐzhuàngtài stationary state

（一）同"静摩擦力"手势（一）（见第 35 页之 5）。

（二）左手横伸，掌心向下；右手直立，掌心向左，指尖抵于左手掌心。

（三）双手拇、食指成"└"形，置于脸颊两侧并上下交替动几下。

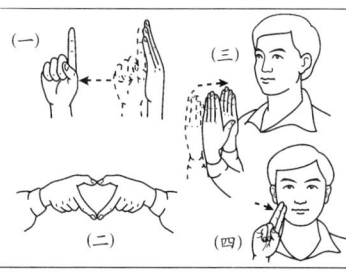

离心现象 líxīnxiànxiàng　centrifugal phenomenon
（一）左手直立，掌心向右；右手食指直立，先贴于左手掌，然后向右移动。
（二）同"向心力"手势（二）（见第29页之2）。
（三）同"虹吸现象"手势（三）（见第37页之1）。
（四）同"虹吸现象"手势（四）。

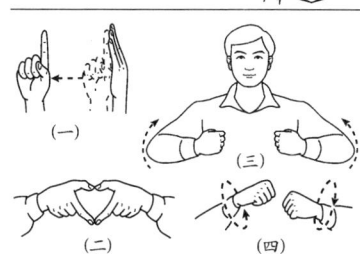

离心运动 líxīnyùndòng　centrifugal motion
（一）同"离心现象"手势（一）。
（二）同"向心力"手势（二）。
（三）同"变速运动"手势（三）（见第26页之1）。
（四）同"变速运动"手势（四）。

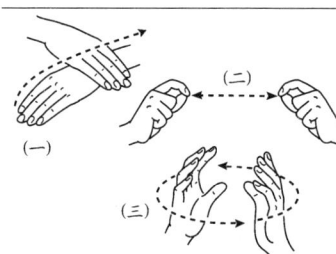

流线型 liúxiànxíng　streamline
（一）左手横伸；右手掌在左手背上从前向后捋一下。
（二）同"线速度"手势（一）（见第31页之4）。
（三）双手五指微曲分开，掌心相对，同时左右转动一下。

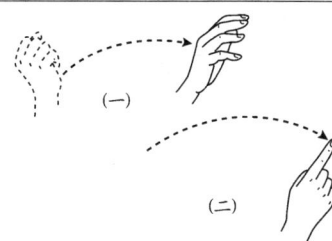

抛物线 pāowùxiàn　parabola
（一）一手做抛物状。
（二）一手食指在面前划一条弧线。

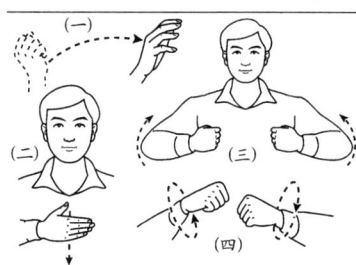

抛体运动 pāotǐyùndòng　projectile motion
（一）同"抛物线"手势（一）。
（二）一手掌贴于胸部并向下移动。
（三）同"变速运动"手势（三）。
（四）同"变速运动"手势（四）。

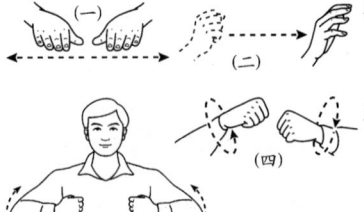

平抛运动 píngpāoyùndòng horizontal projectile motion

(一)同"平均速度"手势(一)(见第31页之2)。
(二)一手做直线平抛物体动作。
(三)同"变速运动"手势(三)(见第26页之1)。
(四)同"变速运动"手势(四)。

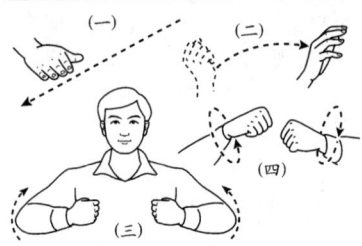

斜抛运动 xiépāoyùndòng projectile motion

(一)一手平伸,掌心向下,在胸前做斜向移动。
(二)同"抛物线"手势(一)(见第39页之4)。
(三)同"变速运动"手势(三)。
(四)同"变速运动"手势(四)。

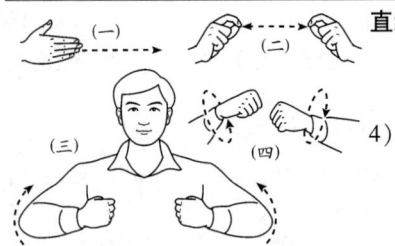

直线运动 zhíxiànyùndòng rectilinear motion

(一)一手侧立,向前移动一下。
(二)同"线速度"手势(一)(见第31页之4)。
(三)同"变速运动"手势(三)。
(四)同"变速运动"手势(四)。

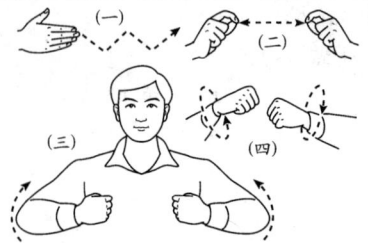

曲线运动 qūxiànyùndòng curvilinear motion

(一)一手侧立,向前做曲线形移动。
(二)同"线速度"手势(一)。
(三)同"变速运动"手势(三)。
(四)同"变速运动"手势(四)。

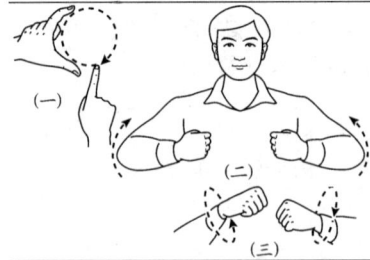

圆周运动 yuánzhōuyùndòng circular motion

(一)左手拇、食指张开成半圆形;右手伸食指,指尖朝前,沿左手拇、食指划一圆形。
(二)同"变速运动"手势(三)。
(三)同"变速运动"手势(四)。

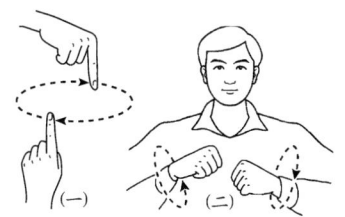

转动 zhuàndòng turn
（一）双手伸食指，指尖相对，一上一下，然后交替做平面转动。
（二）同"变速运动"手势（四）（见第 26 页之 1）。

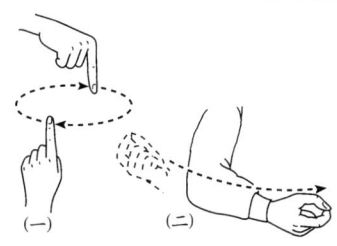

转速 zhuànsù rev
（一）同"转动"手势（一）。
（二）同"变速运动"手势（二）。

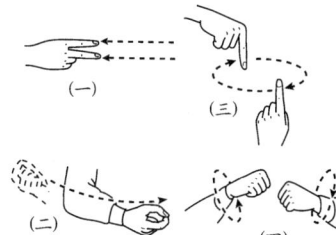

匀速转动 yúnsùzhuàndòng uniform rotation
（一）一手食、中指横伸并稍分开，从左向右微移。
（二）同"变速运动"手势（二）。
（三）同"转动"手势（一）。
（四）同"变速运动"手势（四）。

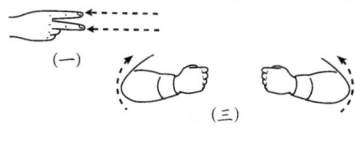

匀速运动 yúnsùyùndòng uniform motion
（一）同"匀速转动"手势（一）。
（二）同"变速运动"手势（二）。
（三）同"变速运动"手势（三）。
（四）同"变速运动"手势（四）。

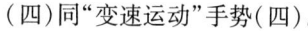

匀变速运动 yúnbiànsùyùndòng uniformly variable motion
（一）同"匀速转动"手势（一）。
（二）同"变速运动"手势（一）。
（三）同"变速运动"手势（二）。
（四）同"变速运动"手势（三）。
（五）同"变速运动"手势（四）。

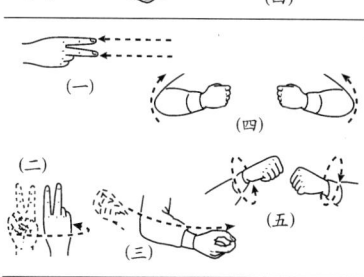

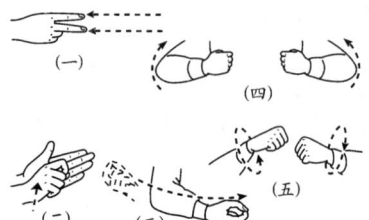

匀加速运动 yúnjiāsùyùndòng uniformly accelerated motion

(一)同"匀速转动"手势(一)(见第41页之3)。
(二)同"加速度"手势(一)(见第30页之4)。
(三)同"变速运动"手势(二)(见第26页之1)。
(四)同"变速运动"手势(三)。
(五)同"变速运动"手势(四)。

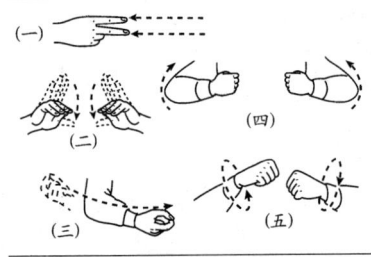

匀减速运动 yúnjiǎnsùyùndòng uniformly retarded motion

(一)同"匀速转动"手势(一)。
(二)双手成"[ ]"形,掌心相对,然后双手食、中、无名、小指同时向下弯动。
(三)同"变速运动"手势(二)。
(四)同"变速运动"手势(三)。
(五)同"变速运动"手势(四)。

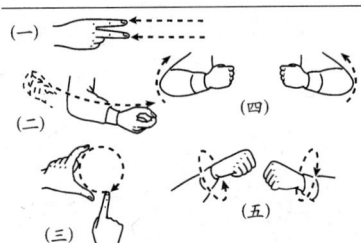

匀速圆周运动 yúnsùyuánzhōuyùndòng uniform circular motion

(一)同"匀速转动"手势(一)。
(二)同"变速运动"手势(二)。
(三)同"圆周运动"手势(一)(见第40页之5)。
(四)同"变速运动"手势(三)。
(五)同"变速运动"手势(四)。

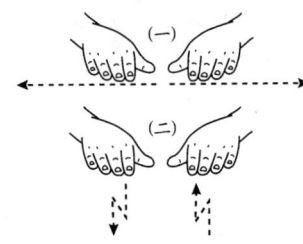

平衡 pínghéng balance

(一)双手平伸,掌心向下,从中间向两侧移动。
(二)双手平伸,掌心向下,先上下交替微动,然后双手保持平衡状态。

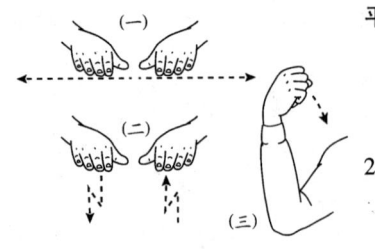

平衡力 pínghénglì counterbalance

(一)同"平衡"手势(一)。
(二)同"平衡"手势(三)。
(三)同"力学"手势(一)(见第25页之2)。

气垫导轨 qìdiàndǎoguǐ air track

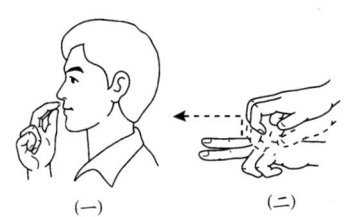

（一）一手打手指字母"Q"的指式,置于鼻孔处。

（二）左手食、中指分开,指尖向前;右手食、中指弯曲,指尖悬于左手食、中指上,并向前移动。

失重 shīzhòng weightlessness

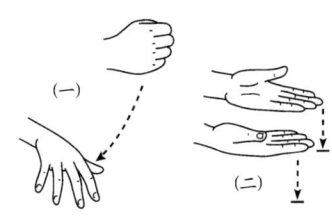

（一）一手虚握,由上向下一甩,并放开五指。

（二）同"超重"手势（二）（见第26页之4）。

形变 xíngbiàn deformation

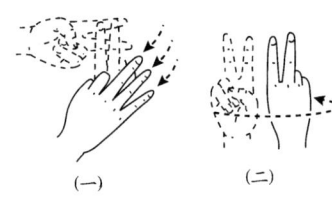

（一）双手食、中指搭成"开"字形,然后左手不动,右手中、无名、小指在左手旁书空"彡",仿"形"字形。

（二）同"匀变速运动"手势（二）（见第41页之5）。

悬浮 xuánfú suspension

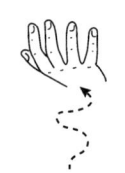

一手五指弯曲张开,掌心朝上,然后边微微摇晃边向上移动,象征悬浮的物质。

液压传动 yèyāchuándòng fluid drive

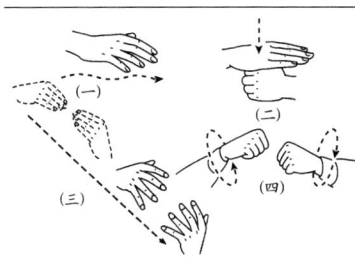

（一）一手横伸,掌心向下,向一侧做波纹状移动。

（二）左手握拳,虎口朝上;右手横伸,掌心向下,置于左手上并向下一压。

（三）双手五指撮合,指尖斜向相对,边向下移动边张开五指。

（四）同"变速运动"手势（四）（见第26页之1）。

振动 zhèndòng vibration
同"共振"手势(二)(见第35页之3)。

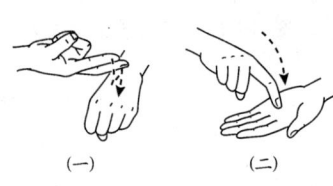

质点 zhìdiǎn particle
(一)同"惯性"手势(二)(见第36页之3)。
(二)同"共点力"手势(二)(见第27页之2)。

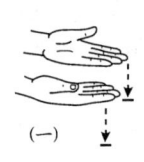 

重力 zhònglì gravity
(一)同"超重"手势(二)(见第26页之4)。
(二)同"力学"手势(一)(见第25页之2)。

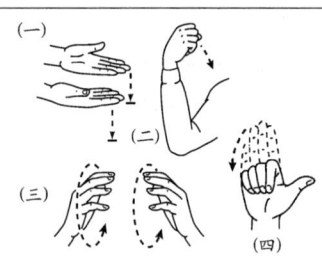

重力势能 zhònglìshìnéng gravitational potential energy
(一)同"超重"手势(二)。
(二)同"力学"手势(一)。
(三)同"势能"手势(一)(见第27页之1)。
(四)同"动能"手势(二)(见第26页之5)。

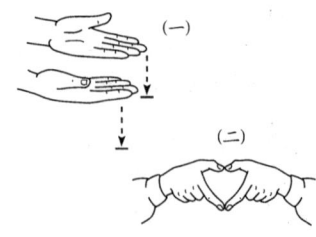

重心 zhòngxīn barycenter
(一)同"超重"手势(二)。
(二)同"向心力"手势(二)(见第29页之2)。

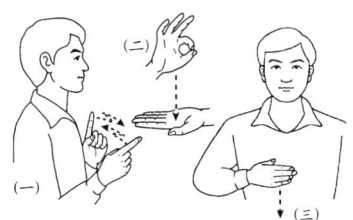

自由落体 zìyóuluòtǐ free fall
(一)双手食指直立,在胸前前后晃动几下。
(二)左手横伸,掌心向上;右手拇、食指捏成小圆圈,其他手指张开,由上向下移至左手掌心上。
(三)同"抛体运动"手势(二)(见第39页之5)。

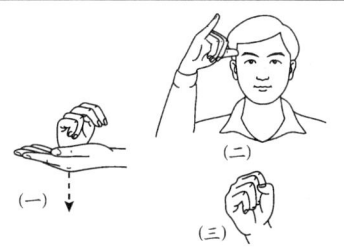

牛顿(N) niúdùn Newton
(一)左手横伸;右手打手指字母"N"的指式,置于左手掌心上,并向下一沉。
(二)一手伸拇、小指,拇指尖抵于太阳穴处,小指尖朝前。
(三)一手打手指字母"D"的指式。
[表示力的单位量用手势(一),表示人名用手势(二)(三)。]

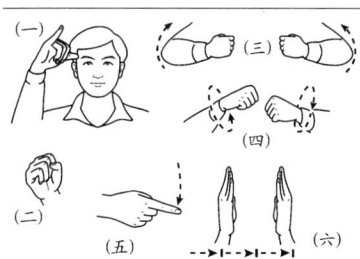

牛顿运动定律 niúdùnyùndòngdìnglǜ
Newton's law of motion
(一)同"牛顿"手势(二)。
(二)同"牛顿"手势(三)。
(三)同"变速运动"手势(三)(见第26页之1)。
(四)同"变速运动"手势(四)。
(五)同"定滑轮"手势(一)(见第32页之2)。
(六)同"机械能守恒定律"手势(五)(见第37页之5)。

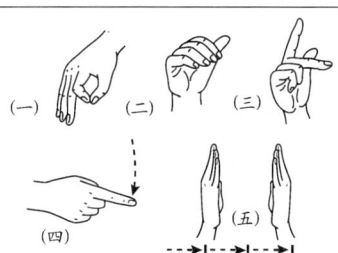

帕斯卡定律 pàsīkǎdìnglǜ Pascal law
(一)一手打手指字母"P"的指式。
(二)一手打手指字母"S"的指式。
(三)一手打手指字母"K"的指式。
(四)同"定滑轮"手势(一)。
(五)同"机械能守恒定律"手势(五)。

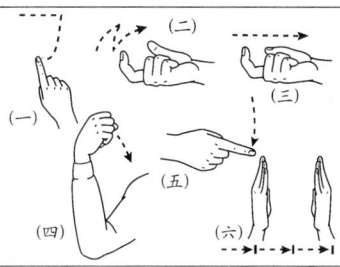

万有引力定律 wànyǒuyǐnlìdìnglǜ the law of gravity
(一)一手食指书空"丁"。
(二)一手伸拇、食指,掌心向上,食指弯动两下。
(三)同"引力"手势(一)(见第29页之3)。
(四)同"力学"手势(一)(见第25页之2)。
(五)同"定滑轮"手势(一)。
(六)同"机械能守恒定律"手势(五)。

4. 热 学

热学 rèxué calorifics

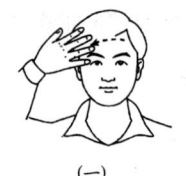
(一)

(二)

(一)一手五指分开,从额头向面颊部一抹,如流汗状。
(二)一手打手指字母"X"的指式。

比热 bǐrè specific heat

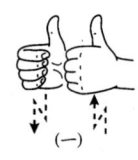
(一)
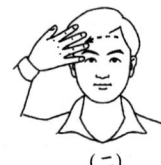
(二)

(一)双手伸拇指,上下交替动几下。
(二)同"热学"手势(一)。

传导 chuándǎo conduction

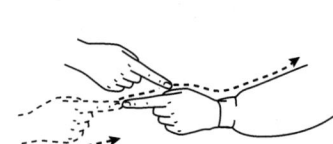

双手食指横伸,左手不动,右手食指移动并触到左手食指,然后沿左手臂向上移动。

良导体 liángdǎotǐ good conductor

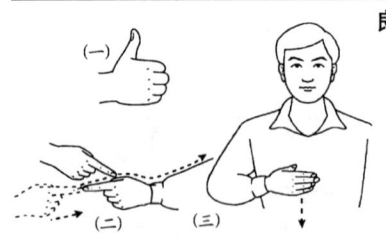

(一)一手伸出拇指。
(二)同"传导"手势。
(三)一手掌心贴于胸部,然后向下移动。

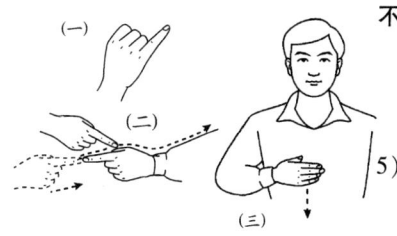

不良导体 bùliángdǎotǐ poor conductor

（一）一手伸出小指。
（二）同"传导"手势（见第46页之4）。
（三）同"良导体"手势（三）（见第46页之5）。

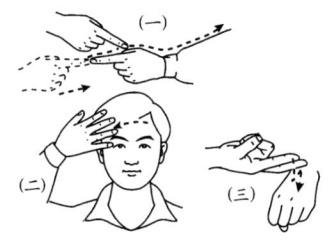

导热性 dǎorèxìng heat conductivity

（一）同"传导"手势。
（二）同"热学"手势（一）（见第46页之2）。
（三）左手握拳，手背向上；右手伸食、中指，用指背弹击两下左手背。

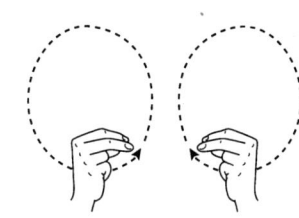

对流 duìliú convection

双手打手指字母"Q"的指式，同时做上下循环转动，表示气体的对流。

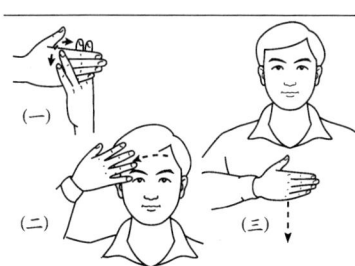

隔热体 gérètǐ heat insulator

（一）左手直立，掌心向内；右手切入左手中、无名指指缝。
（二）同"热学"手势（一）。
（三）同"良导体"手势（三）。

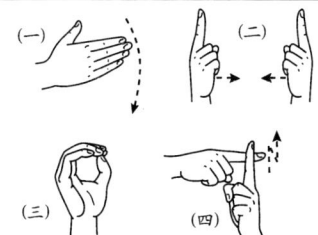

绝对零度 juéduìlíngdù absolute zero

（一）一手侧立，向下一切。
（二）双手食指直立，指面相对，同时从两侧向中间微动一下。
（三）一手五指成圆形，虎口朝内。
（四）左手食指直立；右手食指横贴于左手食指并上下移动。

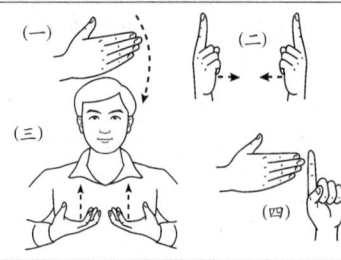

绝对温标 juéduìwēnbiāo absolute scale

(一)同"绝对零度"手势(一)(见第47页之5)。
(二)同"绝对零度"手势(二)。
(三)双手横伸,五指微曲,掌心向上,自腰部缓慢向上移动。
(四)左手食指直立;右手侧伸,指尖对准左手食指。

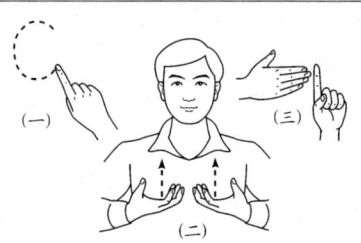

摄氏温标 shèshìwēnbiāo Celsiur scale

(一)一手食指书空"C"形。
(二)同"绝对温标"手势(三)。
(三)同"绝对温标"手势(四)。

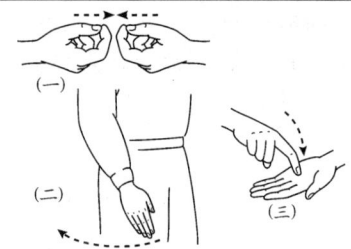

临界点 línjièdiǎn critical point

(一)双手拇、食指相捏,虎口朝上,从两侧向中间移动并靠近。
(二)一手下垂,五指并拢,在身边划一下。
(三)左手横伸;右手食指在左手掌心上点一下。

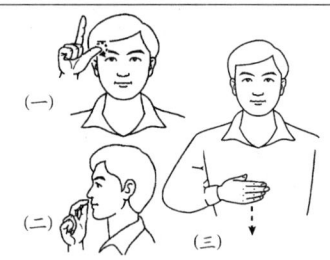

理想气体 lǐxiǎngqìtǐ ideal gas

(一)一手打手指字母"L"的指式,置于太阳穴处,前后转动两下。
(二)一手打手指字母"Q"的指式,置于鼻孔处。
(三)同"良导体"手势(三)(见第46页之5)。

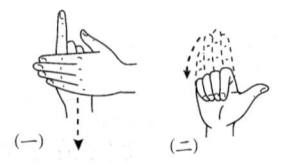

内能 nèinéng internal energy

(一)左手横立;右手食指直立,在左手掌内由上向下移动。
(二)一手直立,掌心向外,然后食、中、无名、小指弯曲一下。

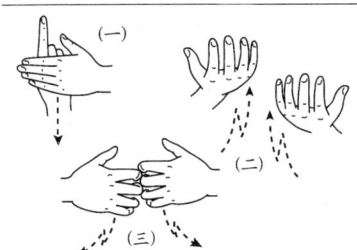

内燃机 nèiránjī internal-combustion engine

(一)同"内能"手势(一)(见第48页之5)。

(二)双手平伸,五指微曲,指尖朝上,上下交替动几下。

(三)双手五指弯曲,食、中、无名、小指关节交错相触,并转动两下。

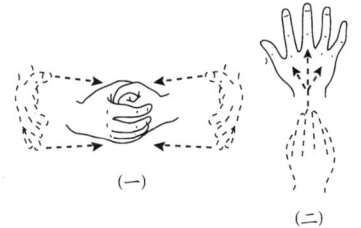

凝华 nínghuá desublimation

(一)双手侧立,五指微曲,从两侧向中间移动,一手将另一手紧紧包住。

(二)一手五指撮合,边向上移动边放开五指。

膨胀 péngzhàng expand

双手五指撮合,指尖相对,虎口朝上,然后分别向两侧移动,同时张开五指。

(可根据实际情况表示膨胀的状态)

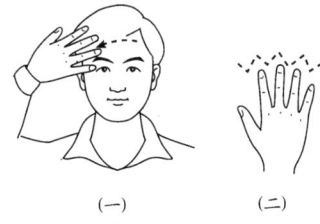

热量 rèliàng heat

(一)同"热学"手势(一)(见第46页第2)。

(二)一手五指分开,指尖向上,手指微微抖动几下。

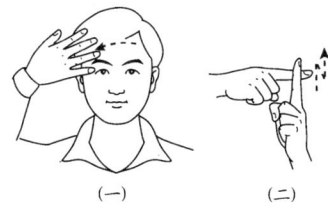

热值 rèzhí calorific value

(一)同"热学"手势(一)。

(二)同"绝对零度"手势(四)(见第47页之5)

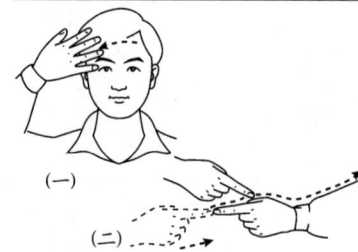

热传导 rèchuándǎo thermal conduction

(一)同"热学"手势(一)(见第 46 页之 2)。

(二)同"传导"手势(见第 46 页之 4)。

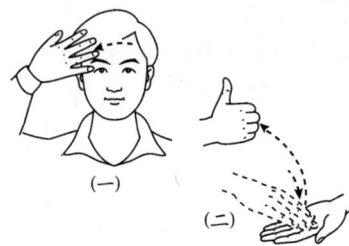

热效应 rèxiàoyìng thermal effect

(一)同"热学"手势(一)。

(二)左手横伸;右手拍一下左手掌,然后伸出拇指。

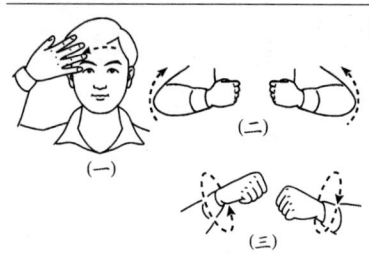

热运动 rèyùndòng thermal motion

(一)同"热学"手势(一)。

(二)双手握拳屈肘,在胸前做扩胸运动。

(三)双手握拳屈肘,前后交替转动几下。

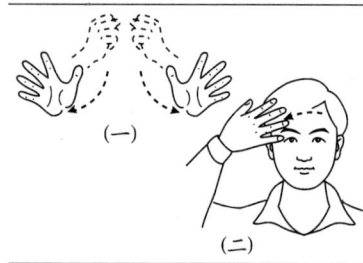

放热 fàngrè heat liberation

(一)双手虚握,虎口朝上,然后同时张开五指,掌心向下。

(二)同"热学"手势(一)。

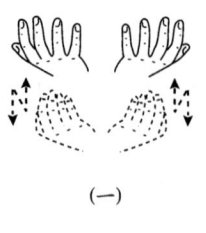 

沸点 fèidiǎn boiling point

(一)双手平伸,五指弯曲,指尖朝上,边上下微动边一张一缩。

(二)左手食指直立;右手食指横伸,从左手食指根部上移至某处时,食指尖再点一下该处。

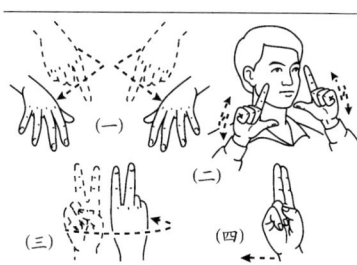

物态变化　wùtàibiànhuà　change of state

（一）双手食指指尖朝前,先互碰一下,然后分开,并张开五指。
（二）双手拇、食指成"⌐"形,置于脸颊两侧并上下交替动几下。
（三）一手食、中指直立并分开,由掌心向外翻转为掌心向内。
（四）一手打手指字母"H"的指式,并横向移动一下。

状态变化　zhuàngtàibiànhuà　change of state

（一）同"物态变化"手势（二）。
（二）同"物态变化"手势（三）。
（三）同"物态变化"手势（四）。

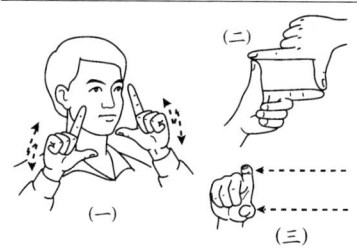

状态方程　zhuàngtàifāngchéng　equation of state

（一）同"物态变化"手势（二）。
（二）双手拇、食指成"⌐"形。
（三）右手拇、食指张开,指尖朝外,向右划动一下。

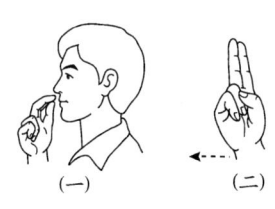

气化　qìhuà　aerification

（一）同"理想气体"手势（二）（见第48页之4）。
（二）同"物态变化"手势（四）。

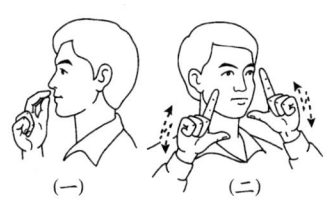

气态　qìtài　gaseity

（一）同"理想气体"手势（二）。
（二）同"物态变化"手势（二）。

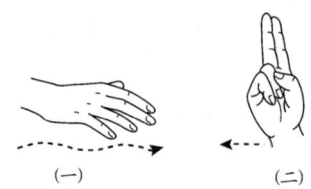

液化 yèhuà liquefaction

(一)一手横伸,掌心向下,向一侧做波纹状移动。

(二)同"物态变化"手势(四)(见第51页之1)。

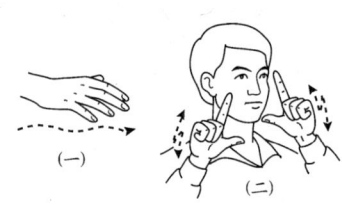

液态 yètài liquid state

(一)同"液化"手势(一)。

(二)同"物态变化"手势(二)。

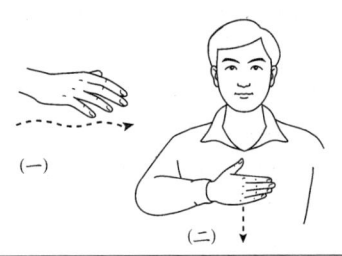

液体 yètǐ liquid

(一)同"液化"手势(一)。

(二)同"良导体"手势(三)(见第46页之5)。

固态 gùtài solid state

(一)左手伸食指;右手拇、食指捏住左手食指尖扳动几下,左手食指挺直不弯。

(二)同"物态变化"手势(二)。

开尔文(K) kāi'ěrwén Kelvin

一手打手指字母"K"的指式。

(表示热力学温度量单位用此手势)

5. 声 学

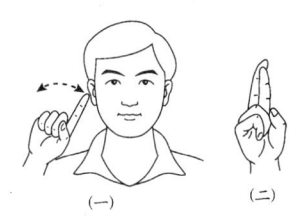

声学 shēngxué acoustics
(一)一手食指直立,在耳边左右动几下。
(二)一手打手指字母"X"的指式。

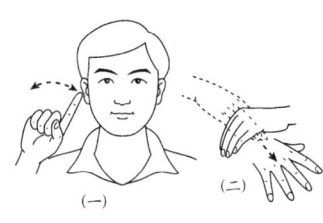

声源 shēngyuán sound source
(一)同"声学"手势(一)。
(二)左手五指弯曲,指尖朝下;右手平伸,掌心向下,边插入左手掌心下边张开五指。

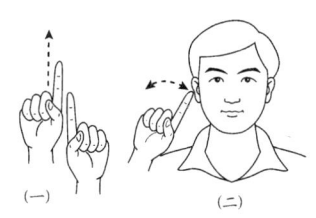

超声 chāoshēng ultrasound
(一)双手食指直立,手背向内,左手不动,右手向上移动一下。
(一)同"声学"手势(一)。

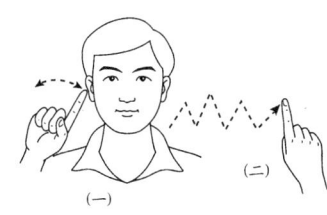

声波 shēngbō sound wave
(一)同"声学"手势(一)。
(二)一手伸食指,指尖朝前,做折线形移动。

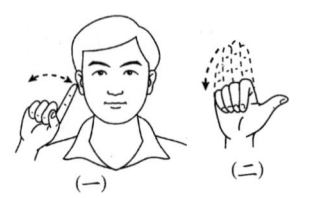

声能 shēngnéng sound power

(一)同"声学"手势(一)(见第53页之2)。

(二)一手直立,掌心向外,然后食、中、无名、小指弯曲。

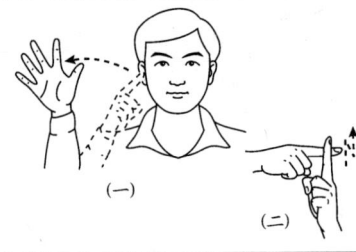

响度 xiǎngdù loudness

(一)一手食指指耳部,然后向外移动并张开五指。

(二)左手食指直立;右手食指横贴于左手食指并上下移动。

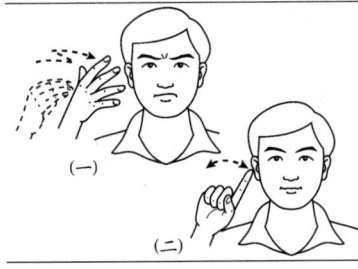

噪音 zàoyīn noise

(一)一手五指指尖对着耳部,反复做撮合、张开的动作。

(二)同"声学"手势(一)。

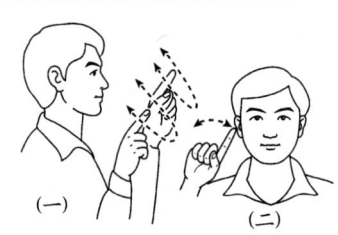

乐音 yuèyīn musical tone

(一)双手伸食指,做指挥奏乐的动作。

(二)同"声学"手势(一)。

音调 yīndiào tone

(一)同"声学"手势(一)。

(二)一手平伸,掌心向下,做由高而低、由低而高的起伏动作,象征乐曲的音调变化。

音量 yīnliàng volume

（一）同"声学"手势（一）（见第53页之2）。

（二）一手五指分开，指尖向上，手指微微抖动几下。

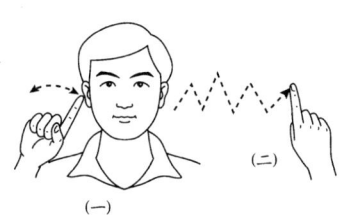

音频 yīnpín audio

（一）同"声学"手势（一）。

（二）同"声波"手势（二）（见第53页之5）。

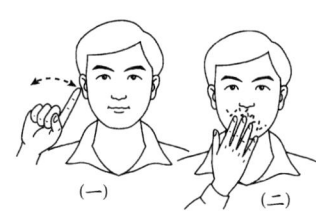

音色 yīnsè timbre

（一）同"声学"手势（一）。

（二）一手五指直立并张开，置于嘴唇处交替点动几下。

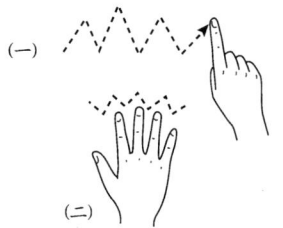

频率 pínlǜ frequency

（一）同"声波"手势（二）。

（二）同"音量"手势（二）。

分贝(dB) fēnbèi decibel

（一）右手食指直立，拇指与其他手指相捏，仿小写拉丁字母"d"的形状。

（二）一手打手指字母"B"的指式。

6. 光　学

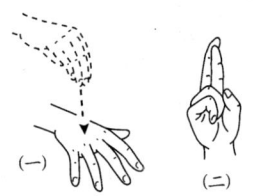

光学　guāngxué　optics
　　(一)一手五指撮合,指尖朝下,然后边向下移动边放开五指。
　　(可根据实际表示光线的方向)
　　(二)一手打手指字母"X"的指式。

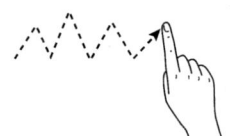

波　bō　wave
　　一手伸食指,指尖朝前,做折线形移动。

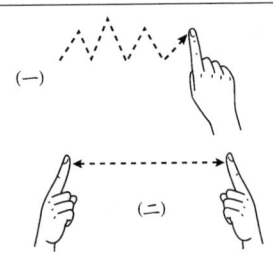

波长　bōcháng　wavelengh
　　(一)同"波"手势。
　　(二)双手食指直立,从中间向两侧拉开。

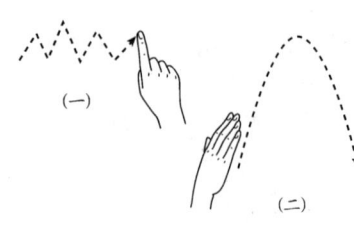

波峰　bōfēng　wave crest
　　(一)同"波"手势。
　　(二)右手斜伸,掌心向左,由下而上再由上而下移动,如山峰状。

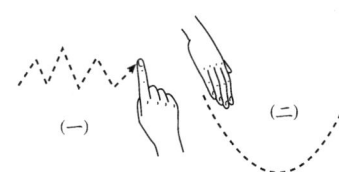

波谷 bōgǔ trough
(一)同"波"手势(见第56页之3)。
(二)右手斜伸,掌心向下,由高而低再由低而高移动,如凹地状。

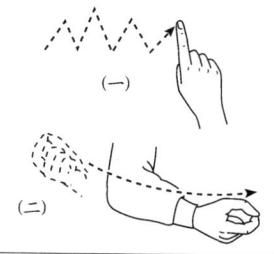

波速 bōsù wave velocity
(一)同"波"手势。
(二)一手拇、食指相捏,由一侧向另一侧快速挥动一下。

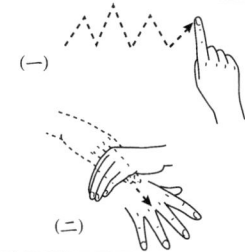

波源 bōyuán wave source
(一)同"波"手势。
(二)左手五指弯曲,指尖朝下;右手平伸,掌心向下,边插入左手掌心下边张开五指。

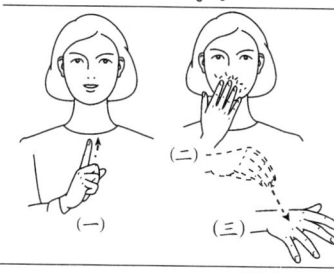

单色光 dānsèguāng homogeneous light
(一)一手食指直立,贴于胸部并向上微微移动。
(二)一手五指直立并张开,置于嘴唇处交替点动几下
(三)同"光学"手势(一)。

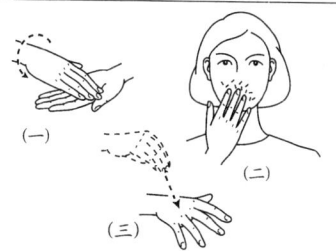

复色光 fùsèguāng polychromatic light
(一)左手横伸;右手平伸,掌心朝下贴于左手掌心,然后翻转为掌心朝上。
(二)同"单色光"手势(二)。
(三)同"光学"手势(一)。

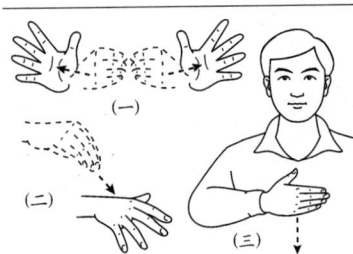

发光体 fāguāngtǐ illuminant
（一）双手五指撮合，指尖相对，虎口朝上，然后同时向前张开五指。
（二）同"光学"手势（一）（见第56页之2）。
（三）一手掌心贴于胸前，然后向下移动。

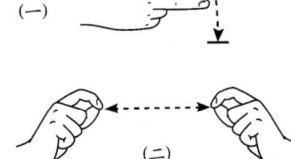

法线 fǎxiàn normal
（一）一手打手指字母"F"的指式，向下一顿。
（二）双手拇、食指指尖相捏，从中间向两侧拉开。

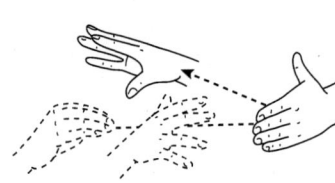

反射 fǎnshè reflex
左手侧立；右手五指撮合，先对着左手手掌心放开五指，再反转回去。

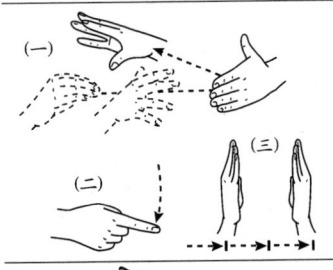

反射定律 fǎnshèdìnglǜ law of reflection
（一）同"反射"手势。
（二）一手食指直立，向下挥动一下。
（三）双手直立，掌心相对，向一侧一顿一顿移动几下。

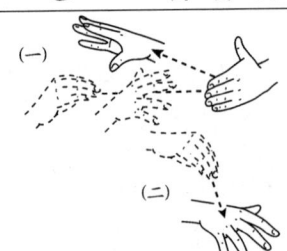

反射光 fǎnshèguāng reflected light
（一）同"反射"手势。
（二）同"光学"手势（一）。

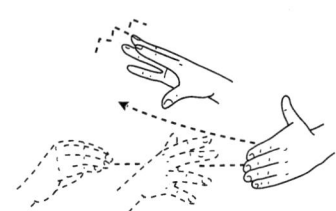

漫反射 mànfǎnshè diffuse reflection

左手侧立；右手五指撮合先对着左手掌心放开五指，再翻转手腕朝外边做弧形移动，象征光线漫射。

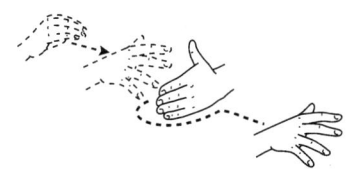

衍射 yǎnshè diffraction

左手侧立；右手五指撮合，对着左手掌心放开五指，然后从左手旁绕过。

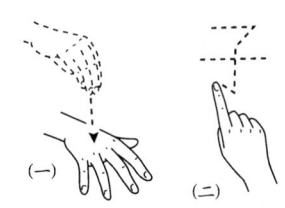

光子 guāngzǐ photon

(一)同"光学"手势(一)(见第56页之2)。

(二)一手食指书空"子"字。

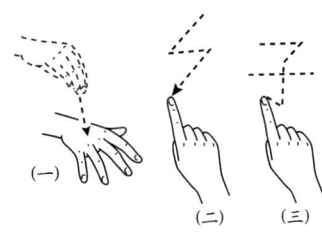

光电子 guāngdiànzǐ photoelectron

(一)同"光学"手势(一)。

(二)一手食指做"纟"形划动。

(三)同"光子"手势(二)。

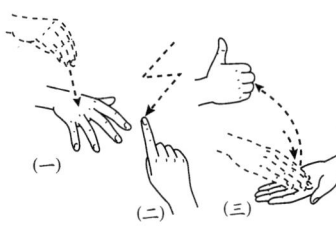

光电效应 guāngdiànxiàoyìng photoemission

(一)同"光学"手势(一)。

(二)同"光电子"手势(二)。

(三)左手横伸；右手拍一下左手掌，然后伸出拇指。

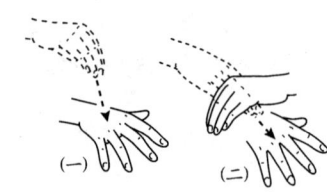

光源 guāngyuán lamp house

（一）同"光学"手势（一）（见第 56 页之 2）。

（二）同"波源"手势（二）（见第 57 页之 3）。

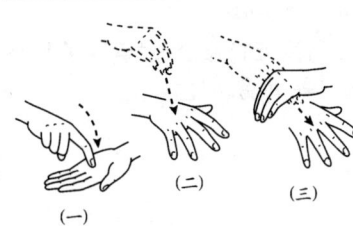

点光源 diǎnguāngyuán electric light source

（一）左手横伸；右手食指在左手掌心上点一下。

（二）同"光学"手势（一）。

（三）同"波源"手势（二）。

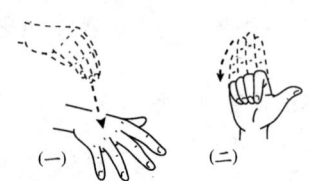

光能 guāngnéng light energy

（一）同"光学"手势（一）。

（二）一手直立，掌心向外，然后食、中、无名、小指弯曲一下。

光束 guāngshù beam of light

一手五指撮合，指尖朝前，然后逐渐放开五指，并向前移动一段距离。

（可根据实际表示光束的方向）

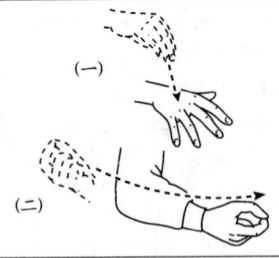

光速 guāngsù velocity of light

（一）同"光学"手势（一）。

（二）同"波速"手势（二）（见第 57 页之 2）。

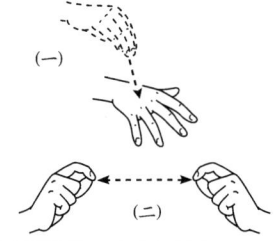

光线 guāngxiàn beam

(一)同"光学"手势(一)(见第56页之2)。

(二)同"法线"手势(二)(见第58页之2)。

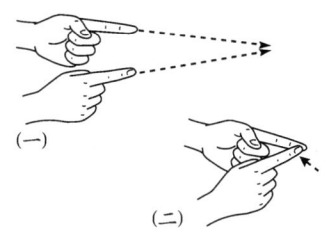

焦点 jiāodiǎn focal point

(一)双手食指指尖朝前,由两侧向前做斜向移动,直至指尖相触。

(二)左手伸食指,指尖朝前;右手食指指尖点一下左手食指指尖。

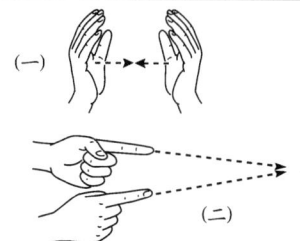

聚焦 jùjiāo focus

(一)双手直立,五指微曲,掌心相对,从两侧向中间合拢。

(二)同"焦点"手势(一)。

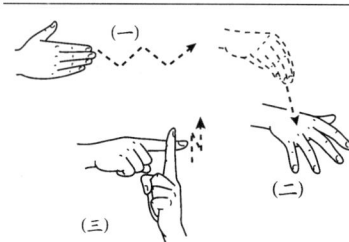

屈光度 qūguāngdù diopter

(一)一手侧立,向前做曲线形移动。

(二)同"光学"手势(一)。

(三)左手食指直立;右手食指横贴于左手食指并上下移动。

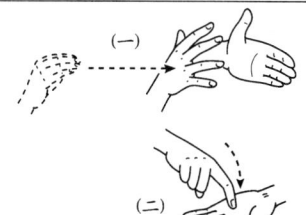

直射点 zhíshèdiǎn direct point

(一)左手横立在前;右手五指撮合在后,边向左手掌心移动边放开五指。

(二)同"点光源"手势(一)(见第60页之2)。

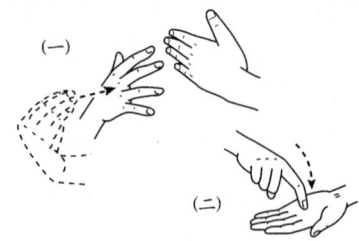

入射点 rùshèdiǎn incident point

（一）左手横立在后；右手五指撮合在前，边向左手手背移动边放开五指。

（二）同"点光源"手势（一）（见第60页之2）。

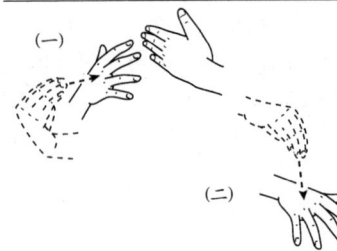

入射光 rùshèguāng incident light

（一）同"入射点"手势（一）。

（二）同"光学"手势（一）（见第56页之2）。

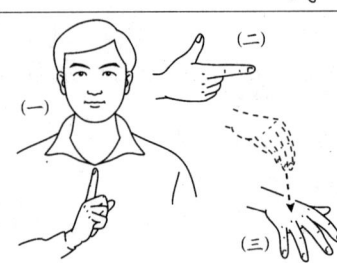

自然光 zìránguāng natural light

（一）一手食指直立，贴于胸部。

（二）一手打手指字母"R"的指式。

（三）同"光学"手势（一）。

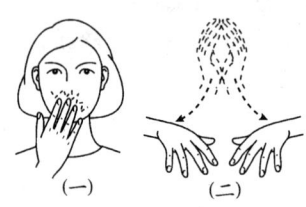

色散 sèsàn dispersion

（一）同"单色光"手势（二）（见第57页之4）。

（二）双手五指微曲，指尖朝上，靠在一起，然后边向下移动边张开五指。

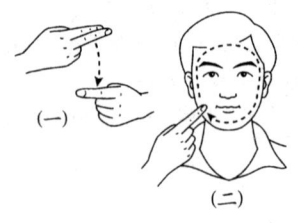

实像 shíxiàng real image

（一）左手食指横伸；右手食、中指相叠，自上而下敲一下左手食指。

（二）一手伸食指，沿脸部划一圈。

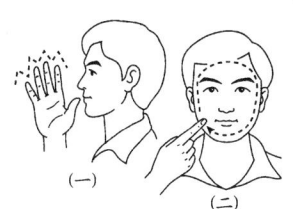

虚像 xūxiàng virtual image

（一）右手直立，掌心向左，五指分开置于面前，并微微扇动几下。

（二）同"实像"手势（二）（见第62页之5）。

影 yǐng shadow

左手侧立；右手五指撮合置于右上方，指尖对着左掌心放开，然后伸食指在左手背后下方划一圈，表示影子。

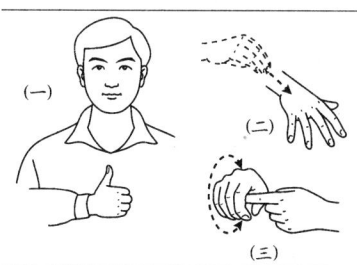

主光轴 zhǔguāngzhóu principal optic axis

（一）一手伸拇指置于胸部。

（二）同"光学"手势（一）（见第56页之2）。

（三）左手食指横伸；右手虚握套入左手食指，并转动几下。

7. 原子物理

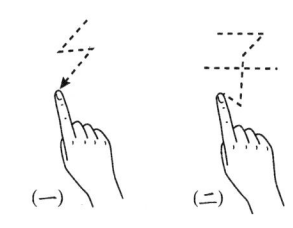

电子 diànzǐ electron

（一）一手食指做"彡"形划动。

（二）一手食指书空"子"字。

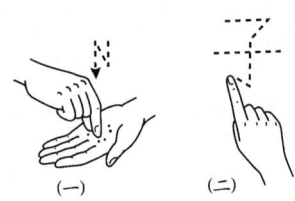

粒子 lìzǐ particle

（一）左手平伸；右手拇、食指相捏，在左手掌心上上下点动几下。

（二）同"电子"手势（二）（见第63页之5）。

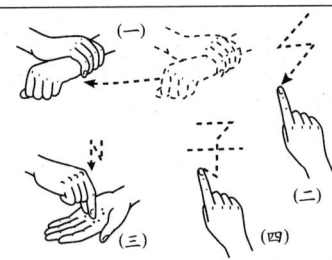

带电粒子 dàidiànlìzǐ charged particle

（一）左手虚握，手背向上；右手抓住左手腕并向一侧移动。

（二）同"电子"手势（一）。

（三）同"粒子"手势（一）

（四）同"电子"手势（二）。

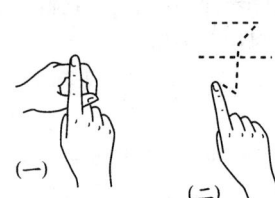

中子 zhōngzǐ neutron

（一）一手拇、食指与另一手食指搭成"中"字形。

（二）同"电子"手势（二）。

 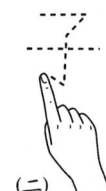

质子 zhìzǐ proton

（一）左手握拳，手背向上；右手伸食、中指，用指背弹击两下左手背。

（二）同"电子"手势（二）。

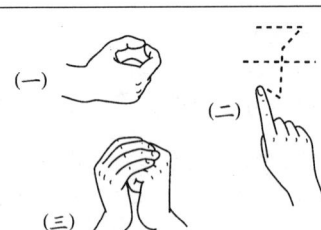

原子核 yuánzǐhé atomic nucleus

（一）一手拇、食指捏成圆形，虎口朝上。

（二）同"电子"手势（二）。

（三）双手直立抱拳。

一、物理学 65

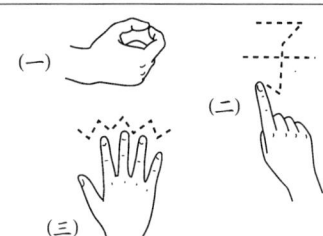

原子量 yuánzǐliàng atomic weight
（一）同"原子核"手势（一）（见第64页之5）。
（二）同"电子"手势（二）（见第63页之5）。
（三）一手五指分开，指尖向上，手指微微抖动几下。

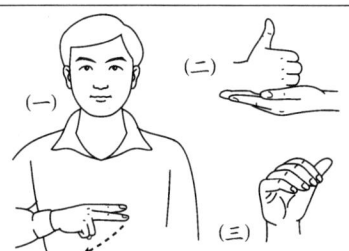

同位素 tóngwèisù isotope
（一）一手食、中指横伸并分开，指尖朝左，左右平行移动一下。
（二）左手横伸；右手伸拇指置于左手掌心上。
（三）一手打手指字母"S"的指式。

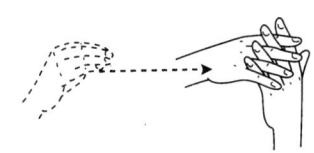

辐射（放射） fúshè(fàngshè) radialization
左手直立，掌心向内，五指分开；右手五指撮合，边向左手移动边放开五指，并插入左手各指缝间，表示穿透物体。

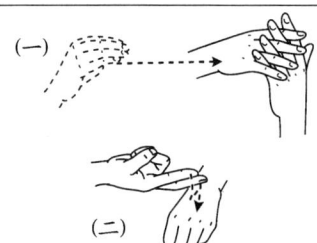

放射性 fàngshèxìng radioactivity
（一）同"辐射"手势。
（二）同"质子"手势（一）（见第64页之4）。

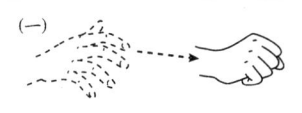

俘获 fúhuò capture
（一）一手五指张开，掌心向外，由前向后移动，并收拢五指，如抓物状。
（二）双手五指弯曲，掌心相对，由外向内收进。

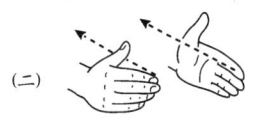

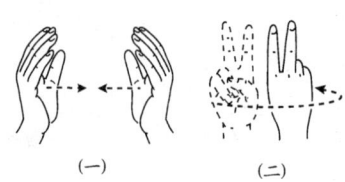

聚变 jùbiàn fusion

（一）双手直立，五指微曲，掌心相对，从两侧向中间合拢。

（二）一手食、中指直立分开，掌心向外，然后翻转为掌心向内。

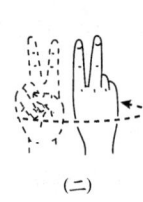

衰变 shuāibiàn disintegration

（一）左手横伸，掌心向上；右手伸拇、小指，小指尖抵于左手掌心上，微微晃动几下。

（二）同"聚变"手势（二）。

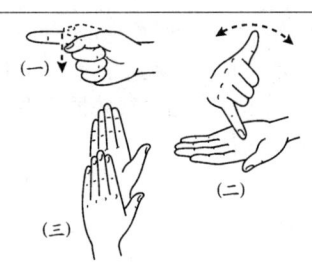

半衰期 bànshuāiqī half life

（一）一手食指横伸，拇指在食指中部向下划一下。

（二）同"衰变"手势（一）。

（三）双手直立，掌心相对，表示一段时期。

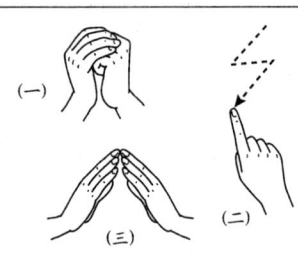

核电站 hédiànzhàn nuclear power station

（一）同"原子核"手势（三）（见第 64 页之 5）。

（二）同"电子"手势（一）（见第 63 页之 5）。

（三）双手搭成"∧"形。

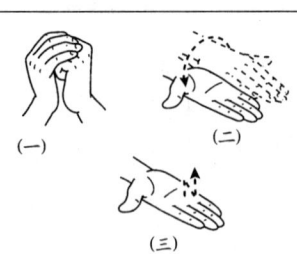

核反应 héfǎnyìng nuclear reaction

（一）同"原子核"手势（三）。

（二）一手平伸，掌心向下，然后翻转为掌心朝上。

（三）一手平伸，掌心向上，上下微动几下。

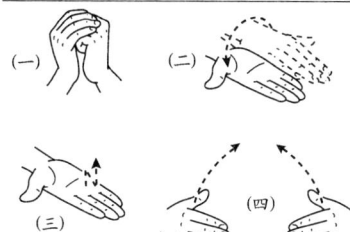

核反应堆 héfǎnyìngduī nuclear reactor

(一)同"原子核"手势(三)(见第64页之5)。
(二)同"核反应"手势(二)(见第66页之5)。
(三)同"核反应"手势(三)。
(四)双手侧立,五指微曲,掌心相对,由下而上做弧形移动。

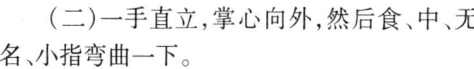

核能 hénéng nuclear energy

(一)同"原子核"手势(三)。
(二)一手直立,掌心向外,然后食、中、无名、小指弯曲一下。

二、化　学

1. 一般词汇

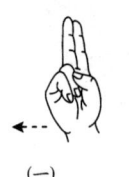

化学 huàxué chemistry
（一）一手打手指字母"H"的指式，横向微移一下。
（二）一手打手指字母"X"的指式。

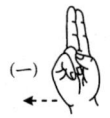

化学式 huàxuéshì chemical formula
（一）同"化学"手势（一）。
（二）同"化学"手势（二）。
（三）一手拇、食指张开，指尖朝前，向一侧移动一下。

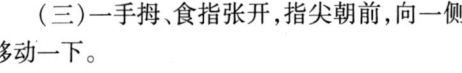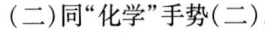

化学反应 huàxuéfǎnyìng chemical reaction
（一）同"化学"手势（一）。
（二）同"化学"手势（二）。
（三）一手平伸，掌心向下，然后翻转为掌心向上。
（四）一手平伸，掌心向上，上下微动几下。

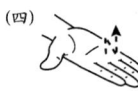

化学符号 huàxuéfúhào chemical symbol
（一）同"化学"手势（一）。
（二）同"化学"手势（二）。
（三）一手打手指字母"F"的指式。
（四）一手伸五指，食、中、无名、小指微曲，虎口贴于嘴边，口微张。

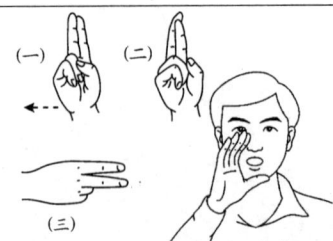

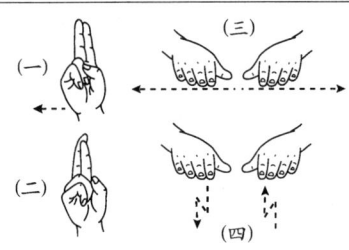

化学平衡 huàxuépínghéng　chemical equilibrium

（一）同"化学"手势（一）（见第68页之2）。
（二）同"化学"手势（二）。
（三）双手平伸，掌心向下，从中间向两侧移动。
（四）双手平伸，掌心向下，先上下交替微动，然后双手保持平衡状态。

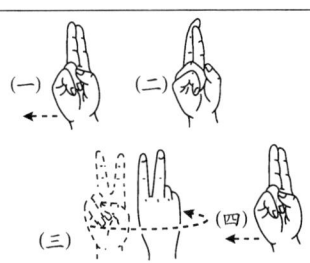

化学变化 huàxuébiànhuà　chemical change

（一）同"化学"手势（一）。
（二）同"化学"手势（二）。
（三）一手食、中指直立并分开，由掌心向外翻转为掌心向内。
（四）同"化学"手势（一）。

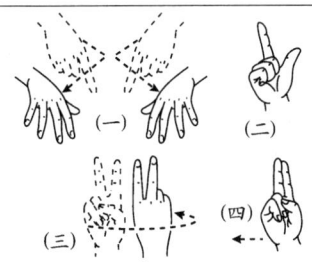

物理变化 wùlǐbiànhuà　physical change

（一）双手食指指尖朝前，先互碰一下，再向两侧分开，并张开五指。
（二）一手打手指字母"L"的指式。
（三）同"化学变化"手势（三）。
（四）同"化学"手势（一）。

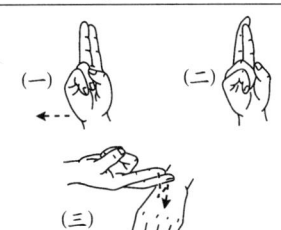

化学性质 huàxuéxìngzhì　chemical property

（一）同"化学"手势（一）。
（二）同"化学"手势（二）。
（三）左手握拳，手背向上；右手伸食、中指，用指背弹击两下左手背。

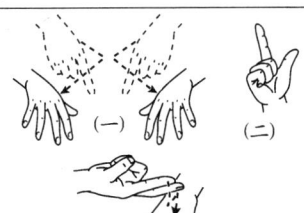

物理性质 wùlǐxìngzhì　physical property

（一）同"物理变化"手势（一）。
（二）同"物理变化"手势（二）。
（三）同"化学性质"手势（三）。

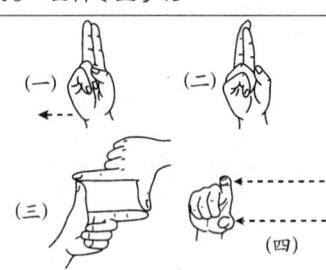

化学方程式 huàxuéfāngchéngshì chemical equation

（一）同"化学"手势（一）（见第68页之2）。
（二）同"化学"手势（二）。
（三）双手拇、食指成"冂"形。
（四）同"化学式"手势（三）（见第68页之3）。

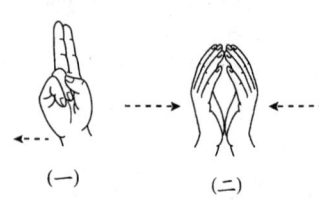

化合 huàhé chemical combination

（一）同"化学"手势（一）。
（二）双手直立，五指微曲，掌心相对，从两侧向中间合拢。

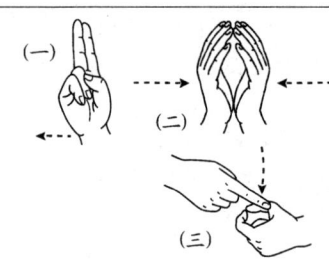

化合价 huàhéjià chemical valence

（一）同"化学"手势（一）。
（二）同"化合"手势（二）。
（三）左手拇、食指捏成小圆圈；右手伸食指敲一下左手拇指。

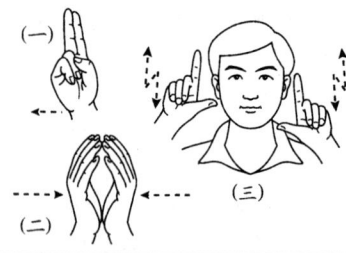

化合态 huàhétài combined form

（一）同"化合"手势（一）。
（二）同"化合"手势（二）。
（三）双手拇、食指成"∟"形，置于脸颊两侧并上下交替动几下。

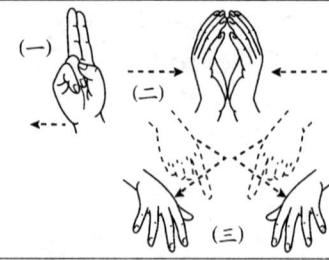

化合物 huàhéwù compound

（一）同"化学"手势（一）。
（二）同"化合"手势（二）。
（三）同"物理变化"手势（一）（见第69页之3）。

二、化 学

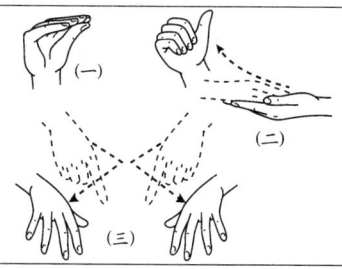

纯净物 chúnjìngwù pure materials
（一）一手打字母"CH"的指式。
（二）左手横伸；右手平伸，掌心贴于左手掌心，然后边向外移动边伸出拇指。
（三）同"物理变化"手势（一）（见第 69 页之 3）。

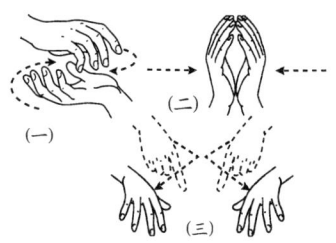

混合物 hùnhéwù mixture
（一）双手五指弯曲，一上一下，掌心相对，交替转动。
（二）同"化合"手势（二）（见第 70 页之 2）。
（三）同"物理变化"手势（一）。

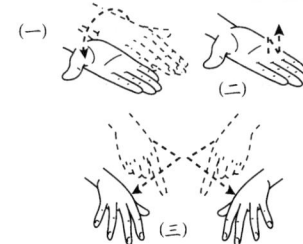

反应物 fǎnyìngwù reagent
（一）同"化学反应"手势（三）（见第 68 页之 4）。
（二）同"化学反应"手势（四）。
（三）同"物理变化"手势（一）。

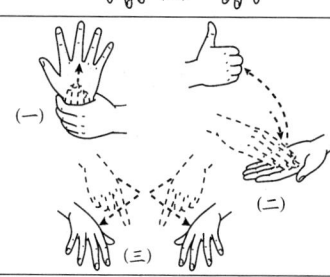

生成物 shēngchéngwù resultant
（一）左手成半圆形，虎口朝上；右手五指撮合，指尖朝上，边从左手虎口内伸出，边放开五指。
（二）左手横伸，掌心向上；右手拍一下左手掌心后伸出拇指。
（三）同"物理变化"手势（一）。

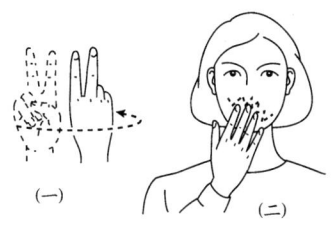

变色 biànsè change color
（一）同"化学变化"手势（三）（见第 69 页之 2）。
（二）一手五指直立并张开，置于嘴唇处交替点动几下。

无色 wúsè achromaticity

（一）一手拇、食、中指指尖朝上，互捻一下，然后手伸开。

（二）同"变色"手势（二）（见第71页之5）。

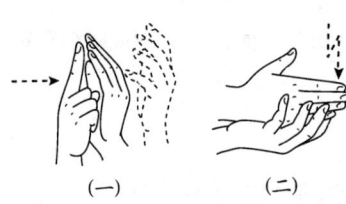

成分 chéngfèn component

（一）左手直立，五指微曲；右手食指直立，并靠向左手，左手五指同时并拢。

（二）左手五指弯曲张开，指尖朝上；右手侧立，并插入左手各指缝间。

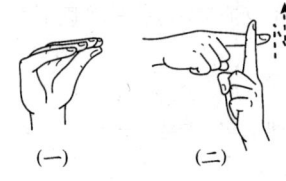

纯度 chúndù purity

（一）一手打字母"CH"的指式。

（二）左手食指直立，右手食指横贴于左手食指并上下移动。

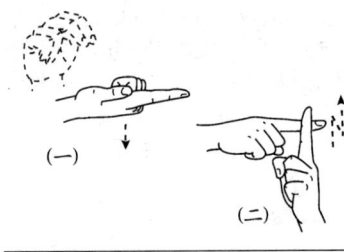

浓度 nóngdù concentration

（一）一手先打手指字母"N"的指式，然后食指横伸，拇指尖抵于食指根部并向下一沉。

（二）同"纯度"手势（二）。

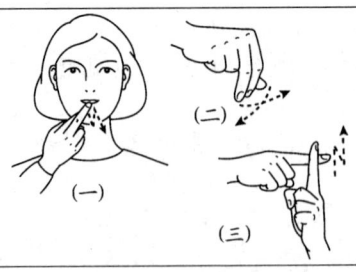

盐度 yándù salinity

（一）一手打手指字母"X"指式，放在嘴前上下微动。

（二）一手拇、食、中指指尖朝下互捻。

（三）同"纯度"手势（二）。

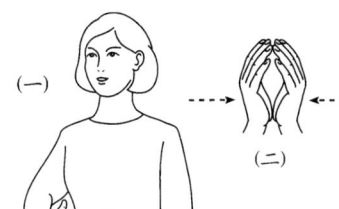

饱和 bǎohé saturation
（一）一手横立，五指微曲，先贴于胃部然后向外移动。
（二）同"化合"手势（二）（见第70页之2）。

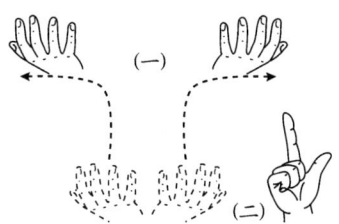

蒸馏 zhēngliú distillation
（一）双手平伸，掌心向上，五指微曲张开，边向上移动边向两侧分开。
（二）一手打手指字母"L"的指式。

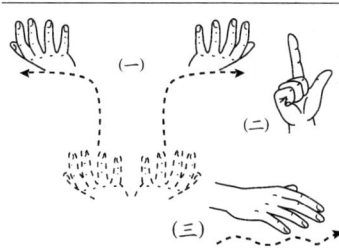

蒸馏水 zhēngliúshuǐ distilled water
（一）同"蒸馏"手势（一）。
（二）同"蒸馏"手势（二）。
（三）一手横伸，掌心向下，向一侧做波纹状移动。

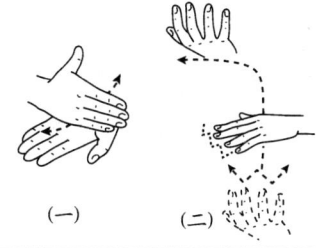

分馏 fēnliú fractionation
（一）左手横伸；右手侧立于左手掌心，并左右微动一下。
（二）左手横伸，掌心向下，五指交替点动；右手平伸，掌心向上，五指微曲，先在左手下上下动几下，然后移到左手上侧方。

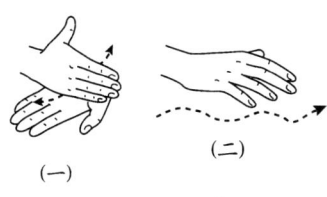

分液 fēnyè skimming
（一）同"分馏"手势（一）。
（二）同"蒸馏水"手势（三）。

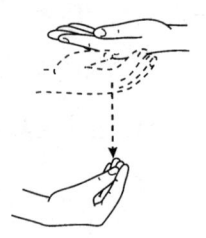

过滤 guòlǜ filtration

　　双手横伸,掌心向上相贴;左手在上不动,右手边向下移动边五指撮合,如过滤后的液体向下流动状。

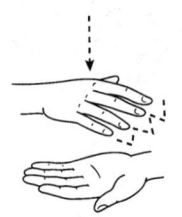

沉淀 chéndiàn precipitation

　　双手横伸,掌心相对,左手在下不动,右手五指交替点动,缓缓下降。

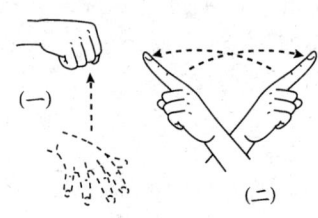

取代 qǔdài substituent

　　(一)一手五指张开,指尖朝下,边向上移动边握拳,如拿东西状。
　　(二)双手食指直立,然后左右交叉互换位置。

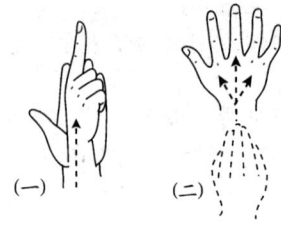

升华 shēnghuá sublimation

　　(一)左手直立,掌心向外;右手食指直立,贴于左手掌心,由下向上移动。
　　(二)一手五指撮合,然后边向上移动边放开五指。

稀释 xīshì dilutedness

　　左手伸拇、小指,指尖朝下点动,如水壶倒水状;右手食指指尖朝下,同时做搅拌动作。

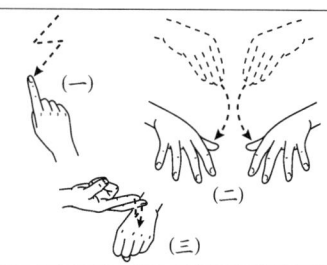

电解质 diànjiězhì electrolyte

（一）一手食指做"彡"形划动。

（二）双手五指撮合，指尖朝下，然后同时向下一挥，并放开五指。

（三）同"化学性质"手势（三）（见第69页之4）。

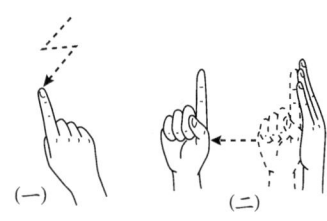

电离 diànlí ionization

（一）同"电解质"手势（一）。

（二）左手直立，五指微曲，掌心向右；右手食指直立，先贴于左手掌，然后向右移动。

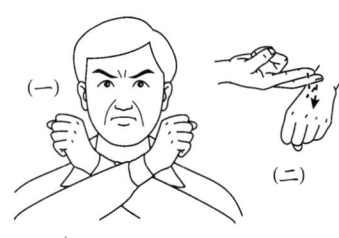

毒性 dúxìng toxicity

（一）双手握拳屈肘，腕部交叉，置于颈部。

（二）同"化学性质"手势（三）。

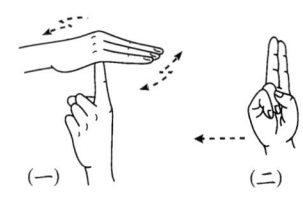

钝化 dùnhuà passivation

（一）左手食指直立；右手横伸，掌心向下置于左手食指尖上，并磨动几下。

（二）同"化学"手势（一）（见第68页之2）。

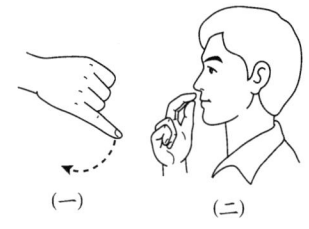

废气 fèiqì exhaust gas

（一）一手伸小指，向下一甩。

（二）一手打手指字母"Q"的指式，指尖朝内置于鼻孔处。

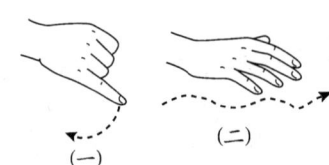

废水 fèishuǐ waste water

（一）同"废气"手势（一）（见第 75 页之 5）。

（二）同"蒸馏水"手势（三）（见第 73 页之 3）。

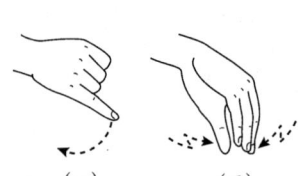

废渣 fèizhā residue

（一）同"废气"手势（一）

（二）一手五指指尖朝下捏几下。

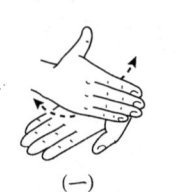 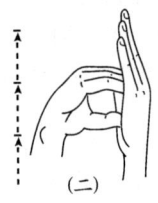

分层 fēncéng delamination

（一）同"分馏"手势（一）（见第 73 页之 4）。

（二）左手直立，掌心向右；右手五指成"]"形，指尖抵于左手掌心，并一顿一顿向上移。

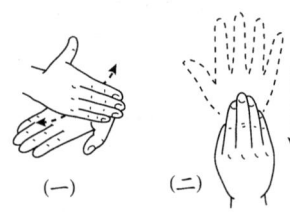

分类 fēnlèi classification

（一）同"分馏"手势（一）。

（二）一手五指微曲张开，指尖朝上，边向下移动边撮合五指。

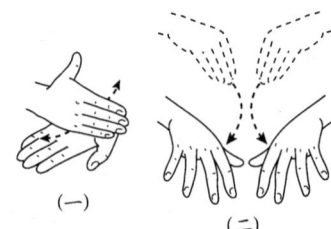

分解 fēnjiě decomposition

（一）同"分馏"手势（一）。

（二）同"电解质"手势（二）（见第 75 页之 1）。

二、化 学

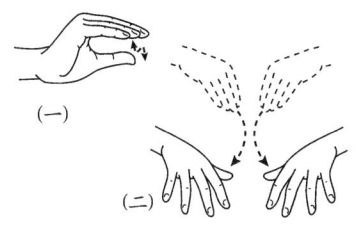

潮解 cháojiě deliquescence
(一)右手成"]"形,并捏动几下,象征指间有水分的样子,以此表示"湿"的意思。
(二)同"电解质"手势(二)(见第75页之1)。

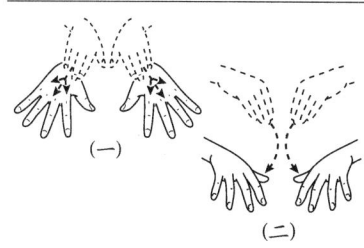

裂解 lièjiě fragmentation
(一)双手平伸,五指并拢,掌心向下,然后五指迅速放开,如裂开状。
(二)同"电解质"手势(二)。

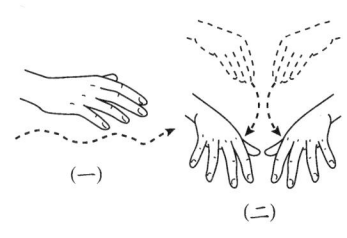

水解 shuǐjiě hydrolyze
(一)同"蒸馏水"手势(三)(见第73页之3)。
(二)同"电解质"手势(二)。

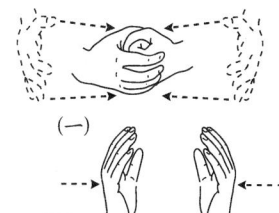

凝聚 níngjù agglomeration
(一)双手侧立,五指微曲,指尖相对,从两侧向中间缓缓移动,一手将另一手紧紧包住。
(二)同"化合"手势(二)(见第70页之2)。

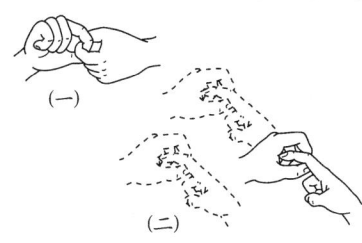

结晶 jiéjīng rime
(一)双手拇、食指相互套环。
(二)左手拇、食指与右手食指搭成"日"字形,然后在下面连打两次,仿"晶"字形。

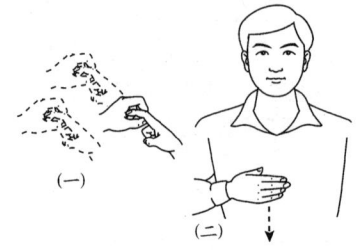

晶体 jīngtǐ　crystal

（一）同"结晶"手势（二）（见第 77 页之 5）。

（二）一手掌贴于胸部并向下移动。

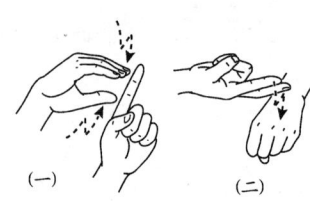

腐蚀性 fǔshíxìng　causticity

（一）左手食指直立；右手五指微曲，指尖在左手食指上做剥蚀动作。

（二）同"化学性质"手势（三）（见 69 页之 4）。

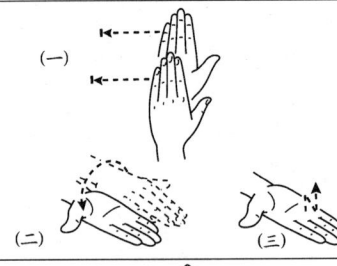

正反应 zhèngfǎnyìng　positive reaction

（一）双手直立，掌心相对，向前一顿。

（二）同"化学反应"手势（三）（见第 68 页之 4）。

（三）同"化学反应"手势（四）。

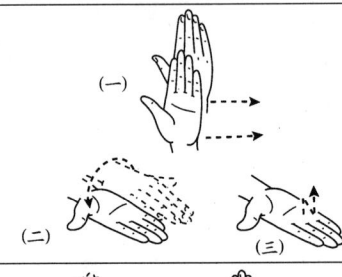

逆反应 nìfǎnyìng　reverse reaction

（一）双手直立，手腕翻转，手背相对，由外向内移动一下。

（二）同"化学反应"手势（三）。

（三）同"化学反应"手势（四）。

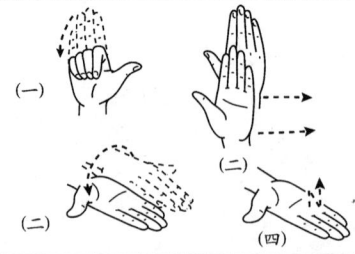

可逆反应 kěnìfǎnyìng　reversible reaction

（一）一手直立，掌心向外，然后食、中、无名、小指弯曲一下。

（二）同"逆反应"手势（一）。

（三）同"化学反应"手势（三）。

（四）同"化学反应"手势（四）。

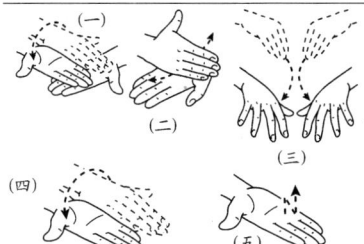

复分解反应 fùfēnjiěfǎnyìng double decomposition reaction

（一）左手横伸,掌心向上;右手平伸,掌心先贴于左手掌心,然后翻转为掌心向上。

（二）同"分馏"手势（一）（见第73页之4）。

（三）同"电解质"手势（二）（见第75页之1）。

（四）同"化学反应"手势（三）（见第68页之4）。

（五）同"化学反应"手势（四）。

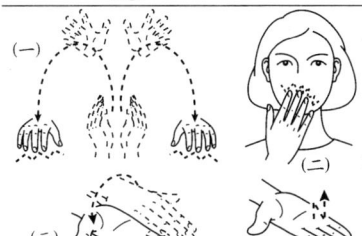

焰色反应 yànsèfǎnyìng flame reaction

（一）双手五指撮合,指尖朝上,迅速移过头顶,然后转腕放开五指,边抖动边下移。

（二）同"变色"手势（二）（见第71页之5）。

（三）同"化学反应"手势（三）。

（四）同"化学反应"手势（四）。

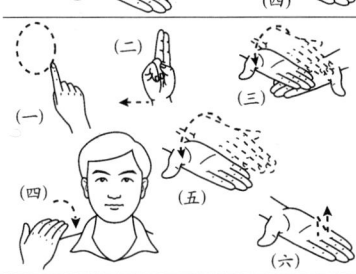

氧化还原反应 yǎnghuàhuányuánfǎnyìng oxidation-reduction reaction

（一）一手食指书空氧的化学符号"O"。

（二）同"化学"手势（一）（见第68页之2）。

（三）同"复分解反应"手势（一）。

（四）一手直立,掌心向内,向肩后挥动一下。

（五）同"化学反应"手势（三）。

（六）同"化学反应"手势（四）。

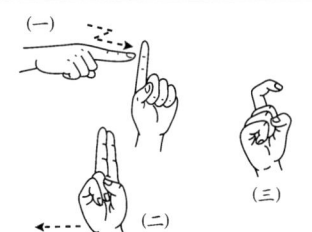

催化剂 cuīhuàjì activator

（一）左手食指直立;右手伸食指,指尖对着左手食指指点几下。

（二）同"化学"手势（一）。

（三）一手打手指字母"J"的指式。

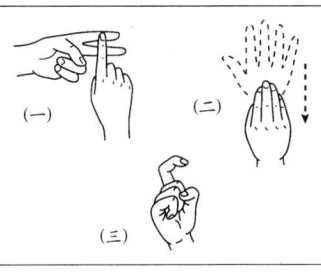

干燥剂 gānzàojì desiccant

（一）左手食、中指与右手食指搭成"干"字形。

（二）同"分类"手势（二）（见第76页之4）。

（三）一手打手指字母"J"的指式。

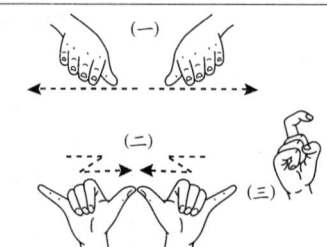

缓冲剂 huǎnchōngjì buffer
（一）双手斜立，掌心向外，从中间缓慢向两侧做扒开的动作。
（二）双手伸拇、小指，指尖朝上，拇指尖互碰几下。
（三）一手打手指字母"J"的指式。

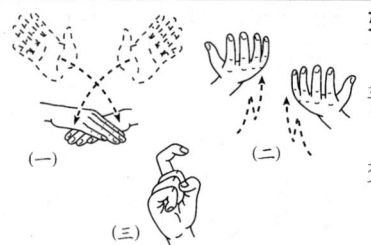

灭火剂 mièhuǒjì fire extinguisher
（一）双手斜伸，掌心向外，向前扑下，一手手掌压住另一手手背。
（二）双手平伸，五指微曲，指尖朝上，上下交替动几下。
（三）一手打手指字母"J"的指式。

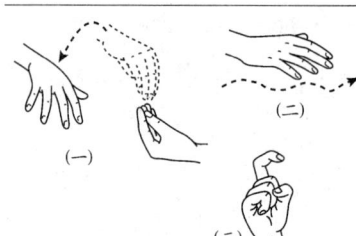

脱水剂 tuōshuǐjì dehydrater
（一）左手五指撮合，指尖朝上；右手五指捏一下左手指尖，然后向外一甩。
（二）同"蒸馏水"手势（三）（见第73页之3）。
（三）一手打手指字母"J"的指式。

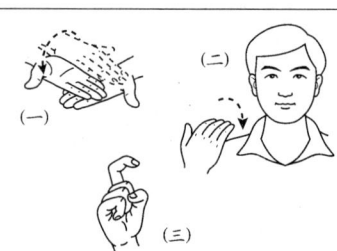

还原剂 huányuánjì reducing agent
（一）同"复分解反应"手势（一）（见第79页之1）。
（二）同"氧化还原反应"手势（四）（见第79页之3）。
（三）一手打手指字母"J"的指式。

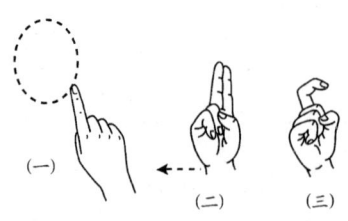

氧化剂 yǎnghuàjì oxidant
（一）同"氧化还原反应"手势（一）。
（二）同"化学"手势（一）（见第68页之2）。
（三）一手打手指字母"J"的指式。

指示剂 zhǐshìjì indicator

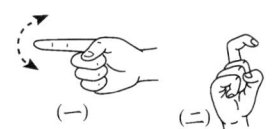

(一)一手伸食指,指尖朝前,左右挥动几下。

(二)一手打手指字母"J"的指式。

制冷剂 zhìlěngjì cryogen

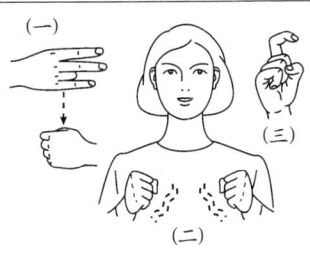

(一)左手握拳在下;右手打手指字母"ZH"的指式在上,然后向下砸一下左拳。

(二)双手握拳屈肘,臂部贴在身上微动,如发抖状。

(三)一手打手指字母"J"的指式。

胶粘剂 jiāozhānjì adhesive

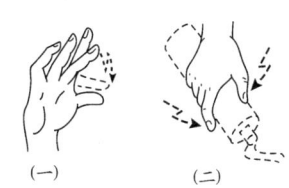

(一)一手拇、中指相捏,再慢慢开合两下。

(二)一手虚握,虎口朝斜下方,五指捏动两下,如从瓶中挤液体状。

清洁剂 qīngjiéjì cleanser

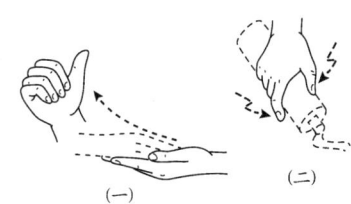

(一)同"纯净物"手势(二)(见第71页之1)。

(二)同"胶粘剂"手势(二)。

吸水 xīshuǐ absorbent

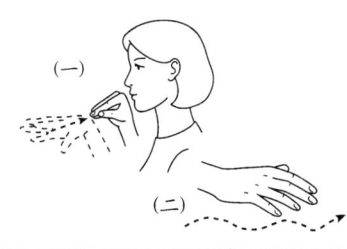

(一)一手五指张开,掌心向外,边向鼻部移动边撮合五指,如吸气状。

(二)同"蒸馏水"手势(三)(见第73页之3)。

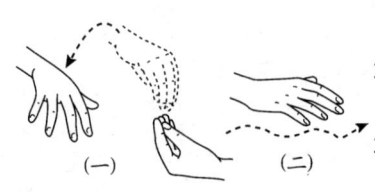

脱水 tuōshuǐ dehydration

（一）同"脱水剂"手势（一）（见第 80 页之 3）。

（二）同"蒸馏水"手势（三）（见第 73 页之 3）。

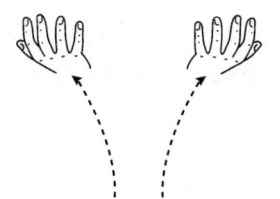

挥发 huīfā volatilization

双手平伸，掌心向上，五指微曲，快速向上做弧线形移动。

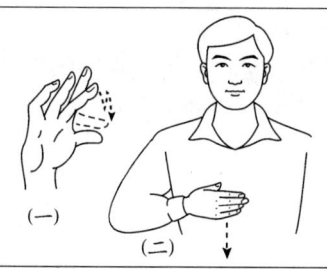

胶体 jiāotǐ colloid

（一）同"胶粘剂"手势（一）（见第 81 页之 3）。

（二）同"晶体"手势（二）（见第 78 页之 1）。

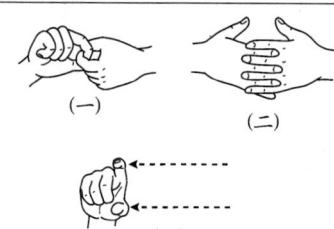

结构式 jiégòushì structural formula

（一）同"结晶"手势（一）（见第 77 页之 5）。

（二）双手横立，五指分开，指尖斜向交叉互相夹住。

（三）同"化学式"手势（三）（见第 68 页之 3）。

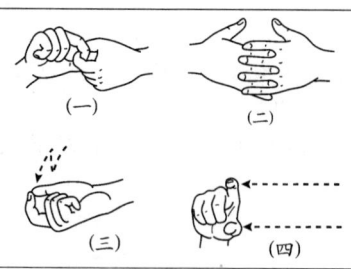

结构简式 jiégòujiǎnshì simplified structure

（一）同"结晶"手势（一）。

（二）同"结构式"手势（二）。

（三）一手拇、食指相捏，手背向下，上下动两下。

（四）同"化学式"手势（三）。

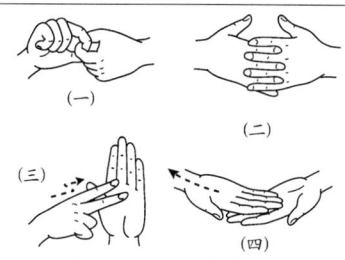

结构示意图 jiégòushìyìtú structural representation

（一）同"结晶"手势（一）（见第 77 页之 5）。

（二）同"结构式"手势（二）（见第 82 页之 4）。

（三）左手直立，掌心向前；右手食、中指分开，指尖对着左手掌指几下。

（四）双手横伸，掌心向上，右手背在左手掌心上抹一下。

燃烧 ránshāo combustion

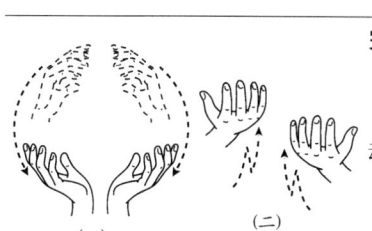

双手平伸，五指微曲，指尖朝上，上下交替动几下，如火苗跳动状。

完全燃烧 wánquánránshāo complete combustion

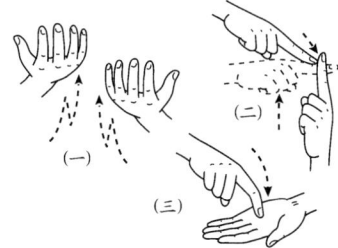

（一）双手五指微曲，自上向下做弧形移动。

（二）同"燃烧"手势。

着火点（燃点） zháohuǒdiǎn（rándiǎn） kindling point

（一）同"燃烧"手势。

（二）左手食指直立；右手食指横伸，从左手食指根部上移至某处时，食指尖再点一下该处。

（三）左手横伸；右手伸食指，在左手掌心上点一下。

［表示引起燃烧的温度用手势（一）和（二），表示燃烧的地点用手势（一）和（三）。］

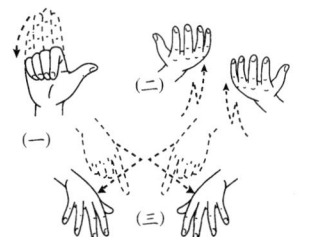

可燃物 kěránwù combustible

（一）同"可逆反应"手势（一）（见第 78 页之 5）。

（二）同"燃烧"手势。

（三）同"物理变化"手势（一）（见第 69 页之 3）。

可燃性 kěránxìng combustibility

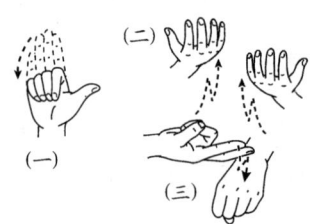

（一）同"可逆反应"手势（一）（见第78页之5）。
（二）同"燃烧"手势（见第83页之2）。
（三）同"化学性质"手势（三）（见第69页之4）。

熔点 róngdiǎn melting point

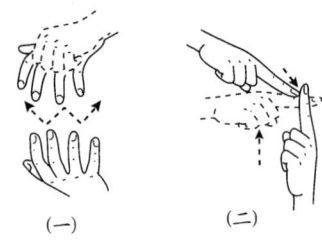

（一）左手握拳，手背向上；右手五指微曲，指尖朝上，在左拳下上下动几下，左手随之微张。
（二）同"着火点"手势（二）（见第83页之4）。

熔融状态 róngróngzhuàngtài molten condition

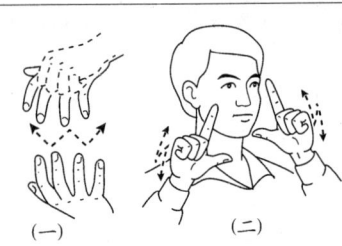

（一）同"熔点"手势（一）。
（二）同"化合态"手势（三）（见第70页之4）。

扩散过程 kuòsànguòchéng diffusion process

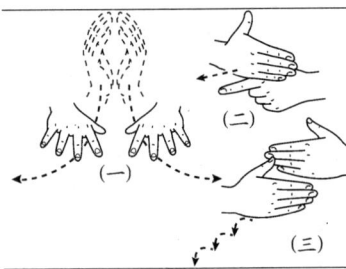

（一）双手五指微曲，指尖朝上相抵，然后边向下移动边张开五指。
（二）左手食指指尖朝前；右手侧立于左食指根部，然后向左手食指指尖处移动。
（三）双手横立，左手在后不动，右手在前，然后向前一顿一顿移动几下。

凝固点 nínggùdiǎn freezing point

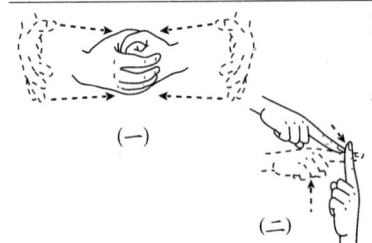

（一）同"凝聚"手势（一）（见第77页之4）。
（二）同"着火点"手势（二）。

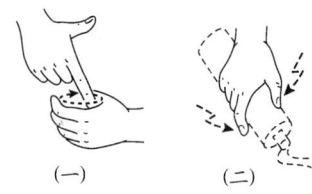

溶剂 róngjì solvent

(一)左手成半圆形,虎口朝上;右手打手指字母"R"的指式,食指指尖朝下在左手内搅动几下。

(二)同"胶粘剂"手势(二)(见第81页之3)。

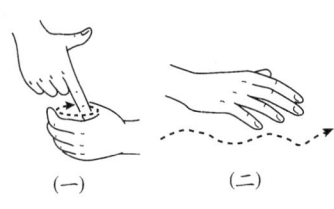

溶液 róngyè solution

(一)同"溶剂"手势(一)。

(二)同"蒸馏水"手势(三)(见第73页之3)。

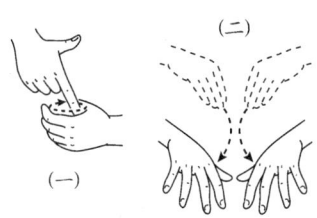

溶解 róngjiě dissolve

(一)同"溶剂"手势(一)。

(二)同"电解质"手势(二)(见第75页之1)。

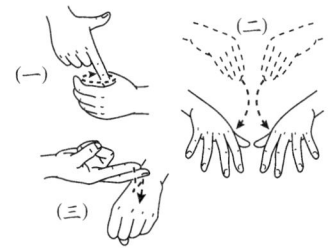

溶解性 róngjiěxìng solubility

(一)同"溶剂"手势(一)。

(二)同"电解质"手势(二)。

(三)同"化学性质"手势(三)(见第69页之4)。

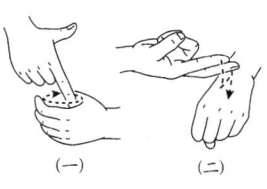

溶质 róngzhì solute

(一)同"溶剂"手势(一)。

(二)同"化学性质"手势(三)。

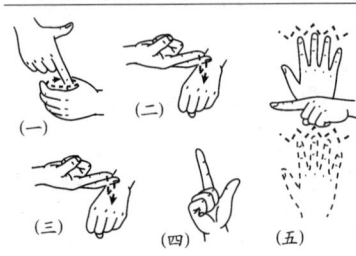

溶质质量分数 róngzhìzhìliàngfēnshù solute concentration

(一)同"溶剂"手势(一)(见第85页之1)。
(二)同"化学性质"手势(三)(见第69页之4)。
(三)同"化学性质"手势(三)。
(四)一手打手指字母"L"的指式。
(五)左手食指横伸,表示分数线;右手五指朝上,手背向外,先在左手食指下点动几下,再移至左手食指上点动几下。

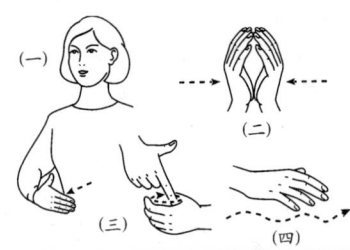

饱和溶液 bǎohéróngyè saturated solution

(一)同"饱和"手势(一)(见第73页之1)。
(二)同"化合"手势(二)(见第70页之2)。
(三)同"溶剂"手势(一)(见第85页之1)。
(四)同"蒸馏水"手势(三)(见第73页之3)。

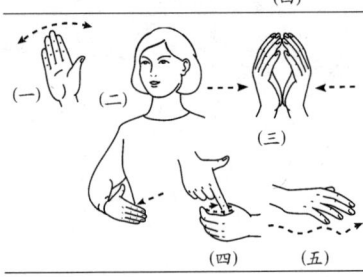

不饱和溶液 búbǎohéróngyè unsaturated solution

(一)一手直立,掌心向外,左右摆动几下。
(二)同"饱和"手势(一)。
(三)同"化合"手势(二)。
(四)同"溶剂"手势(一)。
(五)同"蒸馏水"手势(三)。

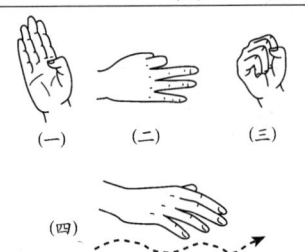

波尔多液 bō'ěrduōyè Bordeaux mixture

(一)一手打手指字母"B"的指式。
(二)一手打手指字母"E"的指式。
(三)一手打手指字母"D"的指式。
(四)同"蒸馏水"手势(三)。

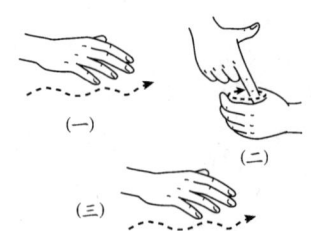

水溶液 shuǐróngyè aqueous solution

(一)同"蒸馏水"手势(三)。
(二)同"溶剂"手势(一)。
(三)同"蒸馏水"手势(三)。

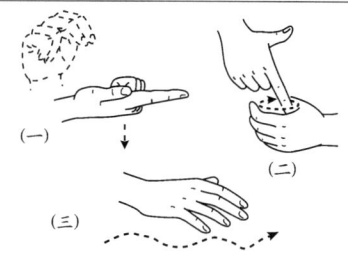

浓溶液 nóngróngyè concentrated solution
(一)同"浓度"手势(一)(见第72页之4)。
(二)同"溶剂"手势(一)(见第85页之1)。
(三)同"蒸馏水"手势(三)(见第73页之3)。

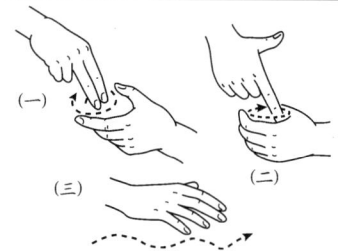

稀溶液 xīróngyè weak solution
(一)左手成半圆形,虎口朝上;右手食、中指并拢,指尖朝下在左手虎口内较快地搅动,象征液体很稀。
(二)同"溶剂"手势(一)。
(三)同"蒸馏水"手势(三)。

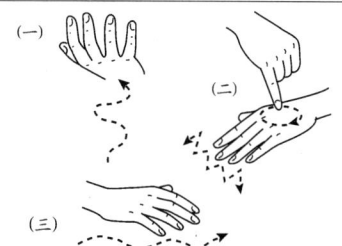

悬浊液 xuánzhuóyè suspension
(一)一手五指弯曲张开,掌心朝上,然后边微微摇晃边向上移动,象征悬浮的物质。
(二)左手平伸,掌心向下,五指交替点动;右手伸小指,在左手背上转两圈。
(三)同"蒸馏水"手势(三)。

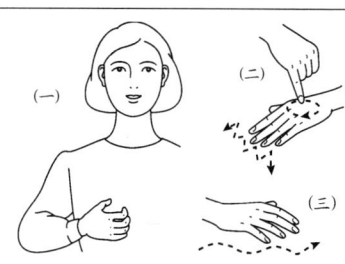

乳浊液 rǔzhuóyè emulsion
(一)一手五指微曲,指尖朝内,罩于胸部,仿乳房状。
(二)同"悬浊液"手势(二)。
(三)同"蒸馏水"手势(三)。

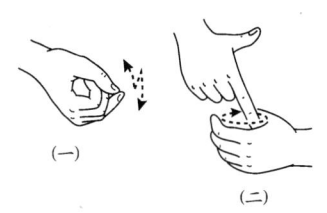

微溶 wēiróng slightly soluble
(一)一手拇、小指指尖相捏,微动几下。
(二)同"溶剂"手势(一)。

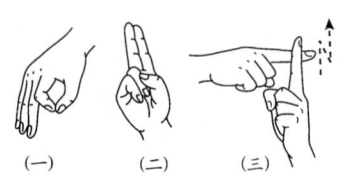

Ph 值 Ph zhí Ph value

(一)一手打手指字母"P"的指式。
(二)一手打手指字母"H"的指式。
(三)同"纯度"手势(二)(见第 72 页之 3)。

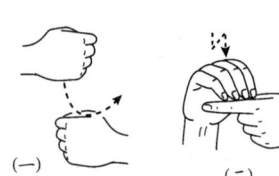

铁锈 tiěxiù rustiness

(一)双手握拳,一上一下,右拳向下砸一下左拳,再向里移动。
(二)左手食指横伸,右手五指指尖在左手食指上点动几下,表示锈迹。

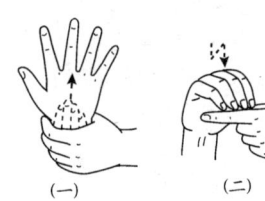

生锈 shēngxiù rust

(一)同"生成物"手势(一)(见第 71 页之 4)。
(二)同"铁锈"手势(二)。

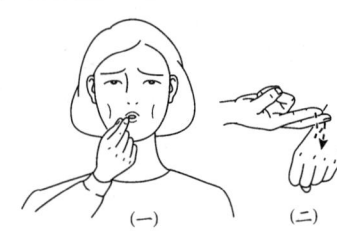

酸性 suānxìng acidity

(一)一手拇、食指相捏置于口边,腮向内缩,眉微蹙,如尝到酸味状。
(二)同"化学性质"手势(三)(见第 69 页之 4)。

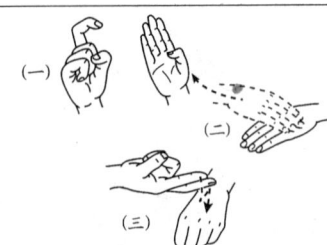

碱性 jiǎnxìng alkalescence

(一)一手打手指字母"J"的指式。
(二)左手横伸,右手掌摸一下左手背,再打出手指字母"B"的指式。
(三)同"化学性质"手势(三)。

二、化　学

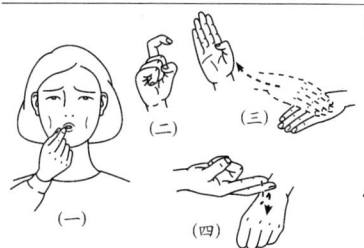

酸碱性　suānjiǎnxìng　acidity and alkalinity
(一)同"酸性"手势(一)(见第 88 页之 4)。
(二)同"碱性"手势(一)(见第 88 页之 5)。
(三)同"碱性"手势(二)。
(四)同"化学性质"手势(三)(见第 69 页之 4)。

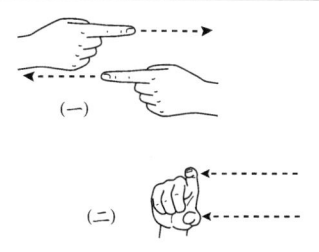

通式　tōngshì　general formula
(一)双手食指横伸,指尖相对,从两侧向中间交错移动。
(二)同"化学式"手势(三)(见第 68 页之 3)。

褪色　tuìshǎi　depigmentation
(一)左手平伸,掌心向上;右手伸拇、小指,小指尖抵于左手指尖,再向后移动。
(二)同"变色"手势(二)(见第 71 页之 5)。

微量　wēiliàng　trace
(一)同"微溶"手势(一)(见第 87 页之 5)
(二)一手五指分开,指尖向上,手指微微抖动几下。

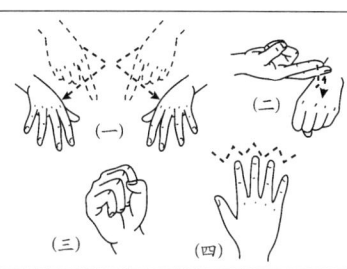

物质的量　wùzhìdeliàng　amount of substance
(一)同"物理变化"手势(一)(见第 69 页之 3)。
(二)同"化学性质"手势(三)。
(三)一手打手指字母"D"的指式。
(四)同"微量"手势(二)。

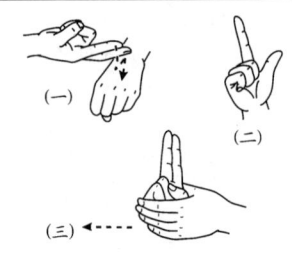

质量守恒 zhìliàngshǒuhéng mass conservation
（一）同"化学性质"手势（三）（见第69页之4）。
（二）一手打手指字母"L"的指式。
（三）左手横立，五指微曲；右手打手指字母"H"的指式置于左手内，然后双手向一侧移动。

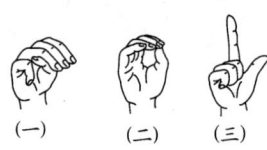

摩尔(mol) mó'ěr mol
（一）一手打手指字母"M"的指式。
（二）一手打手指字母"O"的指式。
（三）一手打手指字母"L"的指式。

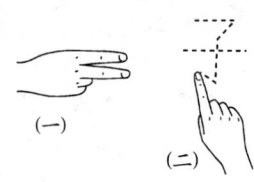

分子 fēnzǐ molecule
（一）一手打手指字母"F"的指式。
（二）一手食指书空"子"字。

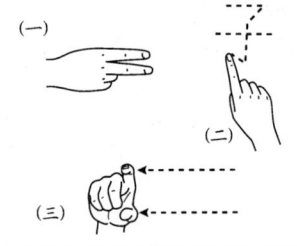

分子式 fēnzǐshì molecular formula
（一）同"分子"手势（一）。
（二）同"分子"手势（二）。
（三）同"化学式"手势（三）（见第68页之3）。

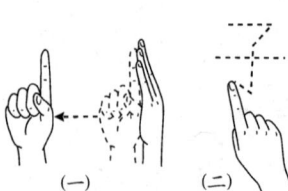

离子 lízǐ ion
（一）同"电离"手势（二）（见第75页之2）。
（二）同"分子"手势（二）。

二、化 学

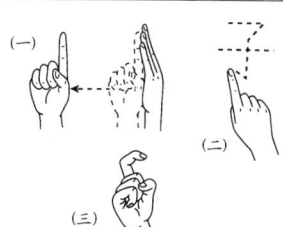

离子键 lízǐjiàn electrovalent bond
(一)同"电离"手势(二)(见第75页之2)。
(二)同"分子"手势(二)(见第90页之3)。
(三)一手打手指字母"J"的指式。

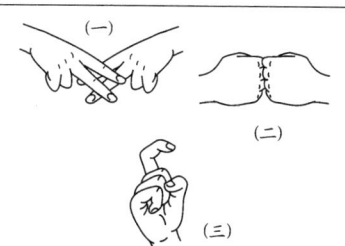

共价键 gòngjiàjiàn covalent bond
(一)双手食、中指搭成"共"字形。
(二)双手握拳,手背向外,骨节相抵。
(三)一手打手指字母"J"的指式。

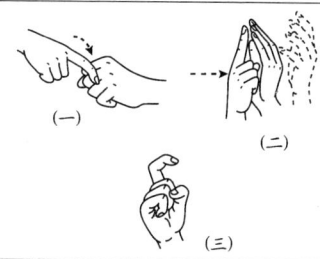

金属键 jīnshǔjiàn metallic bond
(一)左手握拳,手背向上;右手伸食指点一下左手无名指根部。
(二)同"成分"手势(一)(见第72页之2)。
(三)一手打手指字母"J"的指式。

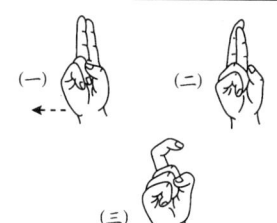

化学键 huàxuéjiàn chemical bond
(一)同"化学"手势(一)(见第68页之2)。
(二)同"化学"手势(二)。
(三)一手打手指字母"J"的指式。

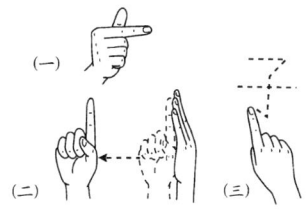

阳离子 yánglízǐ positive ion
(一)一手拇、食指搭成"+"字形。
(二)同"电离"手势(二)。
(三)同"分子"手势(二)。

阴离子　yīnlízǐ　negative ion

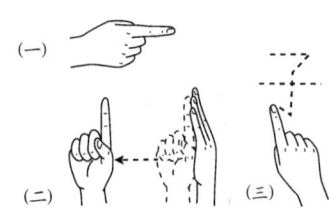

（一）一手食指横伸。
（二）同"电离"手势（二）（见第75页之2）。
（三）同"分子"手势（二）（见第90页之3）。

氢离子(H^+)　qīnglízǐ　hydrogen ion

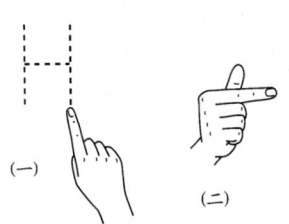

（一）一手食指书空氢的化学符号"H"。
（二）见"阳离子"手势（一）（见第91页之5）。

氢氧根离子(OH^-)　qīngyǎnggēnlízǐ　hydroxyl ions

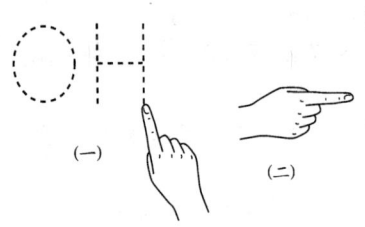

（一）一手食指书空氢氧根的化学符号"OH"。
（二）同"阴离子"手势（一）。

吸热　xīrè　decalescence

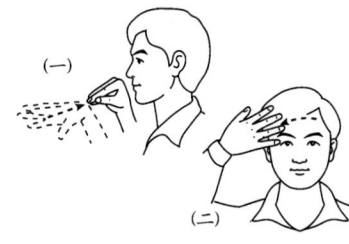

（一）同"吸水"手势（一）（见第81页之5）。
（二）一手五指张开，从额头向面颊部一抹，如流汗状。

吸热反应　xīrèfǎnyìng　endothermic reaction

（一）同"吸水"手势（一）。
（二）同"吸热"手势（二）。
（三）同"化学反应"手势（三）（见第68页之4）。
（四）同"化学反应"手势（四）。

放热反应 fàngrèfǎnyìng exothermic reaction

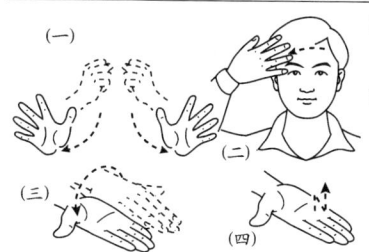

（一）双手虚握,虎口朝上,然后同时张开五指,掌心向下。
（二）同"吸热"手势(二)(见第92页之4)。
（三）同"化学反应"手势(三)(见第68页之4)。
（四）同"化学反应"手势(四)。

吸收热量 xīshōurèliàng absorption of heat

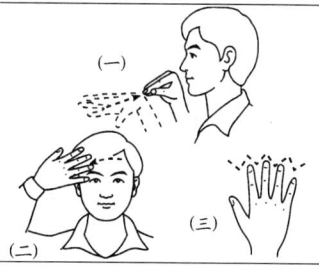

（一）同"吸水"手势(一)(见第81页之5)。
（二）同"吸热"手势(二)。
（三）同"微量"手势(二)(见第89页之4)。

气味 qìwèi smell

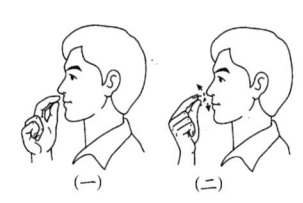

（一）同"废气"手势(二)(见第75页之5)。
（二）一手拇、食指在鼻前捻动两下,同时鼻子做闻东西状。

延展性 yánzhǎnxìng ductibility

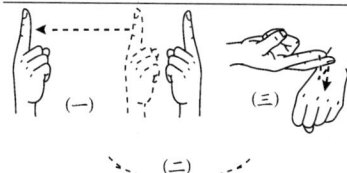

（一）双手食指直立,先互相靠近,然后左手不动,右手向右侧移动。
（二）双手平伸,五指并拢,由中间向两侧移动并放开五指。
（三）同"化学性质"手势(三)(见第69页之4)。

游离态 yóulítài free state

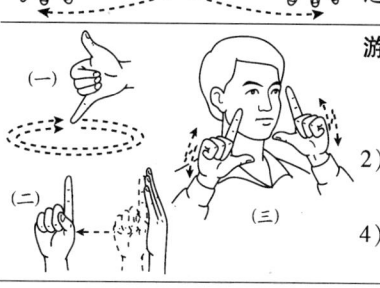

（一）一手伸出拇、小指,平行转动两圈。
（二）同"电离"手势(二)(见第75页之2)。
（三）同"化合态"手势(三)(见第70页之4)。

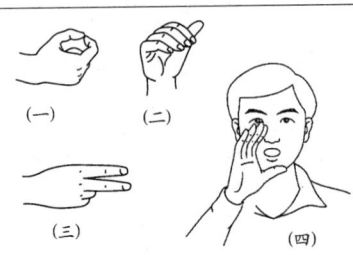

元素符号 yuánsùfúhào　elemental symbol
（一）一手拇、食指捏成圆圈。
（二）一手打手指字母"S"的指式。
（三）一手打手指字母"F"的指式。
（四）同"化学符号"手势（四）（见第68页之5）。

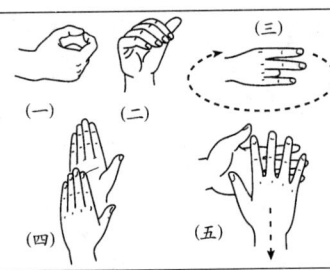

元素周期表 yuánsùzhōuqībiǎo　periodic table
（一）同"元素符号"手势（一）。
（二）一手打手指字母"S"的指式。
（三）一手打手指字母"ZH"的指式,顺时针平行转一圈。
（四）双手直立,掌心相对。
（五）双手五指分开,一横一竖搭成方格形,然后左手不动,右手向下移。

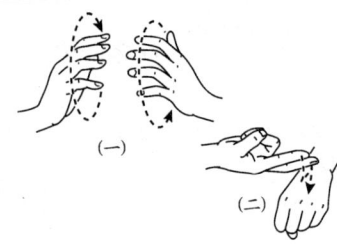

杂质 zázhì　impurity
（一）双手五指弯曲,指尖相对,前后反向扭动两下。
（二）同"化学性质"手势（三）（见第69页之4）。

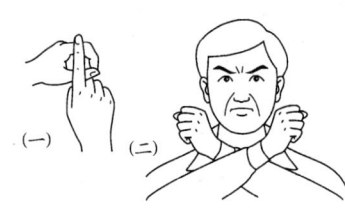

中毒 zhòngdú　poisoning
（一）一手拇、食指与另一手食指搭成"中"字形。
（二）同"毒性"手势（一）（见第75页之3）。

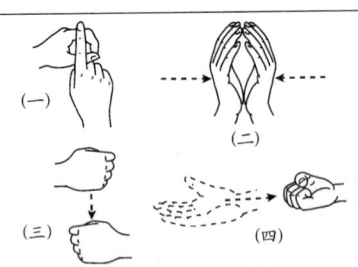

中和作用 zhōnghézuòyòng　neutralization
（一）同"中毒"手势（一）
（二）同"化合"手势（二）（见第70页之2）。
（三）双手握拳,一上一下,右拳向下砸一下左拳。
（四）一手平伸,掌心向上,边向后移动边收拢五指。

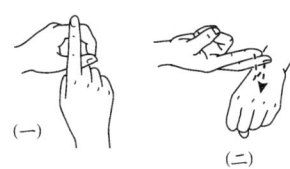

中性 zhōngxìng neutrality

（一）同"中毒"手势（一）（见第 94 页之 4）。

（二）同"化学性质"手势（三）（见第 69 页之 4）。

2. 无机化学

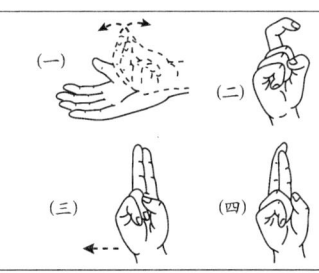

无机化学 wújīhuàxué abiochemistry

（一）一手拇、食、中指指尖朝上，互捻一下，然后手伸开。

（二）一手打手指字母"J"的指式。

（三）一手打手指字母"H"的指式，横向微移一下。

（四）一手打手指字母"X"的指式。

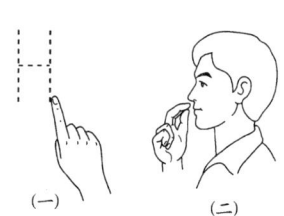

氢气 qīngqì hydrogen

（一）一手食指书空氢的元素符号"H"。

（二）一手打手指字母"Q"的指式，指尖朝内置于鼻孔处。

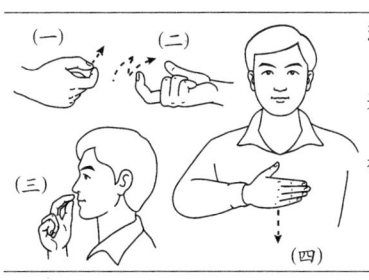

稀有气体 xīyǒuqìtǐ rare gas

（一）一手拇、食指相捏，拇指弹动食指尖，表示"少"。

（二）一手伸拇、食指，掌心向上，然后食指弯动一下。

（三）同"氢气"手势（二）。

（四）一手掌贴于胸部并向下移动。

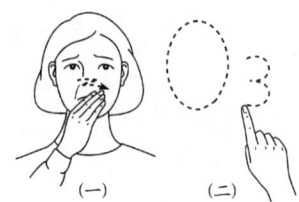

臭氧 chòuyǎng ozone
（一）一手在鼻孔前扇动两下。
（二）一手食指书空字母"O"和数字"3"，表示臭氧的化学分子式"O_3"。

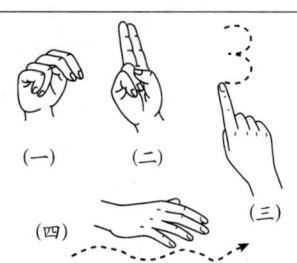

氨水 ānshuǐ ammonia
（一）一手打手指字母"N"的指式。
（二）一手打手指字母"H"的指式。
（三）一手食指书空数字"3"。
（四）一手横伸，掌心向下，向一侧做波纹状移动。

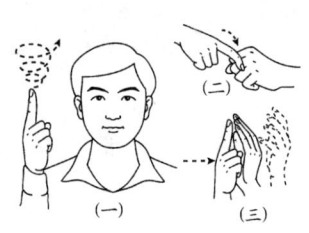

活泼金属 huópōjīnshǔ active metal
（一）一手食指直立，边转动边向上移动。
（二）左手握拳，手背向上；右手伸食指点一下左手无名指根部。
（三）左手直立，五指微曲；右手食指直立并靠向左手，左手五指同时并拢。

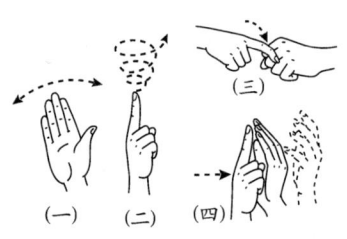

不活泼金属 bùhuópōjīnshǔ inactive metal
（一）一手直立，掌心向外，左右摆动两下。
（二）同"活泼金属"手势（一）。
（三）同"活泼金属"手势（二）。
（四）同"活泼金属"手势（三）。

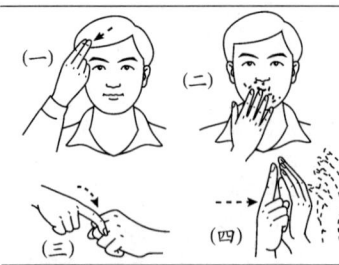

黑色金属 hēisèjīnshǔ black metal
（一）一手打手指字母"H"的指式，并在头发上摸一下。
（二）一手五指直立并张开，置于嘴唇处交替点动两下。
（三）同"活泼金属"手势（二）。
（四）同"活泼金属"手势（三）。

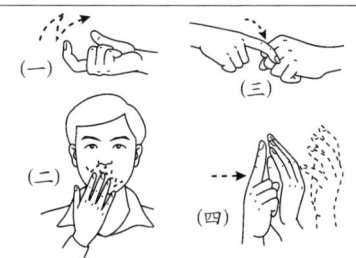

有色金属 yǒusèjīnshǔ nonferrous metal
(一)同"稀有气体"手势(二)(见第95页之5)。
(二)同"黑色金属"手势(二)(见第96页之5)。
(三)同"活泼金属"手势(二)(见第96页之3)。
(四)同"活泼金属"手势(三)。

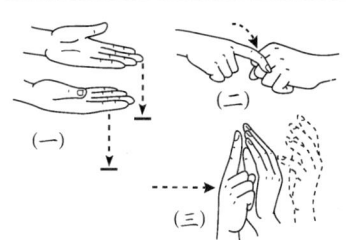

重金属 zhòngjīnshǔ heavy metal
(一)双手平伸,掌心向上,同时朝下一顿。
(二)同"活泼金属"手势(二)。
(三)同"活泼金属"手势(三)。

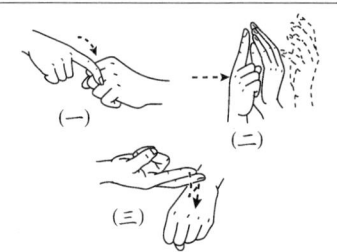

金属性 jīnshǔxìng metallicity
(一)同"活泼金属"手势(二)。
(二)同"活泼金属"手势(三)。
(三)左手握拳,手背向上;右手伸食、中指,用指背弹击两下左手背。

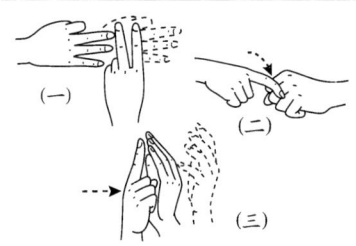

非金属 fēijīnshǔ nonmetal
(一)左手食、中指直立分开,手背向外;右手中、无名、小指横伸,在左手食、中指两侧各划一下,仿"非"字形。
(二)同"活泼金属"手势(二)。
(三)同"活泼金属"手势(三)。

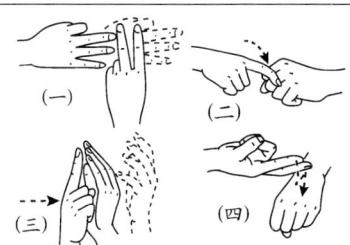

非金属性 fēijīnshǔxìng non-metallic nature
(一)同"非金属"手势(一)。
(二)同"活泼金属"手势(二)。
(三)同"活泼金属"手势(三)。
(四)同"金属性"手势(三)。

碘 diǎn iodine
一手打手指字母"D"的指式。

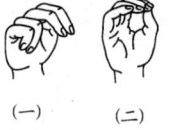 

二氧化氮 èryǎnghuàdàn nitrogen dioxide
（一）一手打手指字母"N"的指式。
（二）一手打手指字母"O"的指式。
（三）一手食指书空数字"2"。

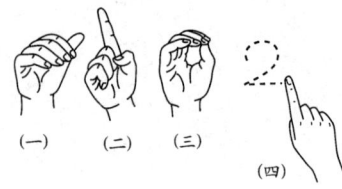

二氧化硅 èryǎnghuàguī silicon dioxide
（一）一手打手指字母"S"的指式。
（二）一手打手指字母"I"的指式。
（三）一手打手指字母"O"的指式。
（四）一手食指书空数字"2"。

二氧化硫 èryǎnghuàliú sulfur dioxide
（一）一手打手指字母"S"的指式。
（二）一手打手指字母"O"的指式。
（三）一手食指书空数字"2"。

二氧化碳 èryǎnghuàtàn carbon dioxide
（一）一手打手指字母"C"的指式。
（二）一手打手指字母"O"的指式。
（三）一手食指书空数字"2"。

二、化　学

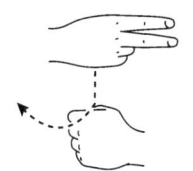

矾　fán　alum

左手握拳,虎口朝上;右手打手指字母"F"的指式,以腕部碰一下左拳,表示矾。

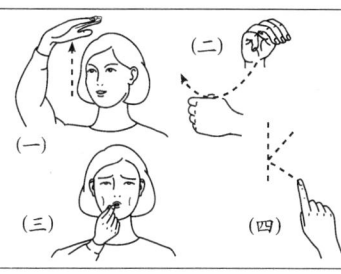

高锰酸钾　gāoměngsuānjiǎ　potassium permanganate

(一)一手横伸,掌心向下,向上举过头。
(二)左手握拳,虎口朝上;右手打手指字母"M"的指式,以腕部碰一下左拳后向内移动,表示锰。
(三)一手拇、食指相捏置于口边,腮向内缩,眉微蹙,如尝到酸味状。
(四)一手食指书空钾的元素符号"K"。

硅酸　guīsuān　silicic acid

(一)一手食指连续书空字母"S"和"I"。
(二)同"高锰酸钾"手势(三)。

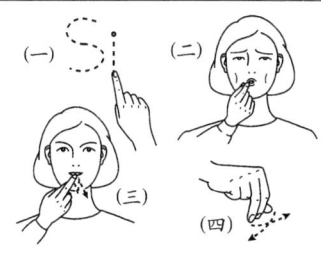

硅酸盐　guīsuānyán　silicate

(一)同"硅酸"手势(一)。
(二)同"高锰酸钾"手势(三)。
(三)一手打手指字母"X"指式,放在嘴前上下微动。
(四)一手拇、食、中指撮合,指尖朝下互捻几下。

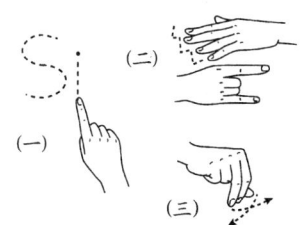

硅藻土　guīzǎotǔ　infusorial earth

(一)同"硅酸"手势(一)。
(二)左手横伸,掌心向下,五指交替点动几下;右手打手指字母"Z"的指式,置于左手下。
(三)同"硅酸盐"手势(四)。

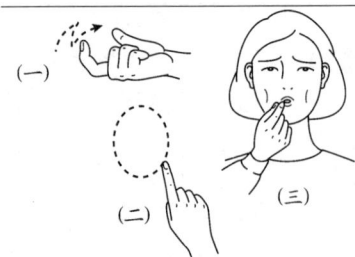

含氧酸　hányǎngsuān　oxyacid
　　（一）同"稀有气体"手势（二）（见第95页之5）。
　　（二）一手食指书空氧的元素符号"O"。
　　（三）同"高锰酸钾"手势（三）（见第99页之2）。

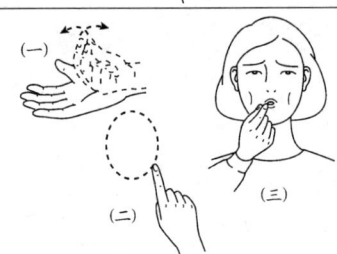

无氧酸　wúyǎngsuān　hydrogen acid
　　（一）同"无机化学"手势（一）（见第95页之3）。
　　（二）同"含氧酸"手势（二）。
　　（三）同"高锰酸钾"手势（三）。

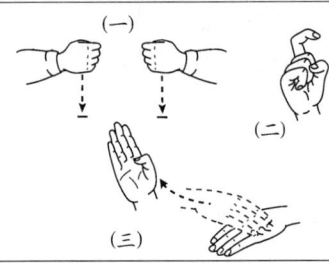

强碱　qiángjiǎn　alkali
　　（一）双手握拳屈肘，同时向下一顿。
　　（二）一手打手指字母"J"的指式。
　　（三）左手横伸，右手掌摸一下左手背，然后打出手指字母"B"的指式。

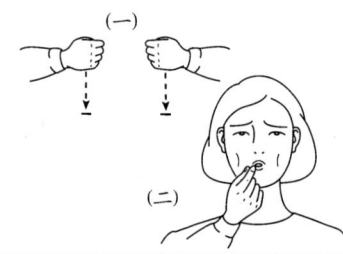

强酸　qiángsuān　strong acid
　　（一）同"强碱"手势（一）。
　　（二）同"高锰酸钾"手势（三）。

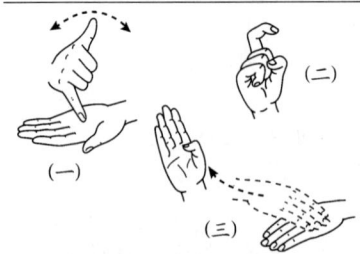

弱碱　ruòjiǎn　mildbase
　　（一）左手横伸；右手伸拇、小指，小指立于左手掌心上，然后左右晃动几下。
　　（二）同"强碱"手势（二）。
　　（三）同"强碱"手势（三）。

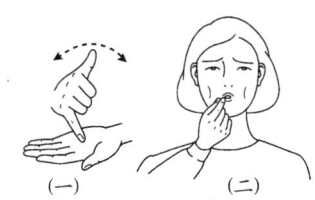

弱酸 ruòsuān weak acid

（一）同"弱碱"手势（一）（见第100页之5）。

（二）同"高锰酸钾"手势（三）（见第99页之2）。

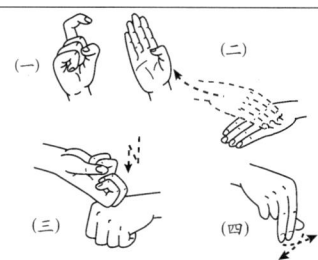

碱石灰 jiǎnshíhuī natroncalk

（一）同"强碱"手势（二）（见第100页之3）。

（二）同"强碱"手势（三）。

（三）左手握拳，手背向上；右手食、中指弯曲，以指背关节在左手背上敲两下。

（四）同"硅酸盐"手势（四）（见第99页之4）。

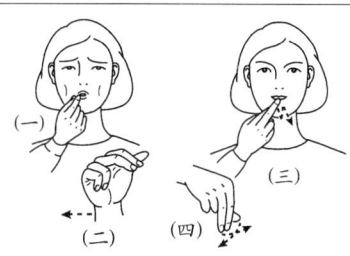

酸式盐 suānshìyán acid salt

（一）同"高锰酸钾"手势（三）。

（二）一手打手指字母"SH"的指式，并水平划动一下。

（三）同"硅酸盐"手势（三）。

（四）同"硅酸盐"手势（四）。

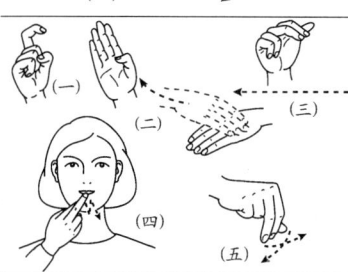

碱式盐 jiǎnshìyán basic salt

（一）同"强碱"手势（二）。

（二）同"强碱"手势（三）。

（三）同"酸式盐"手势（二）。

（四）同"硅酸盐"手势（三）。

（五）同"硅酸盐"手势（四）。

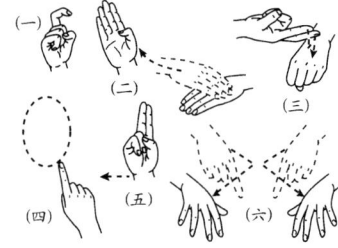

碱性氧化物 jiǎnxìngyǎnghuàwù basic oxide

（一）同"强碱"手势（二）。

（二）同"强碱"手势（三）。

（三）同"金属性"手势（三）（见第97页之3）。

（四）一手食指书空氧的元素符号"O"。

（五）同"无机化学"手势（三）（见第95页之3）。

（六）双手食指指尖朝前，先互碰一下然后向两侧分开，并张开五指。

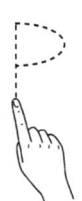

磷 lín phosphor

一手食指书空磷的元素符号"P"。

硫（硫磺） liú (liúhuáng) sulfur

一手食指书空硫的元素符号"S"。

硫酸 liúsuān vitriol

（一）同"硫"手势。

（二）同"高锰酸钾"手势（三）（见第99页之2）。

硫酸钡 liúsuānbèi barium sulfate

（一）同"硫"手势。

（二）同"高锰酸钾"手势（三）。

（三）左手握拳，虎口朝上；右手打手指字母"B"的指式，以腕部碰一下左拳，表示钡。

硫酸铝 liúsuānlǚ aluminium sulfate

（一）同"硫"手势。

（二）同"高锰酸钾"手势（三）。

（三）左手握拳，虎口朝上；右手打手指字母"L"的指式，以腕部碰一下左拳，表示铝。

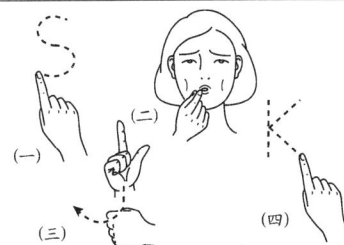

硫酸铝钾 liúsuānlǚjiǎ aluminium potassium sulfate

(一)同"硫"手势(见第102页之2)。
(二)同"高锰酸钾"手势(三)(见第99页之2)。
(三)同"硫酸铝"手势(三)(见第102页之5)。
(四)同"高锰酸钾"手势(四)。

硫酸铁 liúsuāntiě ferric sulfate

(一)同"硫"手势。
(二)同"高锰酸钾"手势(三)。
(三)双手握拳,一上一下,右拳向下砸一下左拳,并向内移动。

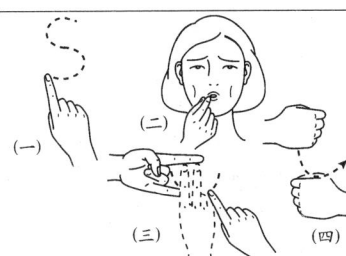

硫酸亚铁 liúsuānyàtiě ferrisulfas

(一)同"硫"手势。
(二)同"高锰酸钾"手势(三)。
(三)左手食、小指横伸;右手食、中指直立于左手食小指间,然后食指再在两侧各点一下,仿"亚"字形。
(四)同"硫酸铁"手势(三)。

硫酸铜 liúsuāntóng bluestone

(一)同"硫"手势。
(二)同"高锰酸钾"手势(三)。
(三)左手握拳,虎口朝上;右手打手指字母"T"的指式,以腕部碰一下左拳,表示铜。

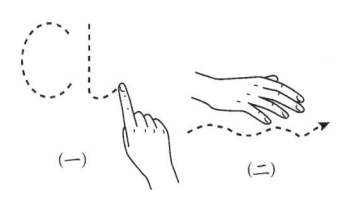

氯水 lǜshuǐ chlorine water

(一)一手食指书空氯的元素符号"Cl"。
(二)同"氨水"手势(四)(见第96页之2)。

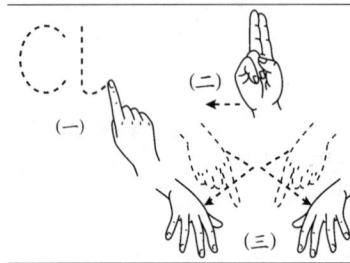

氯化物 lǜhuàwù chlorid

（一）同"氯水"手势（一）（见第103页之5）。

（二）同"无机化学"手势（三）（见第95页之3）。

（三）同"碱性氧化物"手势（六）（见第101页之5）。

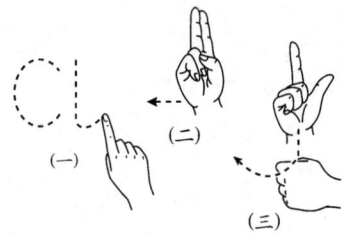

氯化铝 lǜhuàlǚ aluminium chloride

（一）同"氯水"手势（一）。

（二）同"无机化学"手势（三）。

（三）同"硫酸铝"手势（三）（见第102页之5）。

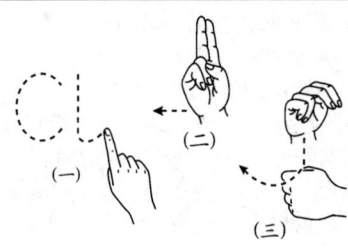

氯化钠 lǜhuànà sodium chloride

（一）同"氯水"手势（一）。

（二）同"无机化学"手势（三）。

（三）左手握拳，虎口朝上；右手打手指字母"N"的指式，以腕部碰一下左拳，表示钠。

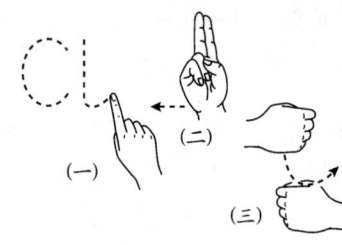

氯化铁 lǜhuàtiě ferric chloride

（一）同"氯水"手势（一）。

（二）同"无机化学"手势（三）。

（三）同"硫酸铁"手势（三）（见第103页之2）。

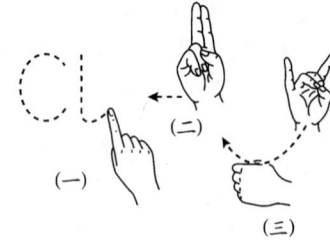

氯化铜 lǜhuàtóng copper dichloride

（一）同"氯水"手势（一）。

（二）同"无机化学"手势（三）。

（三）同"硫酸铜"手势（三）（见第103页之4）。

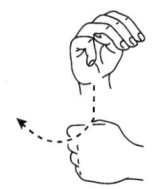

镁 měi magnesium

左手握拳,虎口朝上;右手打手指字母"M"的指式,以腕部碰一下左拳后向外移动,表示镁。

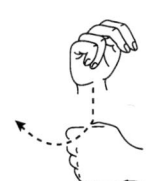

钠 nà natrium

同"氯化钠"手势(三)(见第104页之3)。

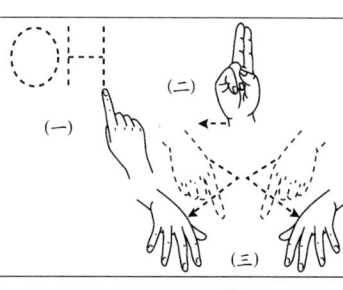

氢氧化物 qīngyǎnghuàwù hydroxid

(一)一手食指书空氢氧根的元素符号"OH"。

(二)同"无机化学"手势(三)(见第95页之3)。

(三)同"碱性氧化物"手势(六)(见第101页之5)。

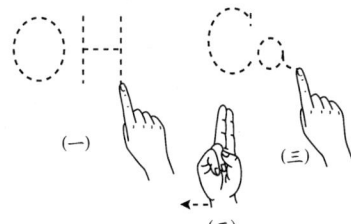

氢氧化钙 qīngyǎnghuàgài calcium hydroxide

(一)同"氢氧化物"手势(一)。

(二)同"无机化学"手势(三)。

(三)一手食指书空钙的元素符号"Ca"。

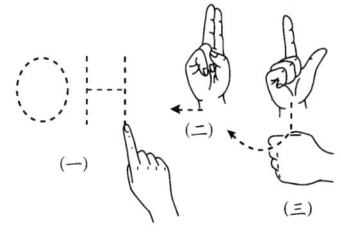

氢氧化铝 qīngyǎnghuàlǚ aluminium hydroxide

(一)同"氢氧化物"手势(一)。

(二)同"无机化学"手势(三)。

(三)同"硫酸铝"手势(三)(见第102页之5)。

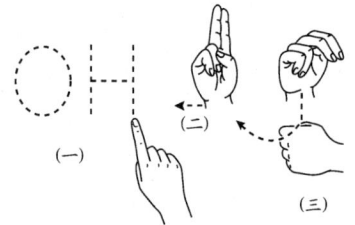

氢氧化钠 qīngyǎnghuànà sodium hydroxide

（一）同"氢氧化钙"手势（一）（见第105页之3）。

（二）同"无机化学"手势（三）（见第95页之3）。

（三）同"氯化钠"手势（三）（见第104页之3）。

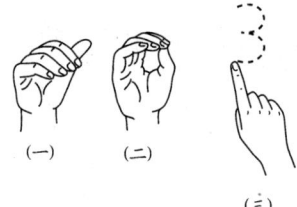

三氧化硫 sānyǎnghuàliú sulfur anhydride

（一）一手打手指字母"S"的指式。

（二）一手打手指字母"O"的指式。

（三）一手食指书空数字"3"。

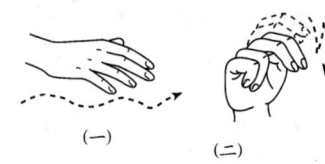

水泥 shuǐní cement

（一）同"氨水"手势（四）（见第96页之2）。

（二）一手打手指字母"N"的指式，然后食、中指弯动两次。

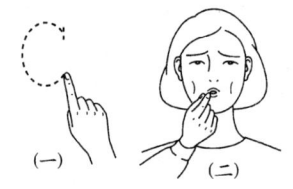

碳酸 tànsuān carbonic acid

（一）一手食指书空碳的元素符号"C"。

（二）同"高锰酸钾"手势（三）（见第99页之2）。

碳酸钙 tànsuāngài calcium carbonate

（一）同"碳酸"手势（一）。

（二）同"高锰酸钾"手势（三）。

（三）同"氢氧化钙"手势（三）（见第105页之4）。

碳酸钠 tànsuānnà sodium carbonate

(一)同"碳酸"手势(一)(见第106页之4)。

(二)同"高锰酸钾"手势(三)(见第99页之2)。

(三)同"氯化钠"手势(三)(见第104页之3)。

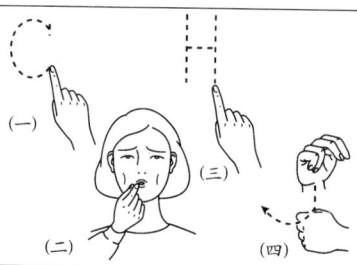

碳酸氢钠 tànsuānqīngnà sodium bicarbonate

(一)同"碳酸"手势(一)。

(二)同"高锰酸钾"手势(三)。

(三)同"氢气"手势(一)(见第95页之4)。

(四)同"氯化钠"手势(三)。

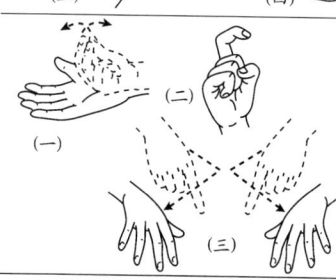

无机物 wújīwù mineral

(一)同"无机化学"手势(一)(见第95页之3)。

(二)同"无机化学"手势(二)。

(三)同"碱式氧化物"手势(六)(见第101页之5)。

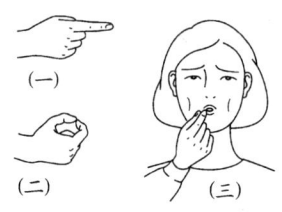

一元酸 yīyuánsuān monacid

(一)一手食指横伸。

(二)一手拇、食指捏成圆圈。

(三)同"高锰酸钾"手势(三)。

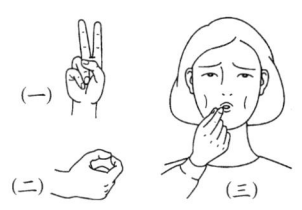

二元酸 èryuánsuān biatomic acid

(一)一手食、中指直立(或横伸)分开。

(二)同"一元酸"手势(二)。

(三)同"高锰酸钾"手势(三)。

多元酸 duōyuánsuān polyacid
(一)一手侧立,五指分开,向外微微抖动几下。
(二)同"一元酸"手势(二)(见第107页之4)。
(三)同"高锰酸钾"手势(三)(见第99页之2)。

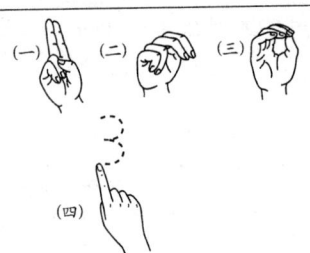

硝酸 xiāosuān nitric acid
(一)一手打手指字母"H"的指式。
(二)一手打手指字母"N"的指式。
(三)一手打手指字母"O"的指式。
(四)一手食指书空数字"3"。

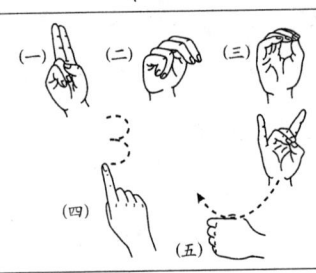

硝酸铜 xiāosuāntóng cupric nitrate
(一)同"硝酸"手势(一)。
(二)同"硝酸"手势(二)。
(三)同"硝酸"手势(三)。
(四)同"硝酸"手势(四)。
(五)同"硫酸铜"手势(三)(见第103页之4)。

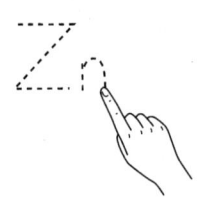

锌 xīn zinc
一手食指书空锌的化学符号"Zn"。

盐酸 yánsuān hydrochloric acid
(一)同"硅酸盐"手势(三)(见第99页之4)。
(二)同"硅酸盐"手势(四)。
(三)同"高锰酸钾"手势(三)。

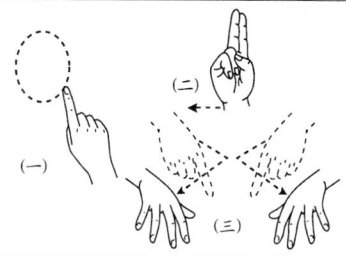

氧化物 yǎnghuàwù oxid
(一)同"含氧酸"手势(二)(见第 100 页之1)。
(二)同"无机化学"手势(三)(见第 95 页之3)。
(三)同"碱性氧化物"手势(六)(见第 101 页之5)。

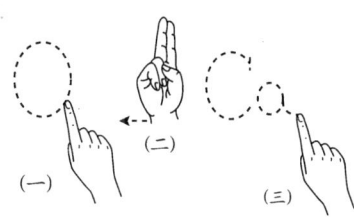

氧化钙 yǎnghuàgài calcium oxide
(一)同"含氧酸"手势(二)。
(二)同"无机化学"手势(三)。
(三)同"氢氧化钙"手势(三)(见第 105 页之4)。

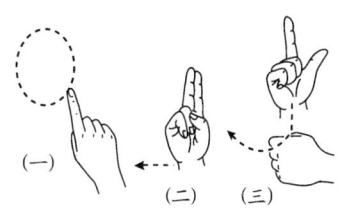

氧化铝 yǎnghuàlǚ alumina
(一)同"含氧酸"手势(二)。
(二)同"无机化学"手势(三)。
(三)同"硫酸铝"手势(三)(见第 102 页之5)。

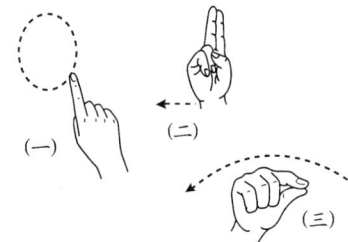

氧化膜 yǎnghuàmó oxide film
(一)同"含氧酸"手势(二)。
(二)同"无机化学"手势(三)。
(三)一手拇、食指靠近,中间留一条窄缝,从左向右左移动,象征一层薄膜。

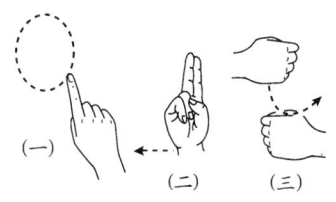

氧化铁 yǎnghuàtiě ferric oxide
(一)同"含氧酸"手势(二)。
(二)同"无机化学"手势(三)。
(三)同"硫酸铁"手势(三)(见第 103 页之2)。

一氧化氮　yīyǎnghuàdàn　mononitrogen monoxide

一手食指连续书空一氧化氮的化学分子式符号"NO"。

一氧化碳　yīyǎnghuàtàn　carbon monoxide

一手食指连续书空一氧化碳的化学分子式符号"CO"。

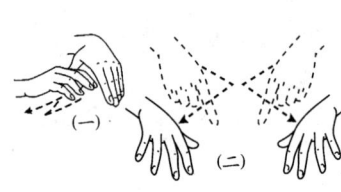

矿物　kuàngwù　mineral

（一）左手成半圆形，指尖朝下，虎口朝内；右手在左手虎口内做挖掘动作。

（二）同"碱性氧化物"手势（六）（见第101页之5）。

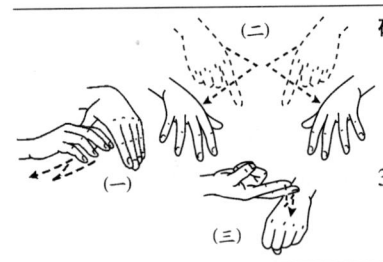

矿物质　kuàngwùzhì　mineral substance

（一）同"矿物"手势（一）。

（二）同"碱性氧化物"手势（六）。

（三）同"金属性"手势（三）（见第97页之3）。

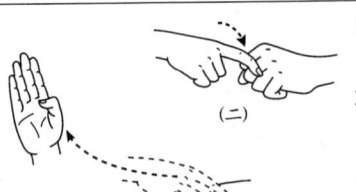

白金　báijīn　platina

（一）同"强碱"手势（三）（见第100页之3）。

（二）同"活泼金属"手势（二）（见第96页之3）。

黄金 huángjīn gold

（一）一手打手指字母"H"的指式，并摸一下脸颊。

（二）同"活泼金属"手势（二）（见第96页之3）。

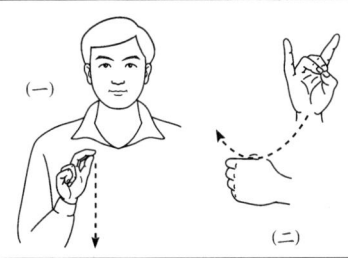

青铜 qīngtóng bronze

（一）一手打手指字母"Q"的指式，并沿胸的一侧划下。

（二）同"硫酸铜"手势（三）（见第103页之4）。

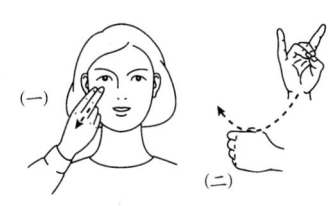

黄铜 huángtóng brass

（一）同"黄金"手势（一）。

（二）同"硫酸铜"手势（三）。

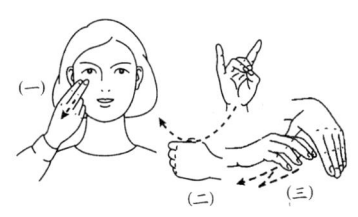

黄铜矿 huángtóngkuàng chalcopyrite

（一）同"黄金"手势（一）。

（二）同"硫酸铜"手势（三）。

（三）同"矿物"手势（一）（见第110页之3）。

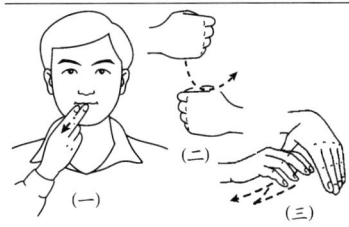

赤铁矿 chìtiěkuàng hematite

（一）一手打手指字母"H"的指式，摸一下嘴唇。

（二）同"硫酸铁"手势（三）（见第103页之2）。

（三）同"矿物"手势（一）。

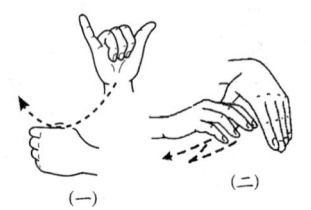

银矿 yínkuàng silver ore

（一）左手握拳，虎口向上不动；右手打手指字母"Y"的指式，以腕部敲一下左拳，表示银。

（二）同"矿物"手势（一）（见第110页之3）。

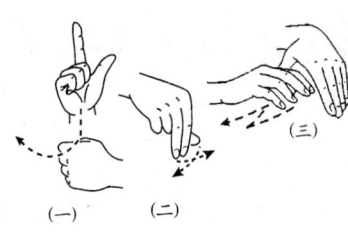

铝土矿 lǔtǔkuàng bauxite

（一）同"硫酸铝"手势（三）（见第102页之5）。

（二）同"硅酸盐"手势（四）（见第99页之4）。

（三）同"矿物"手势（一）。

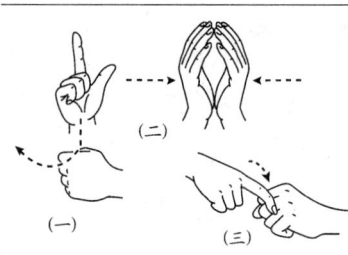

铝合金 lǔhéjīn duralumin

（一）同"硫酸铝"手势（三）。

（二）双手直立，五指微曲，掌心相对，从两侧向中间合拢。

（三）同"活泼金属"手势（二）（见第96页之3）。

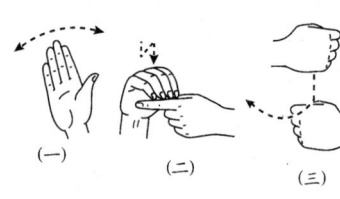

不锈钢 bùxiùgāng stainless steel

（一）同"不活泼金属"手势（一）（见第96页之4）。

（二）左手食指横伸，右手五指指尖在左手食指上点动两下，表示锈迹。

（三）双手握拳，一上一下，右拳向下砸一下左拳，并向外移。

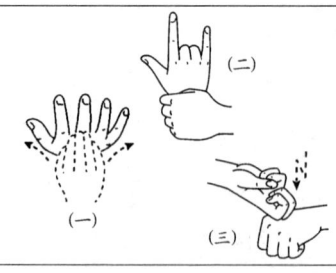

花岗岩 huāgāngyán granite

（一）一手五指撮合，指尖朝上，然后张开。

（二）左手握拳；右手伸拇、食、小指，置于左手虎口上。

（三）同"碱石灰"手势（三）（见第101页之3）。

大理石 dàlǐshí marble

（一）双手侧立，掌心相对，同时向两侧移动，幅度要大些。
（二）一手打手指字母"L"的指式。
（三）同"碱石灰"手势（二）（见第 101 页之3）。

红宝石 hóngbǎoshí carbuncle

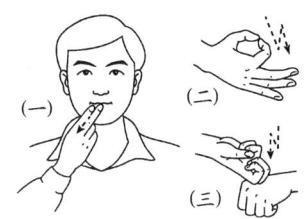

（一）同"赤铁矿"手势（一）（见第 111 页之5）。
（二）一手拇、食指捏成圆圈，其他手指伸出，晃动两下。
（三）同"碱石灰"手势（二）。

蓝宝石 lánbǎoshí sapphire

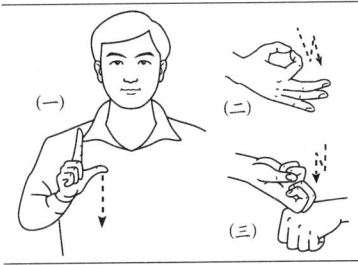

（一）一手打手指字母"L"的指式，并沿胸的一侧划下。
（二）同"红宝石"手势（二）。
（三）同"碱石灰"手势（二）。

金刚石 jīngāngshí diamond

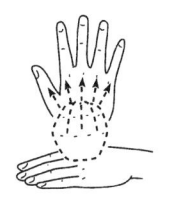

左手横伸，掌心向下；右手五指撮合成尖形，指尖朝上，置于左手指背上，然后五指放开，象征钻石的光芒。

石灰石 shíhuīshí limestone

（一）同"碱石灰"手势（二）。
（二）同"硅酸盐"手势（四）（见第 99 页之4）。
（三）同"碱石灰"手势（二）。

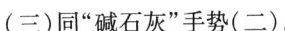

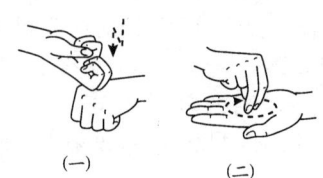

石墨 shímò graphite

(一)同"碱石灰"手势(二)(见第 101 页之3)。

(二)左手横伸,掌心向上;右手拇、食、中指并拢,指尖朝下,在左手掌心上做研墨动作。

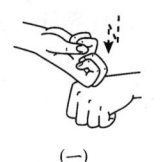 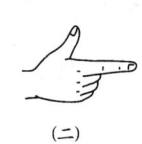

石蕊 shíruǐ litmus

(一)同"碱石灰"手势(二)。

(二)一手打手指字母"R"的指式。

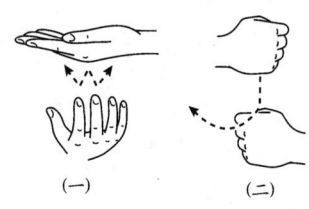

炼钢 liàngāng steelmaking

(一)左手横伸,掌心向上;右手五指弯曲,指尖朝上,在左手下上下动几下。

(二)同"不锈钢"手势(三)(见第 112 页之4)。

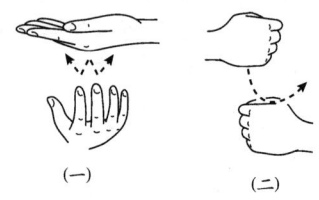

炼铁 liàntiě puddling

(一)同"炼钢"手势(一)。

(二)同"硫酸铁"手势(三)(见第 103 页之2)。

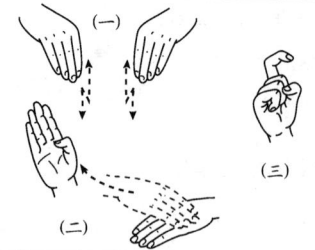

漂白剂 piǎobáijì bleacher

(一)双手五指撮合,指尖朝下,上下动两下。

(二)同"强碱"手势(三)(见第 100 页之3)。

(三)一手打手指字母"J"的指式。

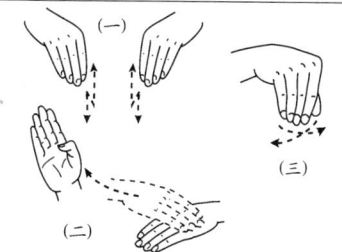
漂白粉 piǎobáifěn bleaching powder
（一）同"漂白剂"手势（一）（见第114页之5）。
（二）同"强碱"手势（三）（见第100页之3）。
（三）一手五指指尖朝下互捻两下。

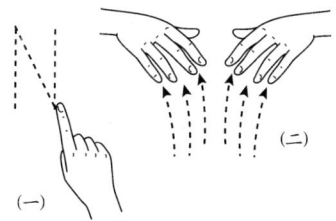
氮肥 dànféi nitrogenous fertilizer
（一）一手食指书空氮的化学符号"N"。
（二）双手平伸，手背向上，五指微曲，由下而上缓慢移动。

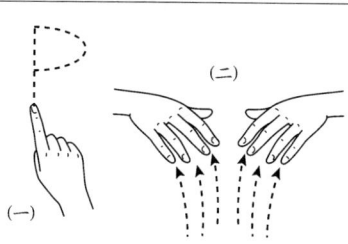
磷肥 línféi phosphate fertilizer
（一）同"磷"手势（见第102页之1）。
（二）同"氮肥"手势（二）

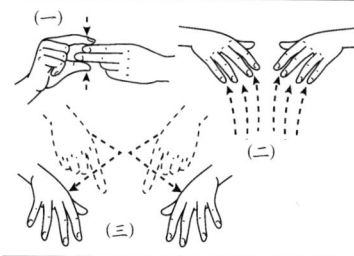
复合肥料 fùhéféiliào compound fertilizer
（一）左手打手指字母"F"的指式；右手拇、食指捏合左手食、中指。
（二）同"氮肥"手势（二）。
（三）同"碱性氧化物"手势（六）（见第101页之5）。

苏打 sūdá soda
（一）一手打手指字母"S"的指式。
（二）一手打手指字母"D"的指式。

小苏打　xiǎosūdá　saleratus

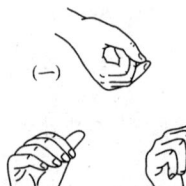

（一）一手拇、小指指尖相捏。
（二）同"苏打"手势（一）（见第 115 页之 5）。
（三）同"苏打"手势（二）。

3. 有机化学

有机化学　yǒujīhuàxué　organic chemistry

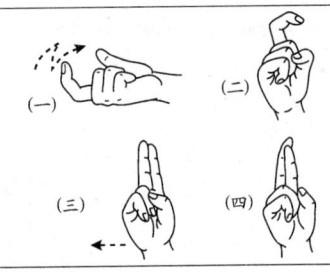

（一）一手伸拇、食指，掌心向上，然后食指弯动两下。
（二）一手打手指字母"J"的指式。
（三）一手打手指字母"H"的指式，横向微移一下。
（四）一手打手指字母"X"的指式。

氨基酸　ānjīsuān　amino acid

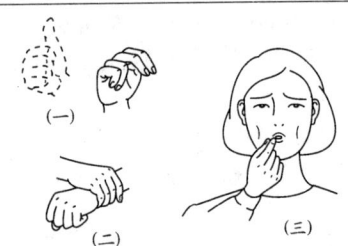

（一）一手连续打手指字母"A"和"N"的指式。
（二）左手握拳，手背向上；右手握住左手腕部。
（三）一手拇、食指相捏置于口边，腮向内缩，眉微蹙，如尝到酸味状。

甲烷　jiǎwán　firedamp

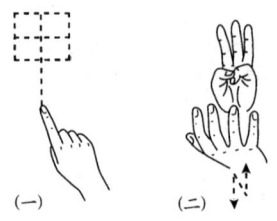

（一）一手食指书空"甲"字。
（二）左手打手指字母"W"的指式；右手五指弯曲，指尖朝上，在左手下上下动两下。

丙烷　bǐngwán　dimethylmethane

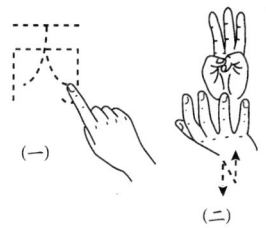

（一）一手食指书空"丙"字。
（二）同"甲烷"手势（二）（见第116页之5）。

丁烷　dīngwán　butane

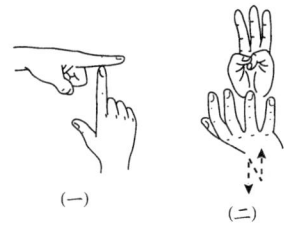

（一）左手食指与右手拇、食指搭成"丁"字形。
（二）同"甲烷"手势（二）。

戊烷　wùwán　pentane

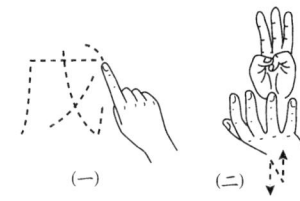

（一）一手食指书空"戊"字。
（二）同"甲烷"手势（二）。

芳香烃　fāngxiāngtīng　aromatic hydrocarbons

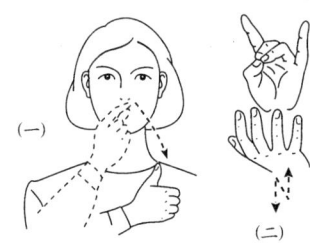

（一）一手拇、食指在鼻孔前捻动，然后伸出拇指。
（二）左手打手指字母"T"的指式；右手五指弯曲，指尖朝上，在左手下上下动两下。

苯　běn　benzene

一手打手指字母"B"的指式。

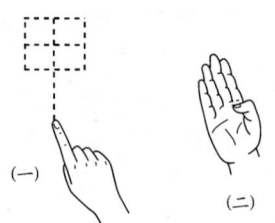

甲苯 jiǎběn toluene

（一）同"甲烷"手势（一）（见第116页之5）。

（二）一手打手指字母"B"的指式。

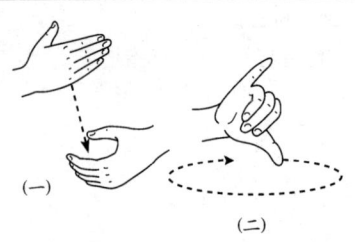

柴油 cháiyóu diesel oil

（一）左手成半圆形；右手侧立劈向左手虎口处。

（二）一手打手指字母"Y"的指式，拇指朝下，顺时针平行转一圈。

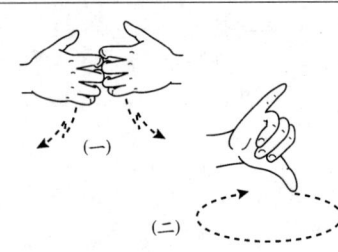

机油 jīyóu engine oil

（一）双手五指弯曲，食、中、无名、小指关节交替相触，并转动两下。

（二）同"柴油"手势（二）。

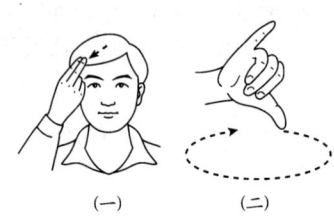

煤油 méiyóu kerosene

（一）一手打手指字母"H"的指式，并在头发上摸一下。

（二）同"柴油"手势（二）。

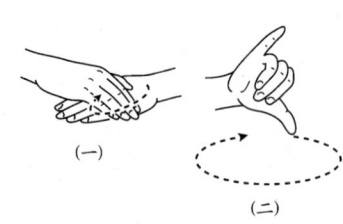

润滑油 rùnhuáyóu lube

（一）右手掌在左手背上轻轻摩擦。

（二）同"柴油"手势（二）。

二、化 学

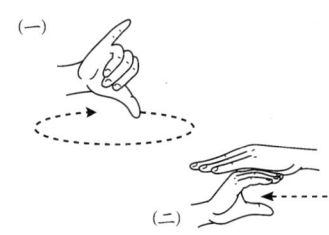

油脂 yóuzhī axunge
(一)同"柴油"手势(二)(见第118页之2)。
(二)左手横伸,掌心向下;右手五指成"]"形,贴于左手掌心下,并向指尖处移动。

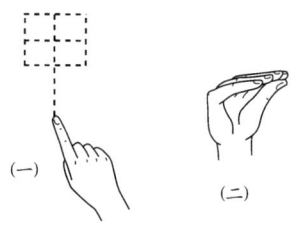

甲醇 jiǎchún carbinol
(一)同"甲烷"手势(一)(见第116页之5)。
(二)一手打手指字母"CH"的指式。

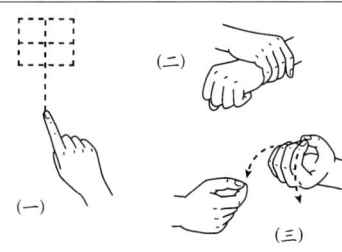

甲基橙 jiǎjīchéng helianthin B
(一)同"甲烷"手势(一)。
(二)同"氨基酸"手势(二)(见第116页之4)。
(三)左手虚握,掌心朝上;右手拇、食指相捏,沿左手指背向下扯,如剥橘子皮状。

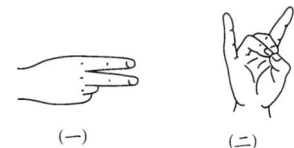

酚酞 fēntài phenolphthalein
(一)一手打手指字母"F"的指式。
(二)一手打手指字母"T"的指式。

乙酸 yǐsuān acetic acid
(一)一手食指书空"乙"字。
(二)同"氨基酸"手势(三)。

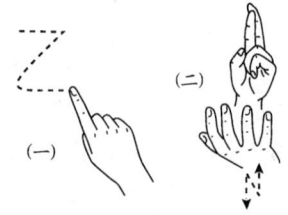

乙烯 yǐxī ethylene

（一）同"乙酸"手势（一）（见第119页之5）。

（二）左手打手指字母"X"的指式；右手五指弯曲，指尖朝上，在左手下上下动两下。

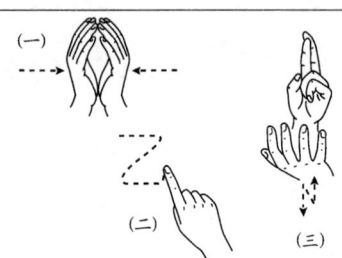

聚乙烯 jùyǐxī polyethylene

（一）双手直立，五指微曲，掌心相对，从两侧向中间合拢。

（二）同"乙酸"手势（一）。

（三）同"乙烯"手势（二）。

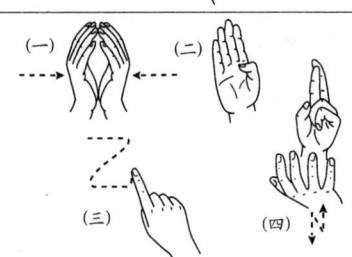

聚苯乙烯 jùběnyǐxī polystyrene

（一）同"聚乙烯"手势（一）

（二）一手打手指字母"B"的指式。

（三）同"乙酸"手势（一）。

（四）同"乙烯"手势（二）。

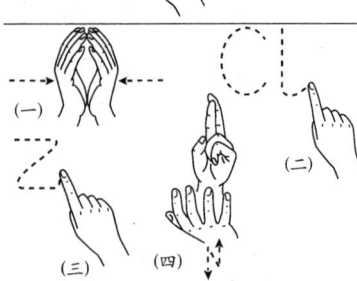

聚氯乙烯 jùlǜyǐxī polyvinyl chloride（PVC）

（一）同"聚乙烯"手势（一）。

（二）一手食指书空氯的化学符号"Cl"。

（三）同"乙酸"手势（一）。

（四）同"乙烯"手势（二）。

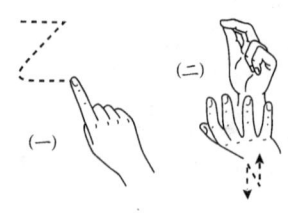

乙炔 yǐquē acetylene

（一）同"乙酸"手势（一）。

（二）左手打手指字母"Q"的指式；右手五指弯曲，指尖朝上，在左手下上下动两下。

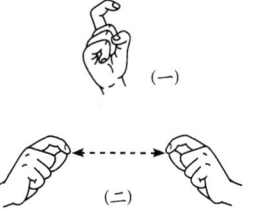

腈纶　jīnglún　nitrilon
（一）一手打手指字母"J"的指式。
（二）双手拇、食指相捏，从中间向两侧拉开。

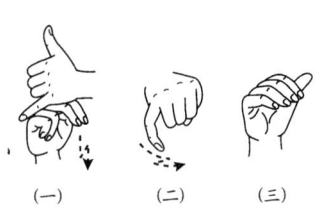

尿素　niàosù　carbamide
（一）左手伸拇、小指；右手打手指字母"N"的指式置于左手下，然后向下晃动两下。
（二）一手伸小指，然后弯动两下。
（三）一手打手指字母"S"的指式。
［手势（一）为通用手势，手势（二）为聋人习惯手势，使用时可选择其中一个动作］

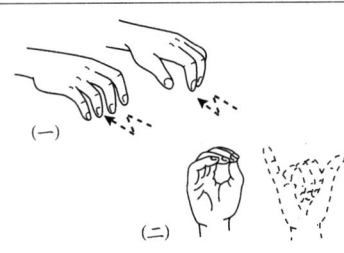

农药　nóngyào　pesticide
（一）双手五指微曲，掌心向下，一前一后，向后移动两下，如耙田状。
（二）一手打手指字母"Y"和"O"的指式。

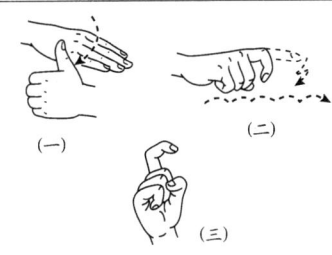

杀虫剂　shāchóngjì　insecticide
（一）左手伸拇指；右手五指并拢，掌心向下，向左手拇指背砍一下。
（二）一手食指横伸，边弯曲边向前移动，如昆虫爬行状。
（三）一手打手指字母"J"的指式。

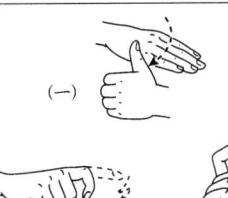

杀菌剂　shājūnjì　antiseptic
（一）同"杀虫剂"手势（一）。
（二）一手食指横伸，弯曲两下。
（三）一手打手指字母"J"的指式。

石蜡 shílà olefin

（一）左手握拳,手背向上;右手食、中指弯曲,以指背关节在左手背上敲两下。

（二）一手打手指字母"L"的指式。

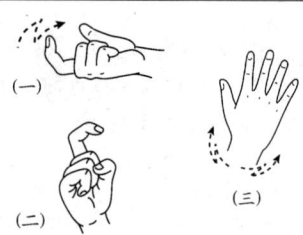

有机玻璃 yǒujībōlí plexiglass

（一）同"有机化学"手势（一）（见第116页之3）。

（二）一手打手指字母"J"的指式。

（三）一手直立,五指分开,掌心向内,腕部微微晃动两下。

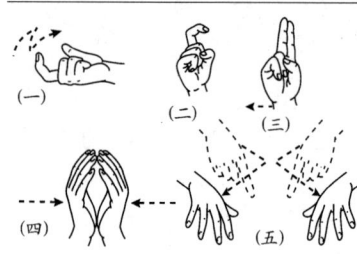

有机化合物 yǒujīhuàhéwù organic compound

（一）同"有机化学"手势（一）。

（二）一手打手指字母"J"的指式。

（三）同"有机化学"手势（三）。

（四）同"聚乙烯"手势（一）（见第120页之2）

（五）双手食指指尖朝前,先互碰一下,然后向两侧分开并张开五指。

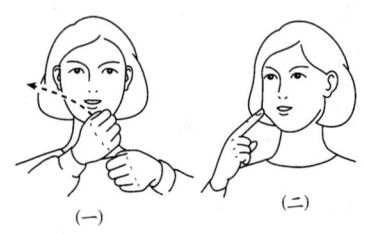

蔗糖 zhètáng cane sugar

（一）双手虚握,一上一下,如持甘蔗,放在嘴边向上移动,如啃甘蔗皮动作。

（二）一手食指指腮部,舌头同时顶住腮部,使腮部凸起。

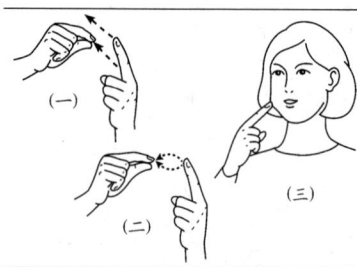

麦芽糖 màiyátáng malt dust

（一）左手食指直立微曲;右手拇、食指相捏,从左手食指根部向斜上方移动两下,如麦芒状。

（二）右手食指直立;左手拇、食指在右手食指尖处仿一个小叶子形状。

（三）同"蔗糖"手势（二）。

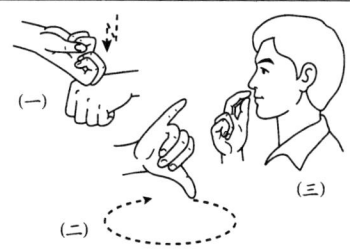

石油气 shíyóuqì　petroleum gas

（一）同"石蜡"手势（一）（见第122页之1）。

（二）同"柴油"手势（二）（见第118页之2）。

（三）一手打手指字母"Q"的指式，指尖朝内置于鼻孔处。

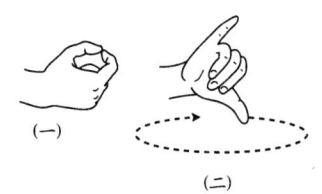

原油 yuányóu　base oil

（一）一手拇、食指捏成圆圈。

（二）同"柴油"手势（二）。

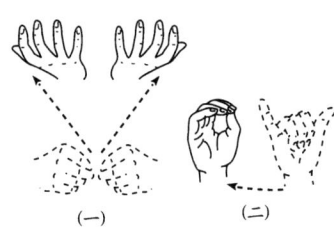

炸药 zhàyào　explosive

（一）双手五指撮合，指尖相对，然后迅速向上弹起并放开五指，象征炸药爆炸。

（二）同"农药"手势（二）（见第121页之3）。

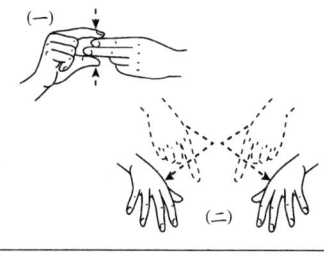

复合材料 fùhécáiliào　composite material

（一）左手打手指字母"F"的指式，右手拇、食指捏合左手食、中指。

（二）同"有机化合物"手势（二）（见第122页之3）。

三、生命科学

1.一般词汇

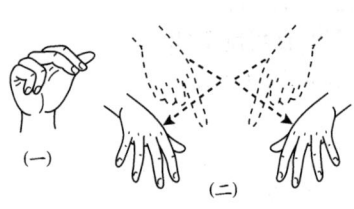

生物 shēngwù biology
（一）一手打手指字母"SH"的指式。
（二）双手食指指尖朝前，先互碰一下，再向两侧分开，并张开五指。

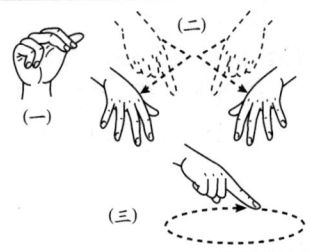

生物圈 shēngwùquān biosphere
（一）一手打手指字母"SH"的指式。
（二）同"生物"手势（二）。
（三）一手食指指尖朝下划一大圈。

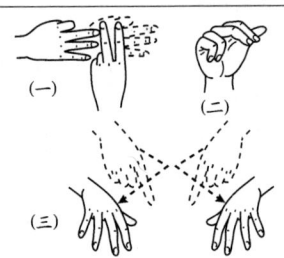

非生物 fēishēngwù non-biology
（一）左手食、中指直立分开，手背向外；右手中、无名、小指横伸，在左手食、中指两侧各划一下，仿"非"字形。
（二）一手打手指字母"SH"的指式。
（二）同"生物"手势（二）。

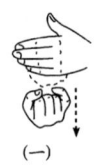 

生理 shēnglǐ physiology
（一）左手横立，手背向外，五指微曲；右手五指蜷曲，手背向下，先置于左手掌内，再移出左手外。
（二）一手打手指字母"L"的指式。

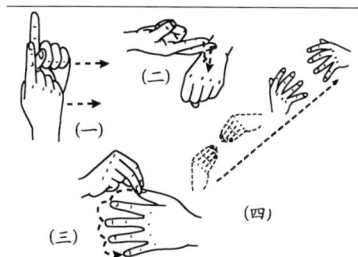

伴性遗传 bànxìngyíchuán sex-linked heredity
(一)双手食指直立,同时向前移动。
(二)左手握拳,手背向上;右手伸食、中指,用指背弹击两下左手背。
(三)左手横立,五指分开;右手拇、食、中指撮合,自左手拇指起依次向下移动,象征代代相传。
(四)双手五指尖斜向相对,边向斜下方移动边张开五指。

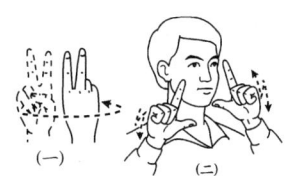

变态 biàntài metamorphosis
(一)一手食、中直立并分开,由掌心向外翻转为掌心向内。
(二)双手拇、食指成"L"形,置于脸颊两侧并上下交替动两下。

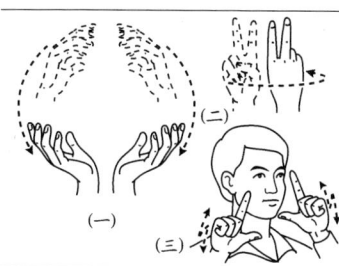

完全变态 wánquánbiàntài holometabolism
(一)双手五指微曲,自上而下做弧形移动。
(二)同"变态"手势(一)。
(三)同"变态"手势(二)。

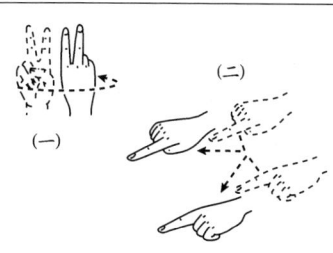

变异 biànyì variation
(一)同"变态"手势(一)。
(二)双手伸食指,指尖朝前,先互碰一下,再分别向两侧移动。

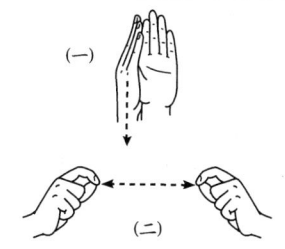

侧线 cèxiàn lateral line
(一)左手直立,掌心向外;右手直立,掌心贴着左手拇指从上向下动一下。
(二)双手拇、食指指尖相捏,从中间向两侧拉开。

单循环 dānxúnhuán single cycle

（一）一手食指直立，贴于胸前并向上微微移动。

（二）一手伸食指，在胸腹部划两圈。

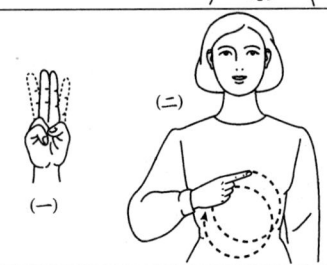

双循环 shuāngxúnhuán two-cycle

（一）一手食、中指直立分开，然后并拢。

（二）同"单循环"手势（二）。

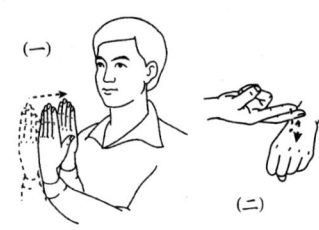

显性 xiǎnxìng dominant

（一）双手并排直立，掌心向内，然后左手不动，右手向内移动一下。

（二）同"伴性遗传"手势（二）（见第125页之1）。

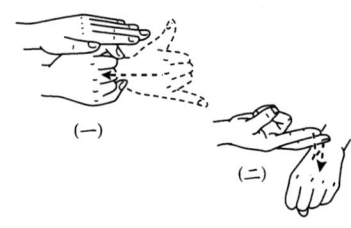

隐性 yǐnxìng recessive

（一）左手平伸，掌心向下；右手伸拇、小指，边向左手掌下移动边蜷曲拇、小指。

（二）同"伴性遗传"手势（二）。

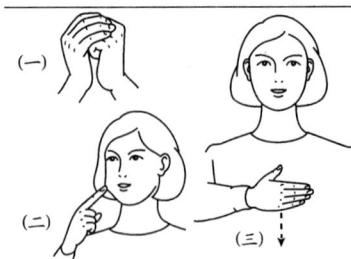

核糖体 hétángtǐ ribosome

（一）双手直立抱拳。

（二）一手食指指腮部，舌头同时顶住腮部，使腮部凸起。

（三）一手掌贴于胸部并向下移动。

核酸 hésuān nucleic acid
（一）同"核糖体"手势（一）（见第 126 页之 5）。
（二）一手拇、食指相捏置于口边,腮向内缩,眉微蹙,如尝到酸味状。

核糖核酸 hétánghésuān ribonucleic acid (RNA)
（一）同"核糖体"手势（一）。
（二）同"核糖体"手势（二）。
（三）同"核糖体"手势（一）。
（四）同"核酸"手势（二）。

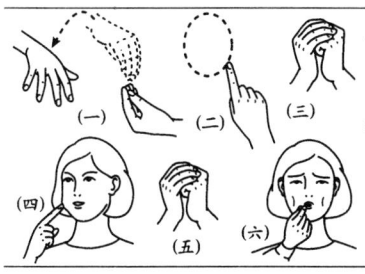

脱氧核糖核酸 tuōyǎnghétánghésuān deoxyribonucleic acid(DNA)
（一）左手五指撮合,指尖朝上;右手五指捏一下左手指尖,然后向外一甩。
（二）一手食指书空氧的元素符号"O"。
（三）同"核糖体"手势（一）。
（四）同"核糖体"手势（二）。
（五）同"核糖体"手势（一）。
（六）同"核酸"手势（二）。

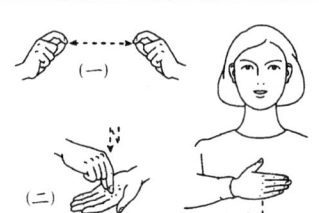

线粒体 xiànlìtǐ mitochondria
（一）同"侧线"手势（二）（见第 125 页之 5）。
（二）左手平伸;右手拇、食指相捏,在左手掌心上点动两下。
（三）同"核糖体"手势（三）。

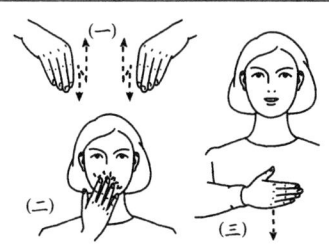

染色体 rǎnsètǐ chromosome
（一）双手五指撮合,指尖向下,上下动两下。
（二）一手五指分开,在嘴唇处交替动两下。
（三）同"核糖体"手势（三）。

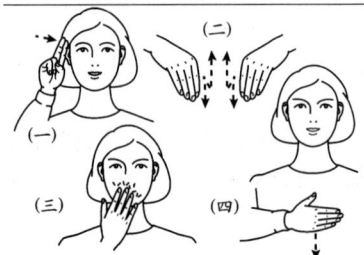

常染色体 chángrǎnsètǐ autosome

（一）一手食、中指并拢直立，朝太阳穴处碰一下。
（二）同"染色体"手势（一）（见第127页之5）。
（三）同"染色体"手势（二）。
（四）同"核糖体"手势（三）（见第126页之5）。

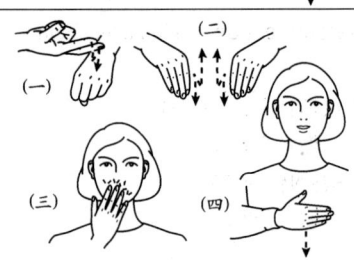

性染色体 xìngrǎnsètǐ sex chromosome

（一）同"伴性遗传"手势（二）（见第125页之1）。
（二）同"染色体"手势（一）。
（三）同"染色体"手势（二）。
（四）同"核糖体"手势（三）。

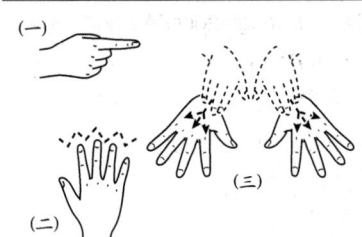

减数分裂 jiǎnshùfēnliè meiosis

（一）一手食指横伸，表示减。
（二）一手直立，掌心向内，五指分开，手指微微抖动几下。
（三）双手平伸，五指并拢，掌心向下，然后五指迅速放开，如裂开状。

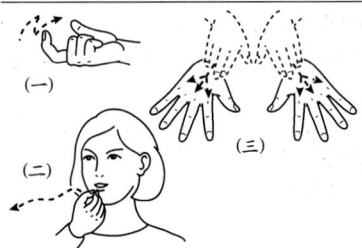

有丝分裂 yǒusīfēnliè mitosis

（一）一手伸拇食指，掌心向上，然后食指弯动两下。
（二）一手拇、食指相捏，从口边向外做波纹状移动，如蚕吐丝状。
（三）同"减数分裂"手势（三）。

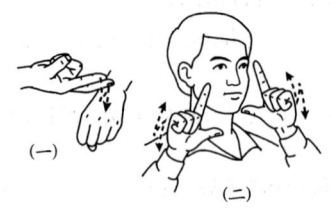

性状 xìngzhuàng characters

（一）同"伴性遗传"手势（二）
（二）同"变态"手势（二）（见第125页之2）。

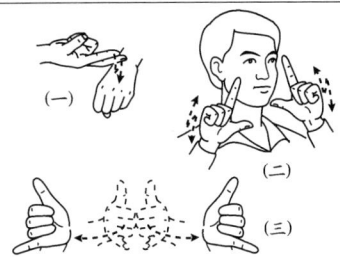

性状分离 xìngzhuàngfēnlí character segregating

（一）同"伴性遗传"手势（二）（见第125页之1）。

（二）同"变态"手势（二）（见第125页之2）。

（三）双手伸出拇、小指，手腕先相贴，然后向两侧移开。

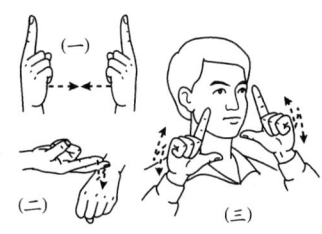

相对性状 xiāngduìxìngzhuàng relative character

（一）双手食指直立，指面相对，然后同时从两侧向中间微动一下。

（二）同"伴性遗传"手势（二）。

（三）同"变态"手势（二）。

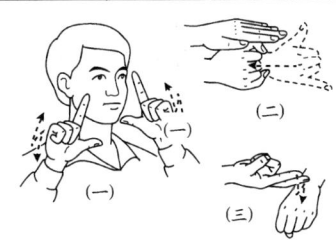

性状隐性 xìngzhuàngyǐnxìng recessive form

（一）同"变态"手势（二）。

（二）同"隐性"手势（一）（见第126页之4）。

（三）同"伴性遗传"手势（二）。

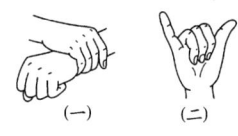

基因 jīyīn gene

（一）左手握拳，手背向上；右手握住左手腕部。

（二）一手打手指字母"Y"的指式。

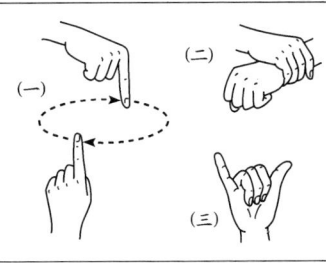

转基因 zhuǎnjīyīn transgenic

（一）双手伸食指，指尖相对，一上一下，然后做平行转动。

（二）同"基因"手势（一）。

（三）一手打手指字母"Y"的指式。

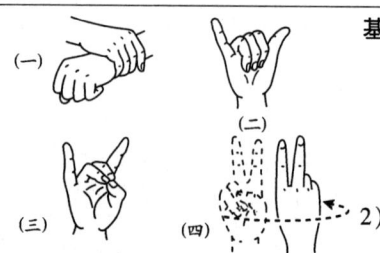

基因突变 jīyīntūbiàn gene mutation
（一）同"基因"手势（一）（见第129页之4）。
（二）一手打手指字母"J"的指式。
（三）一手打手指字母"T"的指式。
（四）同"变态"手势（一）（见第125页之2）。

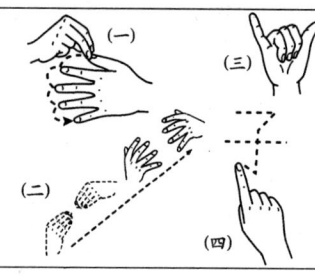

遗传因子 yíchuányīnzǐ genetic factors
（一）同"伴性遗传"手势（三）（见第125页之1）。
（二）同"伴性遗传"手势（四）。
（三）一手打手指字母"J"的指式。
（四）一手食指书空"子"字。

胚（胚胎） pēi(pēitāi) embryo

左手横伸，掌心向上；右手拇、小指蜷曲，手背贴于左手掌心上。

胚根 pēigēn radicle
（一）同"胚"手势。
（二）左手五指张开，指尖朝下；右手握住左手腕。

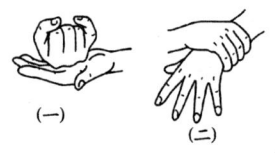

胚乳 pēirǔ endosperm
（一）同"胚"手势。
（二）一手五指微曲，指尖朝内，罩于胸部，仿乳房状。

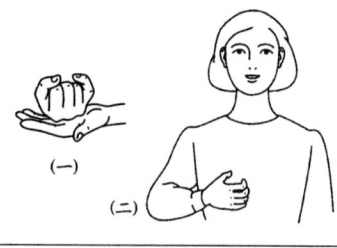

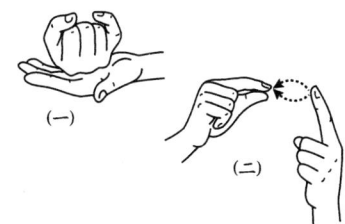

胚芽 pēiyá germ
（一）同"胚"手势（见第 130 页之 3）。
（二）右手食指直立；左手拇、食指在右手食指尖处仿一个小叶子的形状。

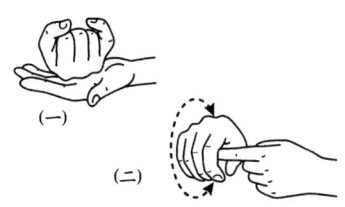

胚轴 pēizhóu hypocotyl
（一）同"胚"手势。
（二）左手食指横伸；右手五指虚握，套入左手食指并转动两下。

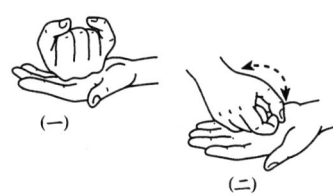

胚珠 pēizhū ovule
（一）同"胚"手势。
（二）左手横伸，掌心向上；右手拇、食指捏成圆圈，在左手掌心上微晃两下。

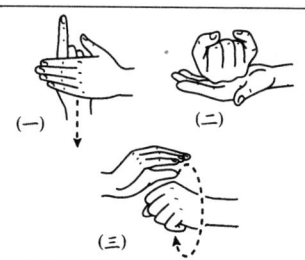

内胚层 nèipēicéng endoderm
（一）左手横立；右手食指直立，由上向下移入左手掌内。
（二）同"胚"手势。
（三）左手握拳，手背向上；右手五指成"]"形，绕左手半圈。

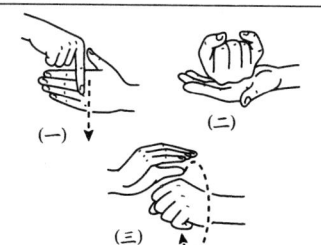

外胚层 wàipēicéng ectoderm
（一）左手横立；右手伸食指，在左手外向下指一下。
（二）同"胚"手势。
（三）同"内胚层"手势（三）。

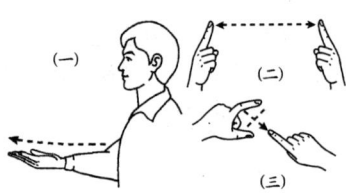

伸长区 shēnchángqū elongation zone

（一）一手平伸，掌心向上，然后手臂向前伸出。

（二）双手食指直立，指面相对，从中间向两侧拉开。

（三）左手拇、食指成"匚"形；右手食指在"匚"形中书空"×"，仿"区"字形。

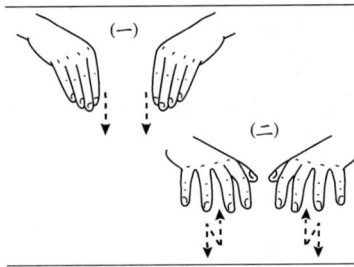

浸泡 jìnpào soak

（一）双手五指撮合，指尖朝下移动一下。

（二）双手五指微曲张开，指尖朝下，同时按动两下。

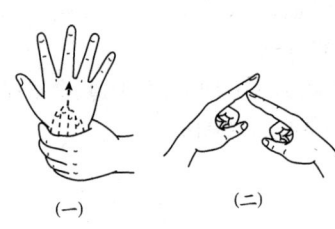

生产者 shēngchǎnzhě producer

（一）左手成半圆形，虎口朝上；右手五指撮合，指尖朝上，边从左手虎口内伸出，边放开五指。

（二）双手食指搭成"人"字形。

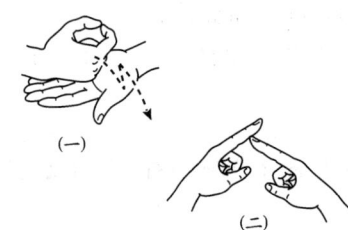

消费者 xiāofèizhě consumer

（一）左手横伸，掌心向上；右手拇、食指捏成圆圈，置于左手掌心上，向外甩动两次。

（二）同"生产者"手势（二）。

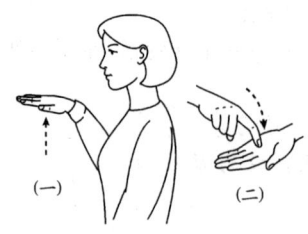

生长点 shēngzhǎngdiǎn growing point

（一）一手平伸，掌心向下，往上缓慢移动，表示长大。

（二）左手横伸，掌心向上；右手食指在左手掌心上点一下。

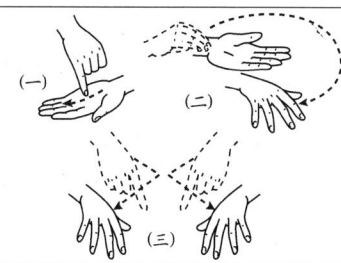

污染物 wūrǎnwù pollutant
（一）左手平伸，掌心向上；右手伸小指在左手掌心上划一下。
（二）左手平伸，掌心向上；右手五指撮合置于左手脉门处，然后边向外做弧形移动边放开五指，表示疾病传播。
（三）同"生物"手势（二）（见第 124 页之 2）。

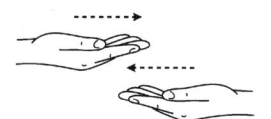

输送 shūsòng transportation
双手横伸，掌心向上，五指微曲，从两侧向中间交错移动，如运输车辆来往。

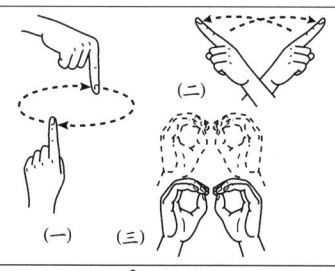

转换器 zhuǎnhuànqì converter
（一）同"转基因"手势（一）（见第 129 页之 5）。
（二）双手食指直立，然后左右交叉互换位置。
（三）双手五指相捏，置于眼前，然后向下移动一下。（此为台湾手语）

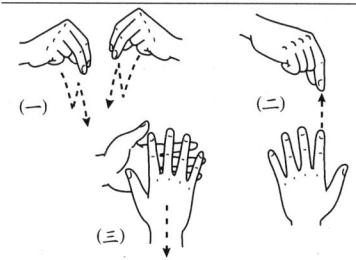

检索表 jiǎnsuǒbiǎo key
（一）双手拇、食、中指相捏，指尖朝下，上下交替移动两下。
（二）左手直立，掌心向内，五指分开；右手拇、食指先捏一下左手食指，然后向上一提。
（三）双手五指分开，一横一竖搭成方格形，然后左手不动，右手向下移。

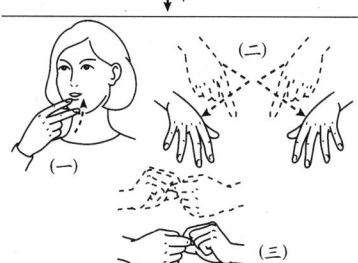

食物链 shíwùliàn food chain
（一）一手伸食、中指做吃饭动作。
（二）同"生物"手势（二）。
（三）双手拇、食指互相套环，反复两次。

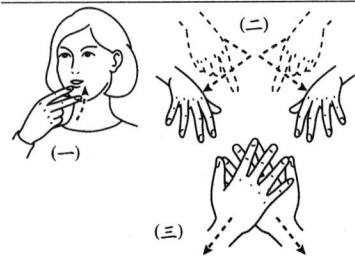

食物网 shíwùwǎng food network

（一）同"食物链"手势（一）（见第 133 页之 5）。

（二）同"生物"手势（二）（见第 124 页之 2）。

（三）双手五指分开，交叉相叠，手背向外，然后向斜下方微移一下。

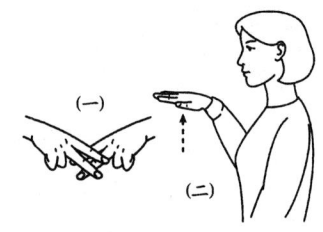

共生 gòngshēng symbiosis

（一）双手食、中指搭成"共"字形。

（二）同"生长点"手势（一）（见第 132 页之 5）。

2. 动　物

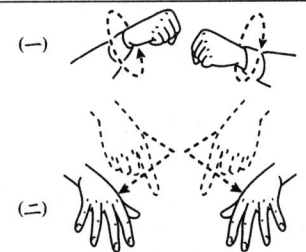

动物 dòngwù animal

（一）双手握拳屈肘，前后交替转动两下。

（二）双手食指指尖朝前，先互碰一下，再向两侧分开，并张开五指。

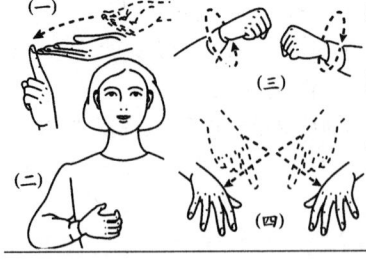

哺乳动物 bǔrǔdòngwù mammal

（一）左手食指直立；右手五指撮合，掌心向上，边向左手食指移动边张开五指。

（二）一手五指微曲，指尖朝内，罩于胸部，仿乳房状。

（三）同"动物"手势（一）。

（四）同"动物"手势（二）。

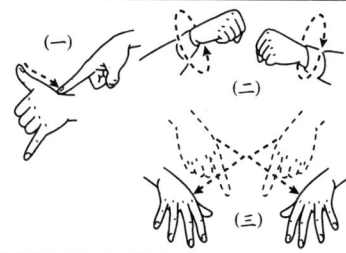

脊椎动物 jǐzhuīdòngwù vertebrate
(一)左手伸拇、小指;右手伸食指,沿左手拇指指背向下划动。
(二)同"动物"手势(一)(见第134页之4)。
(三)同"动物"手势(二)。

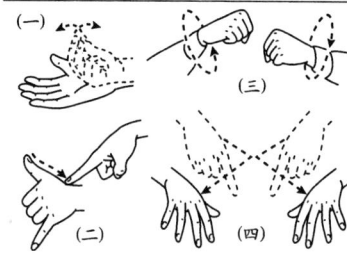

无脊椎动物 wújǐzhuīdòngwù invertebrates
(一)一手拇、食、中指指尖朝上,互捻一下,然后手伸开。
(二)同"脊椎动物"手势(一)。
(三)同"动物"手势(二)。
(四)同"动物"手势(二)。

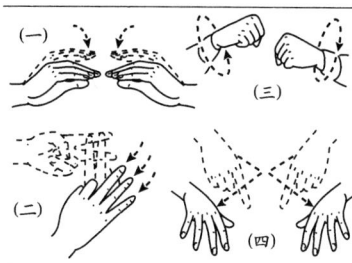

扁形动物 biǎnxíngdòngwù platyhelminthes
(一)双手拇指与四指相对成"[ ]"形,指尖相对,然后五指并拢。
(二)双手食、中指搭成"开"字形,然后左手不动,右手伸出中、无名、小指,在左手旁书空"彡",仿"形"字形。
(三)同"动物"手势(一)。
(四)同"动物"手势(二)。

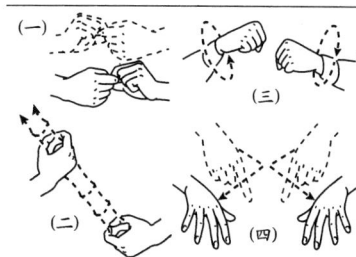

环节动物 huánjiédòngwù annelid
(一)双手拇、食指捏成小圆圈,相互套环,反复两次。
(二)双手拇、食指捏成圆圈,上下相叠,左手在下不动,右手一顿一顿向上移动。
(三)同"动物"手势(一)。
(四)同"动物"手势(二)。

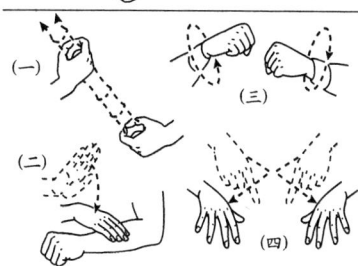

节肢动物 jiézhīdòngwù arthropod
(一)同"环节动物"手势(二)。
(二)左手抬起;右手拍一下左前臂。
(三)同"动物"手势(一)。
(四)同"动物"手势(二)。

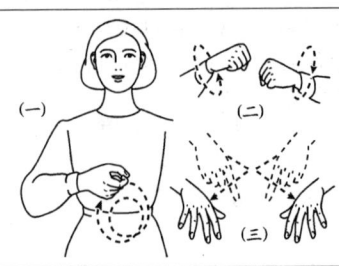

腔肠动物 qiāngchángdòngwù coelenterate

（一）一手拇、食指捏成圆圈，在腹部转两圈。

（二）同"动物"手势（一）（见第 134 页之 4）。

（三）同"动物"手势（二）。

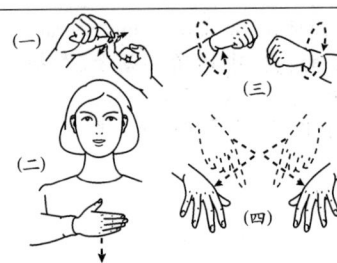

软体动物 ruǎntǐdòngwù mollusc

（一）左手伸出食指；右手拇、食指捏住左手食指，轻轻扳动两下，左手食指随之弯曲。

（二）一手掌贴于胸部并向下移动。

（三）同"动物"手势（一）。

（四）同"动物"手势（二）。

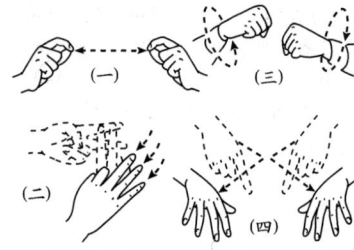

线形动物 xiànxíngdòngwù linear animal

（一）双手拇、食指指尖相捏，从中间向两侧拉开，如一条细线。

（二）同"扁形动物"手势（二）（见第 135 页之 3）。

（三）同"动物"手势（一）。

（四）同"动物"手势（二）。

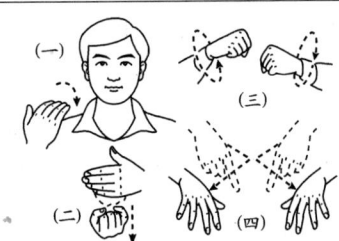

原生动物 yuánshēngdòngwù protozoa

（一）一手直立，掌心向内，向肩后挥动一下。

（二）左手横立，手背向外，五指微曲；右手五指蜷曲，手背向下，先置于左手掌内，再移出左手外。

（三）同"动物"手势（一）。

（四）同"动物"手势（二）。

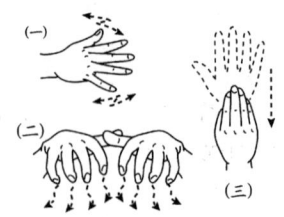

多足类 duōzúlèi myriapoda

（一）一手侧立，五指分开，向外微微抖动两下。

（二）双手拇指相搭，其他手指弯曲，指尖朝下，缓缓蠕动。

（三）一手五指微曲张开，指尖朝上，边向下移动边撮合五指。

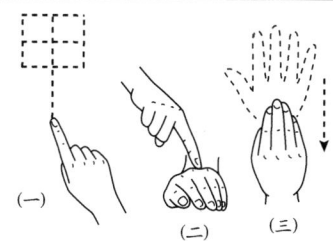

甲壳类 jiǎqiàolèi crustaceans

(一)一手食指书空"甲"字。

(二)左手五指微曲,掌心向下;右手食指点一下左手背。

(三)同"多足类"手势(三)(见第136页之5)。

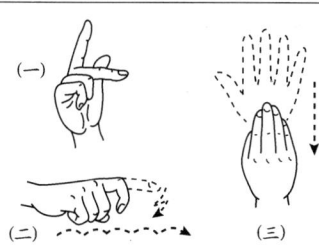

昆虫类 kūnchónglèi insects

(一)一手打手指字母"K"的指式。

(二)一手食指横伸,边弯曲边向前移动,如昆虫爬行状。

(三)同"多足类"手势(三)。

两栖类 liǎngqīlèi amphibians

(一)一手食、中指直立分开,掌心向外。

(二)两手交叉贴于胸部。

(三)同"多足类"手势(三)。

鸟类 niǎolèi birds

(一)一手拇、食指先捏成尖形,手背贴于嘴上,指尖开合两下;然后双手侧伸,掌心向下,扇动两下。

(二)同"多足类"手势(三)。

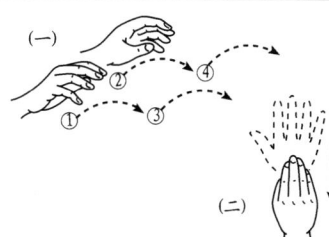

爬行类 páxínglèi reptile

(一)双手平伸,五指张开,交替向前做爬行状。

(二)同"多足类"手势(三)。

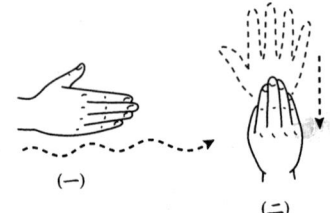

鱼类 yúlèi fish

（一）右手横立,手背向外,向一侧做曲线形移动,如鱼游动状。

（二）同"多足类"手势（三）（见第 136 页之 5）。

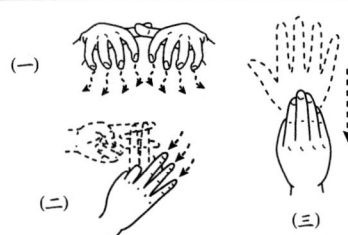

蛛形类 zhūxínglèi arachnida

（一）同"多足类"手势（二）。

（二）同"扁形动物"手势（二）（见第 135 页之 3）。

（三）同"多足类"手势（三）。

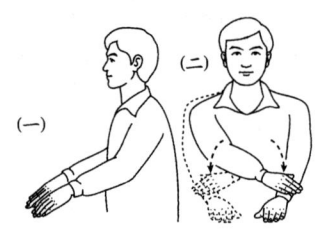

前肢 qiánzhī forelimb

（一）双手臂向前自然伸出。

（二）双手互拍一下前臂。

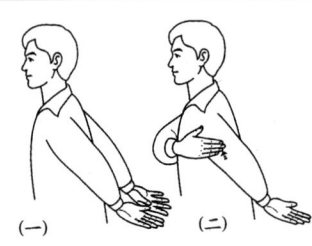

后肢 hòuzhī hind legs

（一）双手臂向后自然伸出。

（三）双手互拍一下上臂。

附肢 fùzhī appendage

（一）双手伸拇指,然后右手拇指靠向左手拇指。

（二）同"节肢动物"手势（二）（见第 135 页之 5）。

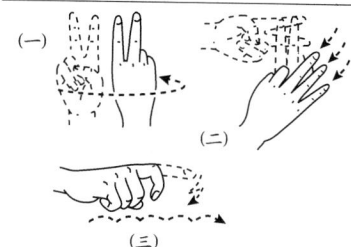

变形虫 biànxíngchóng amoeba

（一）一手食、中直立并分开，由掌心向外翻转为掌心向内。

（二）同"扁形动物"手势（二）（见第135页之3）。

（三）同"昆虫类"手势（二）（见第137页之2）。

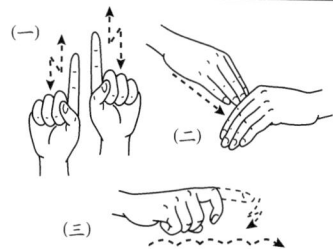

草履虫 cǎolǚchóng paramecium

（一）双手食指直立，手背向内，上下交替动两下，表示丛生的野草。

（二）左手五指微曲，掌心向下；右手五指并拢，掌心向下插入左手，如穿鞋状。

（三）同"昆虫类"手势（二）。

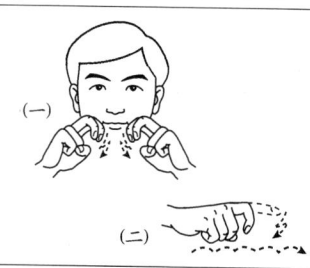

蝗虫 huángchóng locust

（一）双手食、中指弯曲如钩，贴在嘴角两边，微动两下，如蝗虫的嘴。

（二）同"昆虫类"手势（二）。

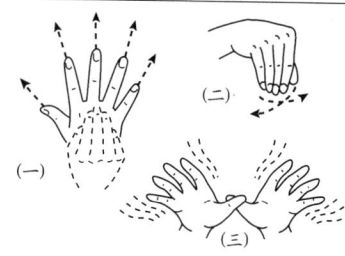

菜粉蝶 càifěndié cabbage butterfly

（一）一手五指撮合，指尖朝上，然后边向上移动边张开五指。

（二）一手五指指尖朝下互捻两下。

（三）双手拇指交叉相搭，其余手指扇动，如双翅飞行状。

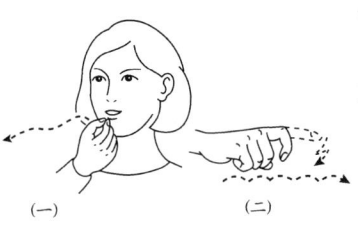

蚕 cán silkworm

（一）一手拇、食指相捏，从嘴边向外拉动，如蚕吐丝状。

（二）同"昆虫类"手势（二）。

蛾 é moth

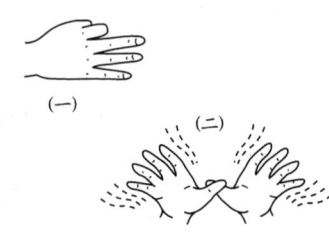

(一)一手打手指字母"E"的指式。
(二)同"菜粉蝶"手势(三)(见第 139 页之 4)。

白暨豚 báijìtún Baiji

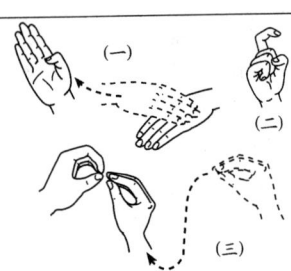

(一)左手横伸,掌心向下;右手掌摸一下左手背,然后打手指字母"B"的指式。
(二)一手打手指字母"J"的指式。
(三)左手五指捏成圆形,表示球;右手五指撮合成尖形,向左做"U"形移动并抵住左手。

龟(乌龟) guī(wūguī) turtle

右手伸拇指,手背向上;左手盖住右手背,右手拇指向外伸缩几次,仿龟头伸缩状。

鳖(甲鱼) biē(jiǎyú) turtle

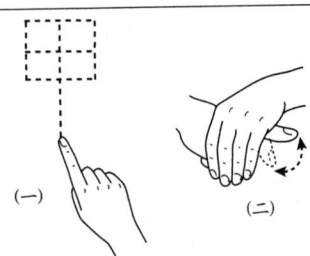

(一)一手食指书空"甲"字。
(二)同"龟"手势。

鳊鱼 biānyú bream

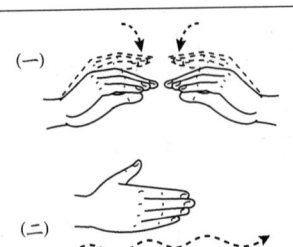

(一)同"扁形动物"手势(一)(见第 135 页之 3)。
(二)同"鱼类"手势(一)(见第 138 页之 1)。

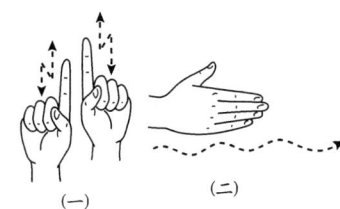

草鱼 cǎoyú grass carp

（一）同"草履虫"手势（一）（见第139页之2）。

（二）同"鱼类"手势（一）（见第138页之1）。

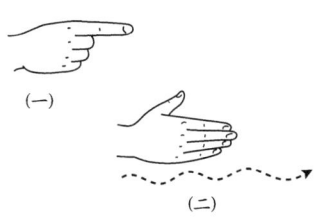

鳜鱼 guìyú mandarin fish

（一）一手打手指字母"G"的指式。

（二）同"鱼类"手势（一）。

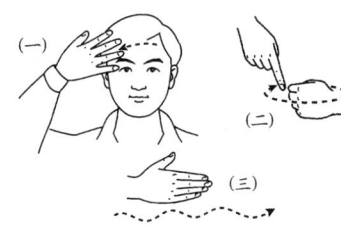

热带鱼 rèdàiyú tropical fish

（一）一手五指分开，从额头向面颊部一抹，如流汗状。

（二）左手握拳，虎口朝上，象征地球；右手食指沿左手中、无名指骨节处绕转一圈，表示热带。

（三）同"鱼类"手势（一）。

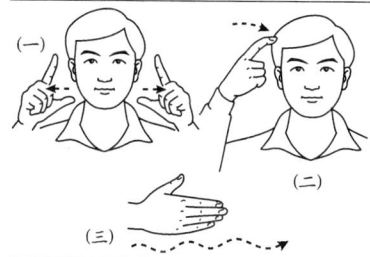

胖头鱼（鳙鱼） pàngtóuyú（yōngyú） bighead carp

（一）双手拇食指成"└"形，置于两颊处，然后同时向两侧移动。

（二）一手食指指一下头部。

（三）同"鱼类"手势（一）。

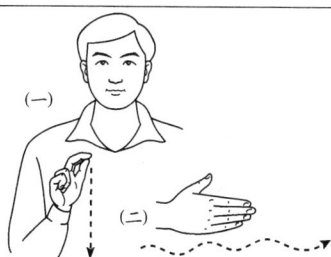

青鱼 qīngyú herring

（一）一手打手指字母"Q"的指式，并沿胸的一侧划下。

（二）同"鱼类"手势（一）。

章鱼 zhāngyú octopus
　　双手五指微曲张开,掌心向下,左手置于右手上,右手五指交替点动几下。

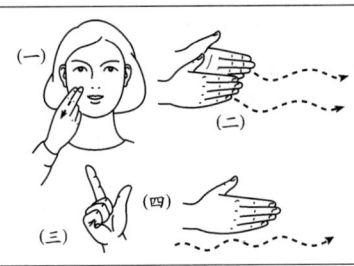

黄河鲤 huánghélǐ Yellow River carp
　　(一)一手打手指字母"H"的指式,并摸一下脸颊。
　　(二)双手侧立,掌心相对,相距约20厘米,向前做曲线形移动。
　　(三)一手打手指字母"L"的指式。
　　(四)同"鱼类"手势(一)(见第138页之1)。

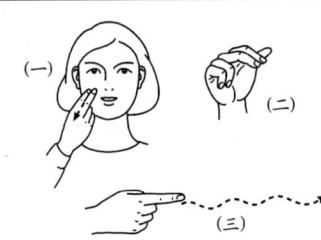

黄鳝 huángshàn Monopterus alba
　　(一)同"黄河鲤"手势(一)。
　　(二)一手打手指字母"SH"的指式。
　　(三)右手食指横伸,向前弯曲移动,如鳝鱼游动状。

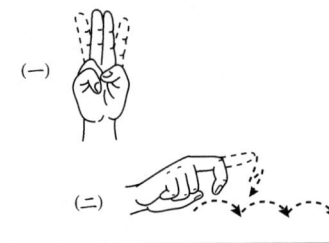

对虾 duìxiā prawns
　　(一)双手食指直立分开,然后并拢。
　　(二)一手食指弯曲一下,并向外弹跳,仿虾跳动状。

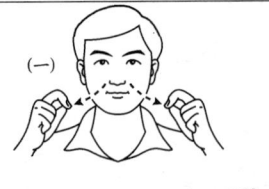

龙虾 lóngxiā lobster
　　(一)双手拇、食指相捏,从鼻下两侧向外移动,象征龙的两条长须。
　　(二)同"对虾"手势(二)。

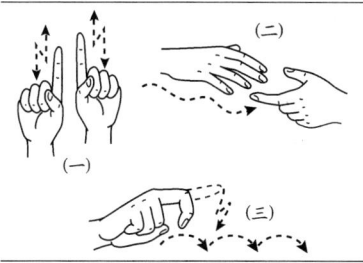

沼虾 zhǎoxiā Macrobrachium

（一）同"草履虫"手势（一）（见第139页之2）。

（二）左手拇、食指张成半圆形，虎口朝上；右手横伸，掌心向下，由右向左做波纹状移动。

（三）同"对虾"手势（二）（见第142页之4）。

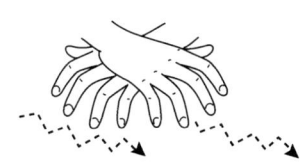

螃蟹 pángxiè crab

双手五指弯曲分开，指尖朝下，腕部交叉相叠，手指灵活点动，并横向移动，仿蟹爬行状。

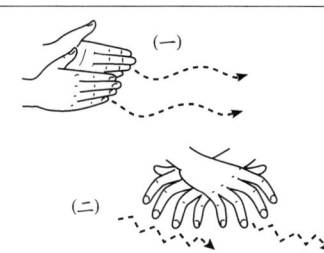

河蟹 héxiè river crab

（一）同"黄河鲤"手势（二）（见第142页之2）。

（二）同"螃蟹"手势。

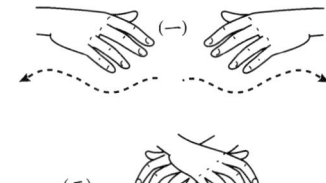

海蟹 hǎixiè sea crab

（一）双手横伸，掌心向下，同时向两侧做波浪形移动，动作幅度要大。

（二）同"螃蟹"手势。

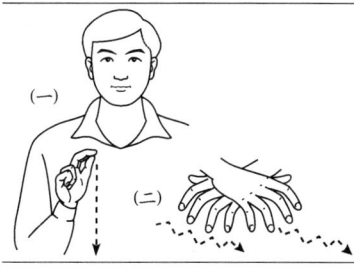

青蟹 qīngxiè blue crab

（一）同"青鱼"手势（一）（见第141页之5）。

（二）同"螃蟹"手势。

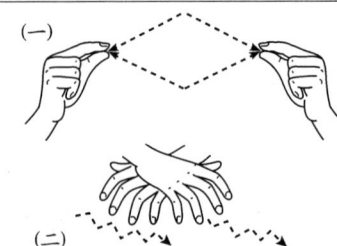

梭子蟹 suōzixiè swimming crab

(一)双手拇、食指成"<>"形,指尖相对,边向两侧移动边合拢。

(二)同"螃蟹"手势(见第143页之2)。

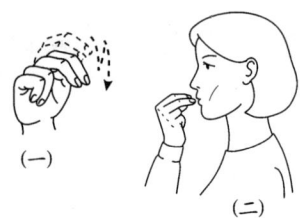

泥螺 níluó mud snail

(一)一手打手指字母"N"的指式,然后食、中指弯动两下。

(二)一手拇、食、中指并拢,放在嘴部吮吸。

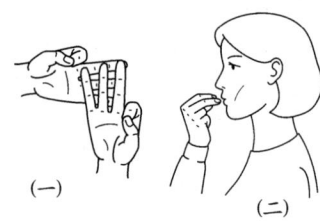

田螺 tiánluó river snail

(一)双手食、中、无名指搭成"田"字形。

(二)同"泥螺"手势(二)。

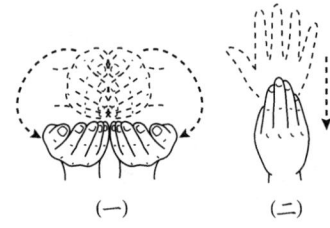

贝类 bèilèi shellfish

(一)双手侧立,掌心相合,然后向左右打开,仿蚌壳开闭之状。

(二)同"多足类"手势(三)(见第136页之5)。

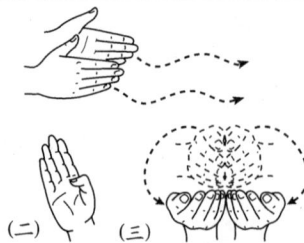

河蚌 hébàng mussel

(一)同"黄河鲤"手势(二)(见第142页之2)。

(二)一手打手指字母"B"的指式。

(三)同"贝类"手势(一)。

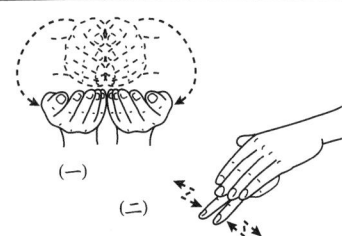

蛏子 chēngzi razor fish
(一)同"贝类"手势(一)(见第144页之4)。
(二)双手平伸,掌心向下,左手掌盖在右手背上;右手食、中指伸出,随意动两下。

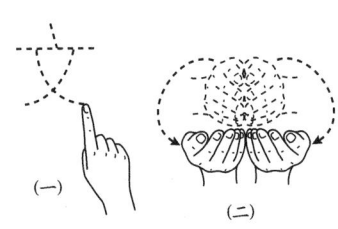

文蛤 wéngé clams
(一)一手食指书空"文"字。
(二)同"贝类"手势(一)。

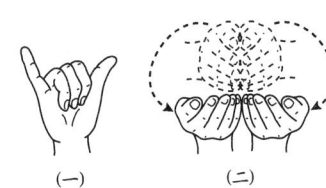

贻 yí bequeath
(一)一手打手指字母"Y"的指式。
(二)同"贝类"手势(一)。

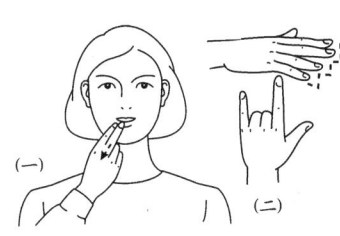

红珊瑚 hóngshānhú red coral
(一)一手打手指字母"H"的指式,并摸一下嘴唇。
(二)左手拇、食、小指直立,手背向外;右手横伸,掌心向下,五指交替点动,置于左手上,象征水中的珊瑚。

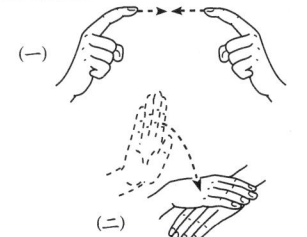

触手 chùshǒu tentacle
(一)双手食指微曲,指尖相对,从两侧向中间互触。
(二)一手拍另一手背。

鳞片 línpiàn scale

左手横立;右手伸食指在左手背上连续画半圆形,象征鱼鳞。

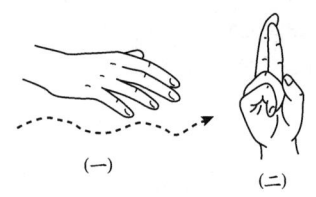

水螅 shuǐxī hydra

(一)一手横伸,掌心向下,向一侧做波纹状移动。

(二)一手打手指字母"X"的指式。

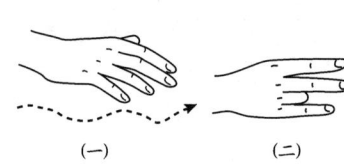

水蛭 shuǐzhì leech

(一)同"水螅"手势(一)。

(二)一手打手指字母"ZH"的指式。

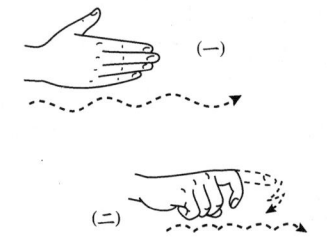

鱼虫(水蚤) yúchóng(shuǐzǎo) water flea

(一)同"鱼类"手势(一)(见第138页之1)。

(二)同"昆虫类"手势(二)(见第137页之2)。

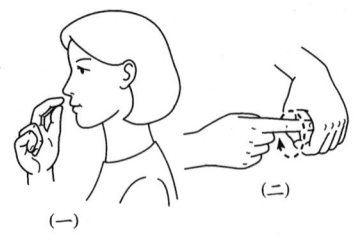

气孔 qìkǒng stoma

(一)一手打手指字母"Q"的指式,指尖朝内置于鼻孔处。

(二)左手五指成圆形;右手伸食指,在左手圆圈内转两下。

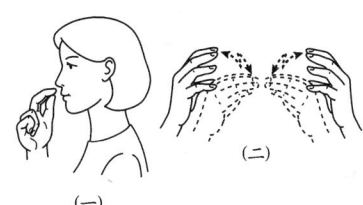

气囊 qìnáng balloon

(一)同"气孔"手势(一)(见第 146 页之 5)。

(二)双手五指弯曲,指尖相对,同时捏动两下。

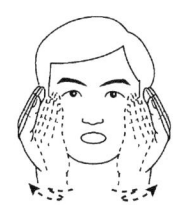

鳃 sāi gill

双手背拱起贴于脸颊,然后时启时合,如鱼呼吸状。

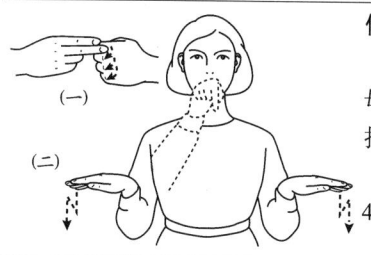

候鸟 hòuniǎo migratory birds

(一)左手握拳,手背向外;右手打手指字母"H"的指式,自上而下依次点一下左手各手指骨节。

(一)同"鸟类"手势(一)(见第 137 页之 4)。

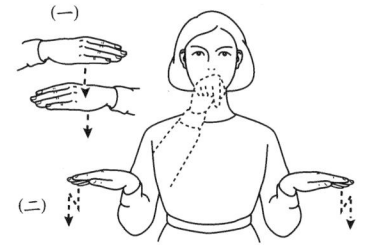

留鸟 liúniǎo resident

(一)双手横伸,掌心向下,一上一下,右手掌轻拍一下左手背,并向下一按。

(二)同"鸟类"手势(一)。

喙 huì beak

一手拇、食指捏成尖形,手背贴于嘴上,然后向前啄动两下。

翼 yì wing

左手侧伸,上下扇动几下,同时右手食指指一下扇动的左手臂。

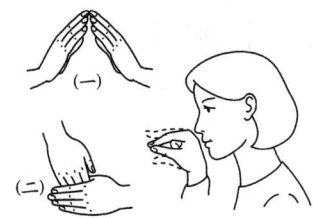

家鸽 jiāgē pigeon

(一)双手指尖搭成"∧"形。

(二)左手成"["形,虎口朝上;右手五指并拢插入左手虎口内。

(三)一手拇、食指捏成尖形,手背贴于嘴部,指尖开合两下。

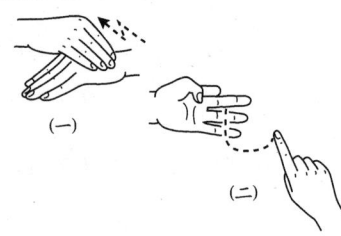

羽毛 yǔmáo feather

(一)左手横伸,掌心向下;右手五指微曲,抚摸两下左手背,如整理羽毛状。

(二)左手中、无名、小指横伸;右手食指在左手三指上书空"乚",仿"毛"字形。

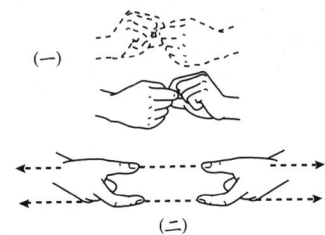

环带 huándài zone

(一)同"环节动物"手势(一)(见第135页之4)。

(二)双手拇、食指张开,相距约3厘米,指尖相对,从中间向两侧拉开。

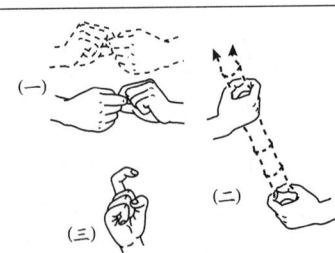

环节 huánjié link

(一)同"环节动物"手势(一)。

(二)同"环节动物"手势(二)。

(三)一手打手指字母"J"的指式。

[表示环节动物用手势(一)(二),表示事物相互关联用手势(一)(三)]

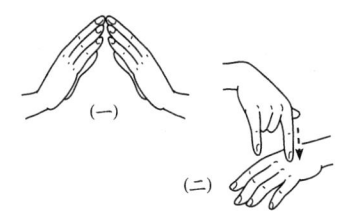

家蚊 jiāwén　house mosquito

(一)同"家鸽"手势(一)(见第 148 页之 2)。

(二)左手横伸,掌心向下;右手伸拇、食、小指,食指指尖在左手背上点一下,表示蚊子叮人。

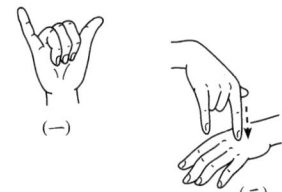

伊蚊 yīwén　aedes

(一)一手打手指字母"Y"的指式。

(二)同"家蚊"手势(二)。

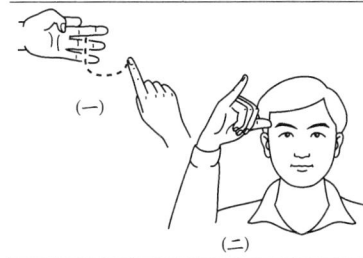

牦牛 máoniú　yak

(一)同"羽毛"手势(二)。

(二)一手伸拇、小指,拇指尖抵于太阳穴处,小指尖朝前。

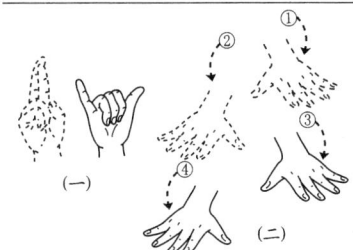

蜥蜴 xīyì　lizard

(一)一手连打手指字母"X"和"Y"的指式。

(二)双手斜伸,掌心向下,五指张开,交替向前做爬动状。

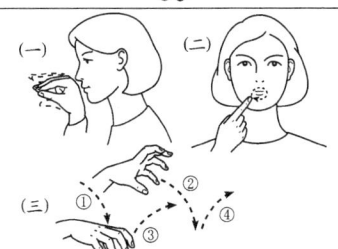

鸭嘴兽 yāzuǐshòu　platypus

(一)一手拇、食、中指捏成尖形,手背贴于嘴上,指尖开合两下,表示鸭的嘴。

(二)一手食指指尖沿嘴划一圈。

(三)双手五指弯曲如兽爪,交替向前伸出。

寄生 jìshēng parasitism

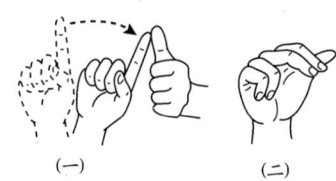

（一）左手伸拇指；右手食指直立，然后靠向左手拇指。
（二）一手打手指字母"SH"的指式。

卵生 luǎnshēng oviparity

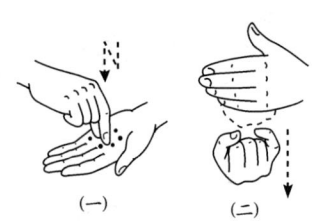

（一）左手平伸，掌心向上；右手拇、食指相捏，在左手掌心上点两下。
（二）同"原生动物"手势（二）（见第136页之4）。

胎生 tāishēng viviparous

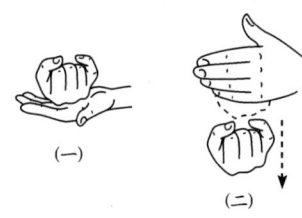

（一）左手横伸，掌心向上；右手拇、小指蜷曲，手背贴于左手掌心上。
（二）同"原生动物"手势（二）。

孵化 fūhuà incubation

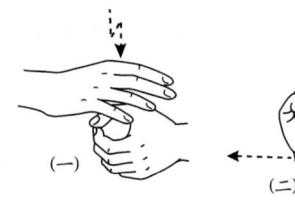

（一）左手五指捏成球形；右手五指张开，在左手上随意轻拍两下。
（二）一手打手指字母"H"的指式，并横向移动一下。

育雏 yùchú brood

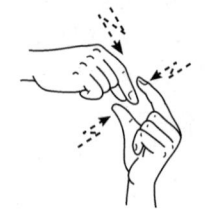

双手拇、食指相捏，指尖相对；左手拇、食指张开时，右手移向左手；左手拇、食指闭合时，右手移出；来回两次，仿鸟类育雏状。

3. 植 物

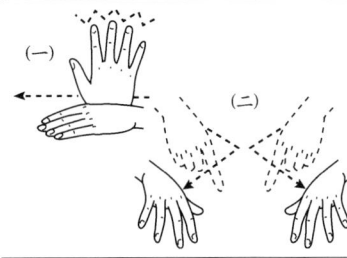

植物 zhíwù plant
（一）左手横伸，掌心向下；右手直立，手背贴于左手，五指分开，边交替抖动边向左手指尖处移动，表示地上的植物。
（二）双手食指指尖朝前，先互碰一下，再向两侧分开，并张开五指。

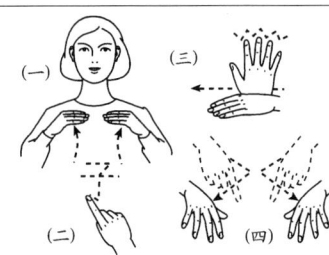

被子植物 bèizǐzhíwù angiosperm
（一）双手五指虚握，如捏被子，从腹部上移至胸部，仿盖被状。
（二）一手食指书空"子"字。
（三）同"植物"手势（一）。
（四）同"植物"手势（二）。

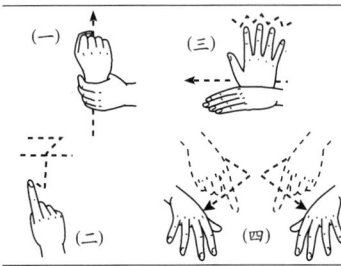

裸子植物 luǒzǐzhíwù gymnosperm
（一）左手成半圆形，虎口向上；右手握拳，手背向外，从左手虎口里伸出。
（二）同"被子植物"手势（二）。
（三）同"植物"手势（一）。
（四）同"植物"手势（二）。

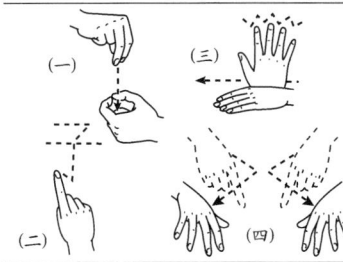

种子植物 zhǒngzǐzhíwù seed plant
（一）左手拇、食指捏成小圆形；右手拇、食、中指相捏，往左手小圆形中插入。
（二）同"被子植物"手势（二）。
（三）同"植物"手势（一）。
（四）同"植物"手势（二）。

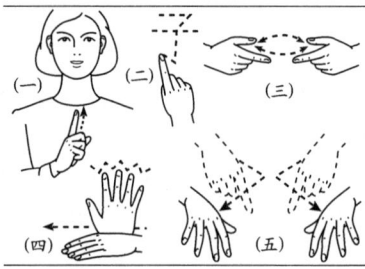

单子叶植物 dānzǐyèzhíwù monocotyledon

（一）一手食指直立，贴于胸前并向上微微移动。
（二）同"被子植物"手势（二）（见第151页之3）。
（三）双手拇、食指张开，指尖相对，虎口朝上，从中间向两侧边移动边捏合两指。
（四）同"植物"手势（一）（见第151页之2）。
（五）同"植物"手势（二）。

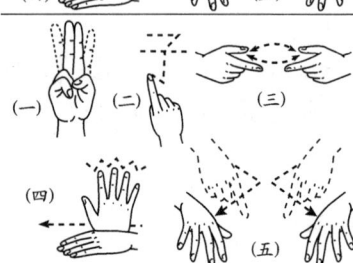

双子叶植物 shuāngzǐyèzhíwù dicotyledon

（一）一手食、中指直立分开，然后并拢。
（二）同"被子植物"手势（二）。
（三）同"单子叶植物"手势（三）。
（四）同"植物"手势（一）。
（五）同"植物"手势（二）。

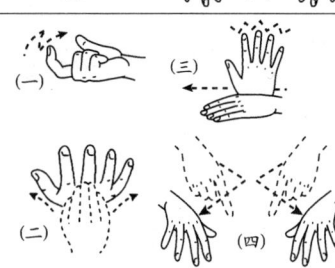

有花植物 yǒuhuāzhíwù flowering plants

（一）一手伸拇、食指，掌心向上，然后食指弯动两下。
（二）一手五指撮合，指尖朝上，然后张开。
（三）同"植物"手势（一）。
（四）同"植物"手势（二）。

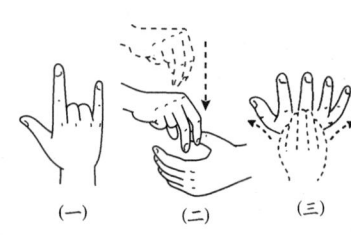

山茶花 shāncháhuā camellia

（一）一手拇、食、小指直立，手背向外，仿"山"字形。
（二）左手五指成半圆形，虎口朝上；右手拇、食、中指撮合，然后边朝左半圆形移动边张开，如向杯中放茶叶状。
（三）同"有花植物"手势（二）。

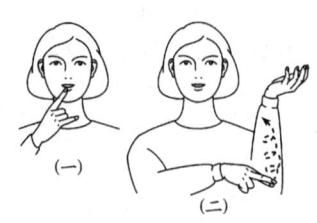

紫藤 zǐténg wisteria

（一）一手打手指字母"Z"的指式，置于嘴唇处。
（二）左前臂抬起，掌心向上，五指分开微曲；右手食、中指相叠沿左前臂做螺旋移动，如藤盘旋生长状。

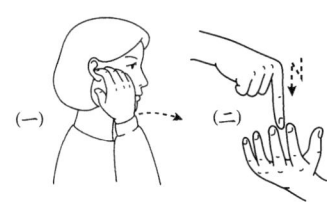

雌蕊 círuǐ pistil

（一）一手打手指字母"C"的指式，自耳部向前划一下。

（二）左手五指微曲分开，掌心向上；右手食指在左手上点两下，表示花蕊。

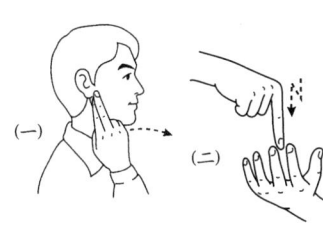

雄蕊 xióngruǐ stamen

（一）一手打手指字母"X"的指式，自耳部向前划一下。

（二）同"雌蕊"手势（二）。

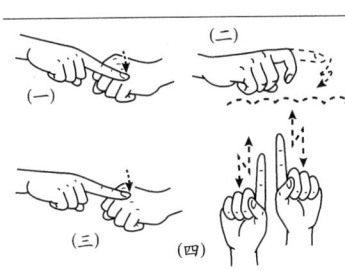

冬虫夏草 dōngchóngxiàcǎo Cordyceps sinensis

（一）左手握拳，手背向上；右手伸食指在左拳小指骨节处点一下，表示冬季。

（二）一手食指横伸，边弯曲边向前移动，如昆虫爬行状。

（三）左手握拳，手背向上；右手伸食指在左拳中指骨节处点一下，表示夏季。

（四）双手食指直立，手背向内，上下交替动两下。

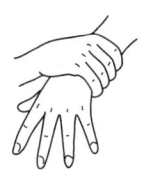

根 gēn root

左手五指张开，指尖朝下；右手握住左手腕。

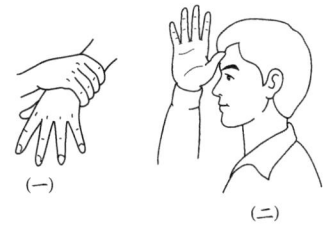

根冠 gēnguān root cap

（一）同"根"手势。

（二）一手五指张开置于头顶，模仿鸡冠状。

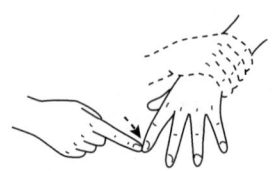

根尖 gēnjiān root tip

左手五指张开,指尖朝下;右手先握住左手腕,然后食指指一下左手食指尖。

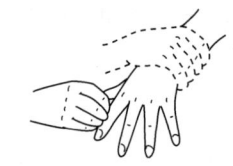

根瘤菌 gēnliújūn rhizobium

左手五指分开,指尖朝下;右手先握住左手腕,然后五指撮合,指尖抵于左手任意位置,象征根瘤。

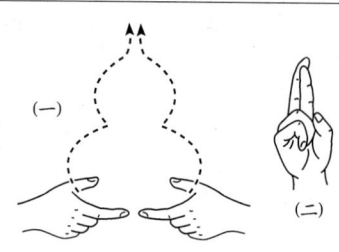

葫芦藓 húluxiǎn funaria hygrometrica

(一)双手拇、食指搭成大圆形,由下向上做弧形移动,下大上小,仿葫芦外形。

(二)一手打手指字母"X"的指式。

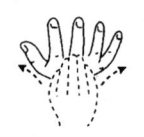

花 huā flower

一手五指撮合,指尖朝上,然后张开。

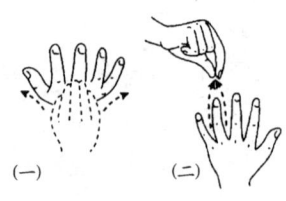

花瓣 huābàn petal

(一)同"花"手势。

(二)左手五指微曲,指尖朝上;右手拇、食指张开,指尖朝下置于左手中、无名指间,然后向上做弧形移动,仿花瓣状。

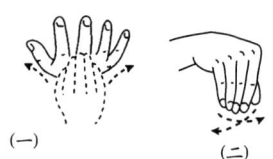

花粉 huāfěn pollen

（一）同"花"手势（见第154页之4）。

（二）一手五指撮合，指尖朝下互捻两下。

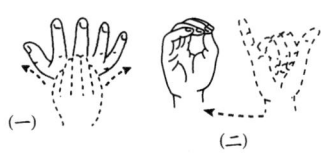

花药 huāyào anther

（一）同"花"手势。

（二）一手连续打手指字母"Y"和"O"的指式。

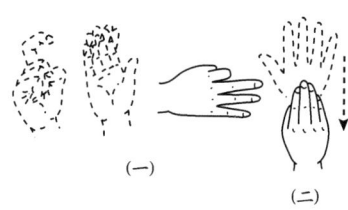

蕨类 juélèi fern

（一）一手连续打手指字母"J""Ü""E"的指式。

（二）一手五指微曲张开，指尖朝上，边向下移动边撮合五指。

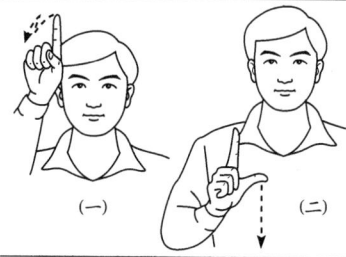

马兰 mǎlán rancois

（一）一手食指直立，虎口贴于太阳穴，前后微动两下，仿马的耳朵。

（二）一手打手指字母"L"的指式，并沿胸的一侧划下。

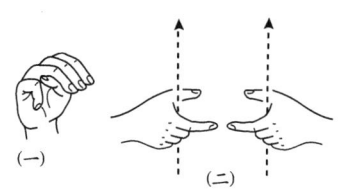

梅 méi plum

（一）一手打手指字母"M"的指式。

（二）双手拇、食指搭成大圆形，向上移动，象征树干。

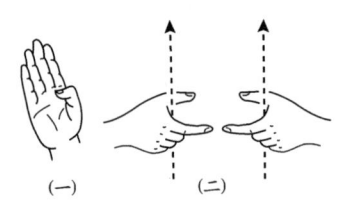

柏 bǎi cypress
（一）一手打手指字母"B"的指式。
（二）同"梅"手势（二）（见第155页之5）。

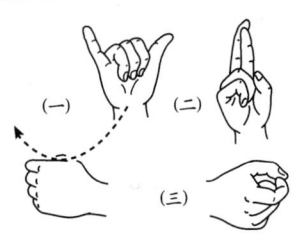

银杏 yínxìng ginkgo
（一）左手握拳，虎口朝上；右手打手指字母"Y"的指式，以腕部敲一下左拳。
（二）一手打手指字母"X"的指式。
（三）一手拇、食指捏成小圆圈。

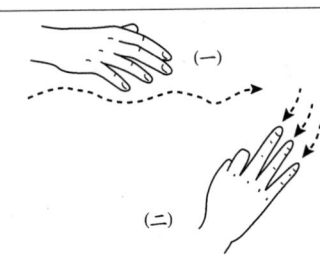

水杉 shuǐshān Metasequoia glyptostroboides
（一）一手横伸，掌心向下，向一侧做波纹状移动。
（二）一手伸中、无名、小指书空"彡"，表示"杉"字右半部笔画。

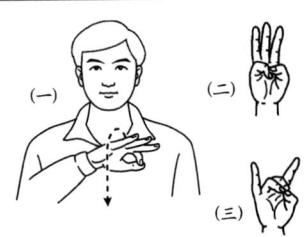

悬铃木（法国梧桐） xuánlíngmù（fǎguówútóng）
plane tree
（一）右手拇、食指捏成小圆圈，其余三指伸直并分开，虎口贴于胸部，然后翻腕成手背向外，并向下移。
（二）一手打手指字母"W"的指式。
（三）一手打手指字母"T"的指式。

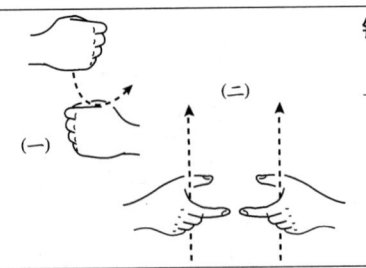

铁树 tiěshù ironwood
（一）双手握拳，一上一下，右拳向下砸一下左拳并向内移。
（二）同"梅"手势（二）。

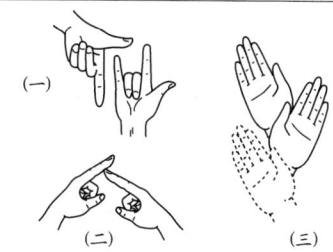

仙人掌 xiānrénzhǎng cactus

（一）左手拇、食指成"亻"形,右手拇、食、小指直立,手背向外,置于左手旁,仿"仙"字形。
（二）双手食指搭成"人"字形。
（三）左手直立,掌心向外;右手腕部先置于左手虎口处,然后左手上移,腕部再置于右手虎口处,仿仙人掌形状。

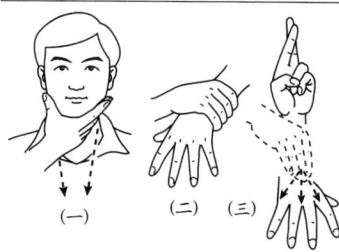

须根系 xūgēnxì fibrous root system

（一）一手在颏下做捋胡须动作。
（二）同"根"手势（见第153页之4）。
（三）左手打手指字母"X"的指式,在上不动;右手五指撮合,指尖朝下,从左手腕部边向下移动边张开五指。

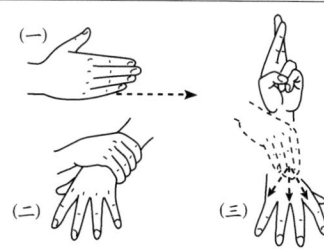

直根系 zhígēnxì tap root system

（一）一手侧立,向前移动一下。
（二）同"根"手势。
（三）同"须根系"手势（三）。

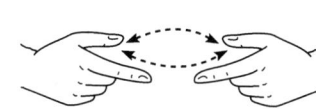

叶 yè leaf

双手拇、食指张开,指尖相对,虎口朝上,从中间边向两侧做弧形移动边捏合两指。

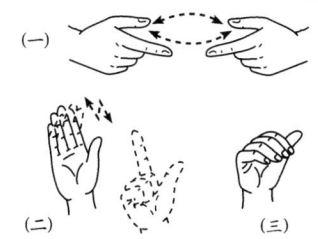

叶绿素 yèlǜsù chlorophyll

（一）同"叶"手势。
（二）一手连续打手指字母"L"和"Ü"的指式。
（三）一手打手指字母"S"的指式。

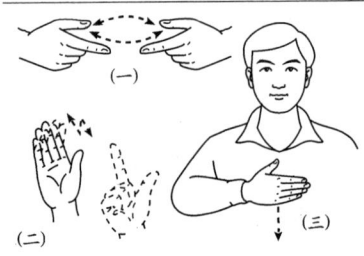

叶绿体 yèlǜtǐ chloroplast

（一）同"叶"手势（见第157页之4）。

（二）同"叶绿素"手势（二）（见第157页之5）。

（三）一手掌贴于胸部并向下移动。

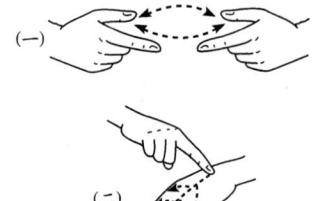

叶脉 yèmài leaf vein

（一）同"叶"手势。

（二）左手平伸，掌心向下；右手食指在左手背上划几下，如叶脉状。

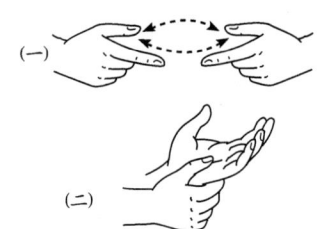

叶肉 yèròu mesophyll

（一）同"叶"手势。

（二）一手拇、食指捏另一手小鱼际的部位。

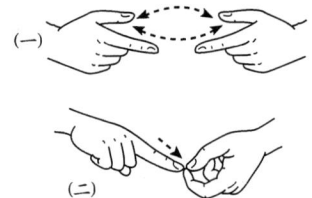

叶梢 yèshāo leaf sheath

（一）同"叶"手势。

（二）左手拇、食指相捏；右手食指指一下左手拇、食指指尖。

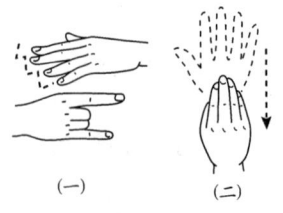

藻类 zǎolèi alga

（一）左手横伸，掌心向下，五指交替点动几下；右手打手指字母"Z"的指式，置于左手下。

（二）同"蕨类"手势（二）（见第155页之3）。

金鱼藻 jīnyúzǎo hornwort

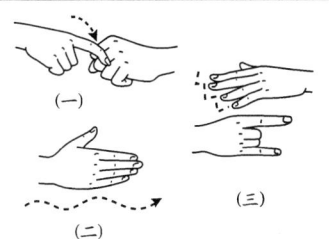

(一)左手握拳,手背向上;右手食指在左手无名指根部点一下。
(二)一手横立,手背向外,向一侧做曲线形移动,如鱼游动状。
(三)同"藻类"手势(一)(见第158页之5)。

蓝藻 lánzǎo blue green algae

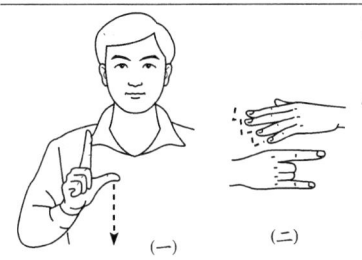

(一)同"马兰"手势(二)(见第155页之4)。
(二)同"藻类"手势(一)。

衣藻 yīzǎo Chlamydomonas

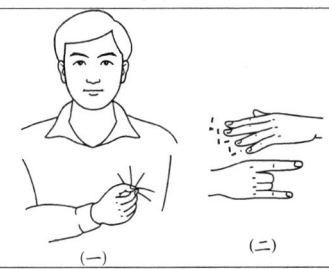

(一)一手拇、食指揪一下胸前的衣服。
(二)同"藻类"手势(一)。

水绵 shuǐmián spirogyra

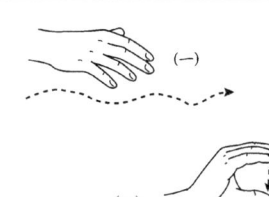

(一)同"水杉"手势(一)(见第156页之3)。
(二)右手五指成"]"形,捏动两下。

莲花 liánhuā lotus

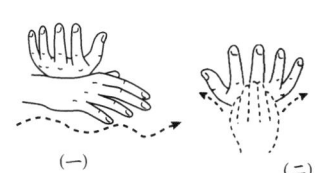

(一)左手横伸,掌心向上;右手五指分开微曲,指尖朝上贴于左手背上,然后一同做波纹状平移。
(二)同"花"手势(见第154页之4)。

莲子 liánzǐ　lotus seed

（一）同"莲花"手势（一）（见第159页之5）。

（二）一手食指书空"子"字。

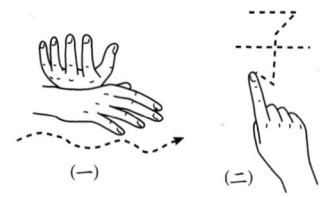

苔藓 táixiǎn　moss

（一）一手打手指字母"T"的指式。

（二）一手打手指字母"X"的指式。

有机养料 yǒujīyǎngliào　organic nutrients

（一）同"有花植物"手势（一）（见第152页之3）。

（二）一手打手指字母"J"的指式。

（三）左手食指直立；右手五指撮合，掌心向上，边向左手食指移动边张开五指。

（四）同"植物"手势（二）（见第151页之2）。

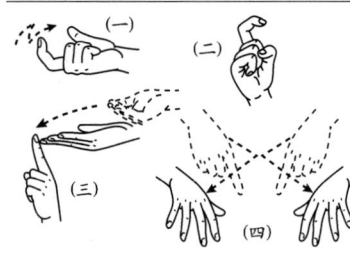

蒸腾 zhēngténg　transpiration

双手手背相贴，右手在上，五指张开微曲，然后向上做曲线形移动，象征植物的水分蒸发。

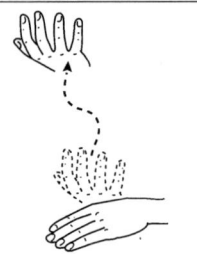

种群 zhǒngqún　stocks

（一）一手拇、食、中指相捏，指尖朝下点动两下。

（二）双手中、无名、小指搭成三个"人"字形，并顺时针转一圈。

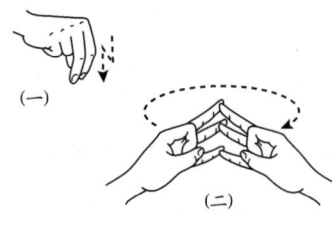

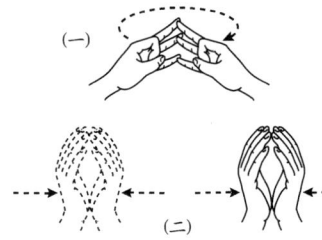

群落 qúnluò community
(一)同"种群"手势(二)(见第160页之5)。
(二)双手微曲,掌心相对,从两侧向中间靠拢,反复两次。

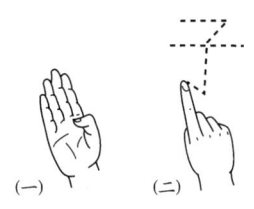

孢子 bāozǐ spore
(一)一手打手指字母"B"的指式。
(二)一手食指书空"子"字。

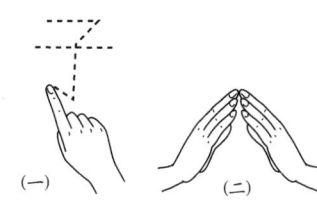

子房 zǐfáng ovary
(一)一手食指书空"子"字。
(二)双手五指搭成"∧"形。

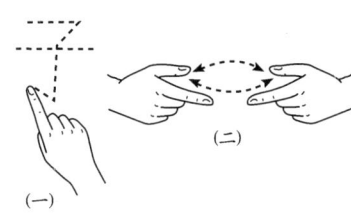

子叶 zǐyè cotyledon
(一)一手食指书空"子"字。
(二)同"叶"手势(三)(见第157页之4)。

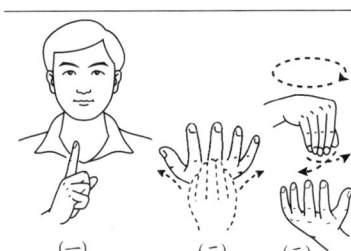

自花传粉 zìhuāchuánfěn self-pollination
(一)一手食指直立,贴于胸部。
(二)同"花"手势(见第154页之4)。
(三)左手五指微曲张开,掌心向上;右手五指撮合,指尖朝下,在左手上方边捻动边平行转动。

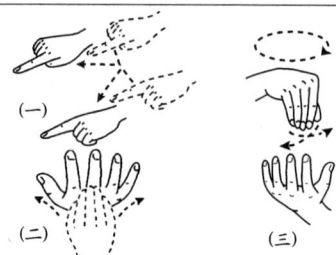

异花传粉 yìhuāchuánfěn cross-pollination

(一)双手伸食指,指尖朝前,先互碰一下,再分别向两侧移动。

(二)同"花"手势(见第154页之4)。

(三)同"自花授粉"手势(三)(见第161页之5)。

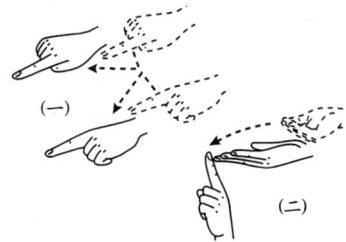

异养 yìyǎng heterotrophic

(一)同"异花授粉"手势(一)。

(二)同"有机养料"手势(三)(见第160页之3)。

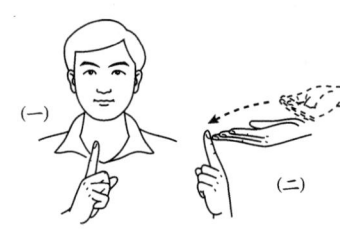

自养 zìyǎng autotrophic

(一)同"自花授粉"手势(一)。

(二)同"有机养料"手势(三)。

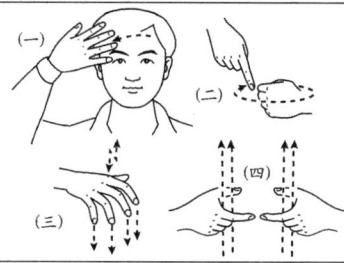

热带雨林 rèdàiyǔlín tropical rain forest

(一)一手五指分开,自额头向面颊部一抹,如流汗状。

(二)左手握拳,虎口朝上,象征地球;右手食指沿左手中、无名指骨节处绕转一圈,表示热带。

(三)一手五指微曲分开,指尖朝下,上下快速动两下,表示雨点落下。

(四)双手拇、食指搭成大圆形,连续向上移动几次。

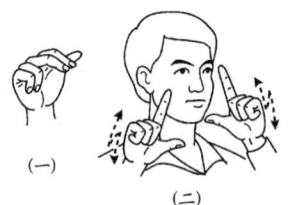

生态 shēngtài ecology

(一)一手打手指字母"SH"的指式。

(二)双手拇、食指成"∟"形,置于脸颊两侧并上下交替动两下。

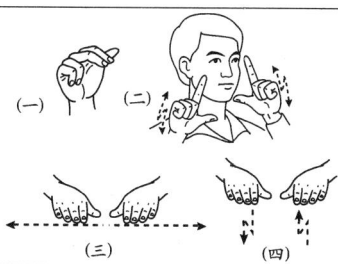

生态平衡 shēngtàipínghéng ecological balance
(一)同"生态"手势(一)(见第162页之5)。
(二)同"生态"手势(二)。
(三)双手平伸,掌心向下,从中间向两侧移动。
(四)双手平伸,掌心向下,先上下交替微动,然后双手保持平衡状。

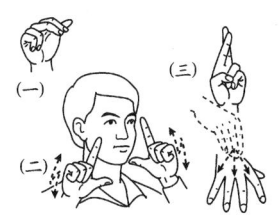

生态系统 shēngtàixìtǒng ecosystem
(一)同"生态"手势(一)。
(二)同"生态"手势(二)。
(三)同"须根系"手势(三)(见第157页之2)。

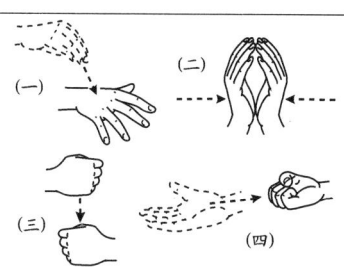

光合作用 guānghézuòyòng photosynthesis
(一)一手五指撮合,指尖朝下,然后放开。
(二)双手直立,掌心相对,五指微曲,从两侧向中间靠拢。
(三)双手握拳,一上一下,右拳向下砸一下左拳。
(四)一手平伸,掌心向上,边向后移动边收拢五指。

果实 guǒshí fruit
两手拇、食指成圆形,象征果实。

变态根 biàntàigēn abnormal root
(一)一手食、中直立并分开,由掌心向外翻转为掌心向内。
(二)同"生态"手势(二)。
(三)同"根"手势(见第153页之4)。

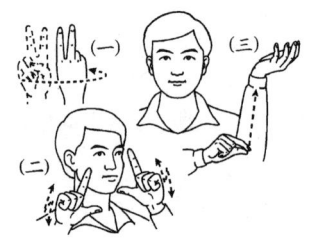

变态茎 biàntàijīng abnormal stem

(一)同"变态根"手势(一)(见第163页之5)。
(二)同"生态"手势(二)(见第162页之5)。
(三)左前臂抬起,掌心向上,五指微曲张开;右手拇、食两指虚捏,指尖抵住左臂肘部再向上移动,表示植物的茎干。

4. 人体组织结构

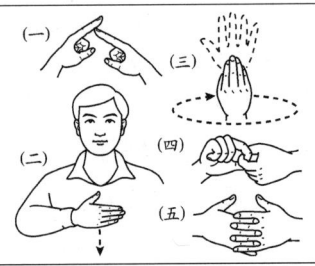

人体组织结构 réntǐzǔzhījiégòu human organization

(一)双手食指搭成"人"字形。
(二)一手掌贴于胸部并向下移动。
(三)一手五指指尖向上,先张开后并拢,并转动一周。
(四)双手拇、食指互相套环。
(五)双手横立,五指分开,指尖斜向交叉互相夹住。

系统 xìtǒng system

左手打手指字母"X"的指式,在上不动;右手五指撮合,指尖朝下,从左手腕部边向下移动边张开五指。

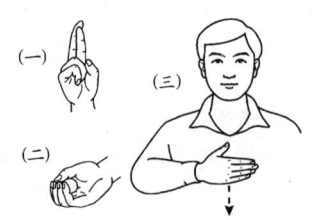

细胞壁 xìbāobì cell wall

(一)一手打手指字母"X"的指式。
(二)一手五指相捏成球形。
(二)一手横立,掌心向内,由上而下移动。

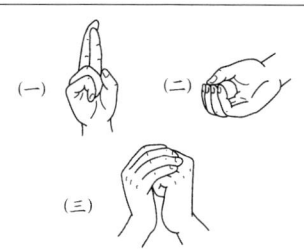

细胞核 xìbāohé cell nucleus
(一)一手打手指字母"X"的指式。
(二)同"细胞壁"手势(二)。
(三)双手直立抱拳。

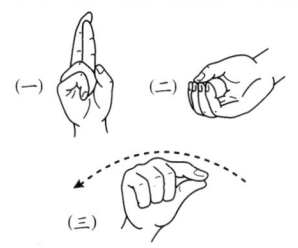

细胞膜 xìbāomó cell membrane
(一)一手打手指字母"X"的指式。
(二)同"细胞壁"手势(二)。
(三)一手拇、食指靠近,中间留一条窄缝,从左向右移动,象征一层薄膜。

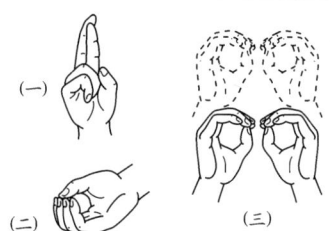

细胞器 xìbāoqì organelles
(一)一手打手指字母"X"的指式。
(二)同"细胞壁"手势(二)。
(三)双手五指捏成圆形,置于眼前,然后向下移动一下。(此为台湾手语)

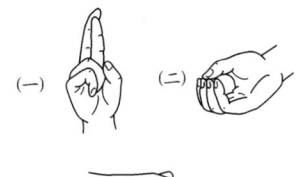

细胞液 xìbāoyè cytosol
(一)一手打手指字母"X"的指式。
(二)同"细胞壁"手势(二)。
(三)一手横伸,掌心向下,向一侧做波纹状移动。

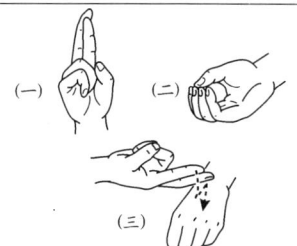

细胞质 xìbāozhì cytoplasm
(一)一手打手指字母"X"的指式。
(二)同"细胞壁"手势(二)。
(三)左手握拳,手背向上;右手伸出食、中指,用指背弹击几下左手背。

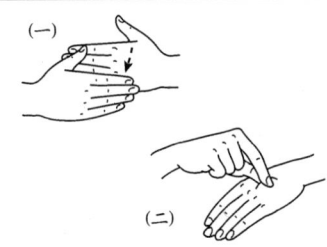

表皮 biǎopí epidermis

（一）左手横立；右手摸一下左手背。

（二）左手横伸，掌心向下；右手拇、食指捏一下左手手背上的表皮。

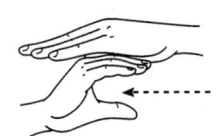

脂肪 zhīfáng fat

左手横伸，掌心向下；右手五指成"]"形，贴于左手掌心下，然后向左手指尖处移动。

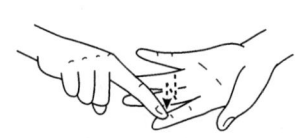

指纹 zhǐwén fingerprint

左手平伸，掌心向上，五指张开；右手伸食指，沿左手指纹划两下。

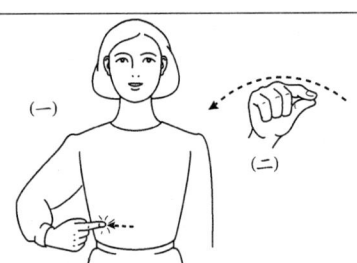

横膈膜 hénggémó diaphragm

（一）一手食指在腹部横膈膜的位置划一下。

（二）同"细胞膜"手势（三）（见第165页之2）。

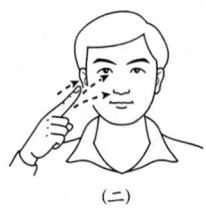

器官 qìguān organ

（一）同"细胞器"手势（三）（见第165页之3）。

（二）一手食指随意指头部几个器官。

（可根据实际指具体某个器官）

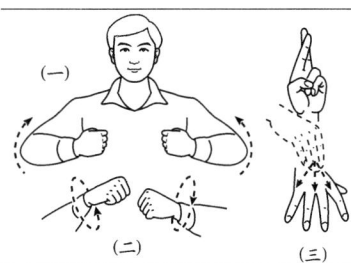

运动系统 yùndòngxìtǒng motion system
(一)双手握拳屈肘,在胸前做扩胸动作。
(二)双手握拳屈肘,前后交替转动两下。
(三)同"系统"手势(见第164页之4)。

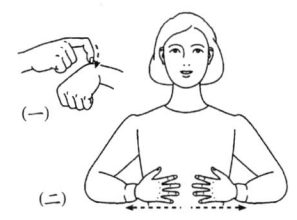

骨骼 gǔgé skeleton
(一)左手握拳,手背向上;右手食指弯曲,指尖点一下左手腕关节处。
(二)双手五指张开,置于胸部向两侧拉开,象征肋骨。

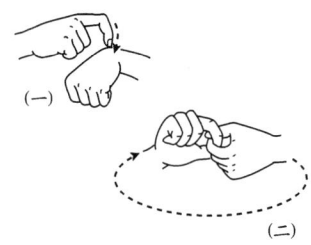

骨连接 gǔliánjiē osteonectin
(一)同"骨骼"手势(一)。
(二)两手拇、食指互相套环,然后平行转动一圈。

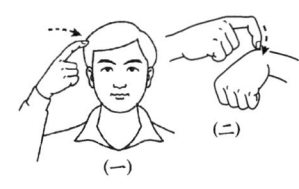

颅骨 lúgǔ skull
(一)一手食指指点头颅。
(二)同"骨骼"手势(一)。

脊柱 jǐzhù spine
左手伸拇、小指;右手伸食指,沿左手拇指指背向下划动。

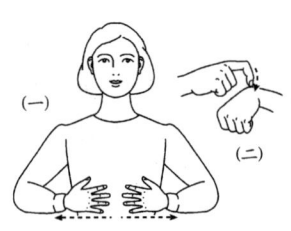

肋骨 lèigǔ rib

（一）同"骨骼"手势（二）（见第 167 页之 2）。

（二）同"骨骼"手势（一）。

胸骨 xiōnggǔ sternum

（一）一手食指指胸部。

（二）同"骨骼"手势（一）。

前臂 qiánbì forearm

一手伸食指，由肘部向腕部划一下。

上臂 shàngbì upper arm

一手伸食指，由肩部向肘部划一下。

躯干部 qūgànbù trunk

双手横伸，掌心上下相对，左手齐肩，右手齐腰。

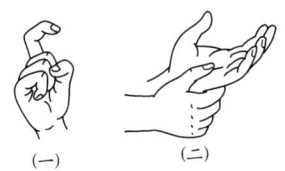

肌肉 jīròu muscle
（一）一手打手指字母"J"的指式。
（二）右手拇、食指捏左手的小鱼际部位。

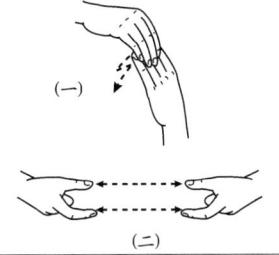

韧带 rèndài ligament
（一）右手捏住左手并拢的食、中、无名、小指，并连续扳动两下，左手四指随之屈伸。
（二）双手拇、食指张开，相距约3厘米，指尖相对，从中间向两侧拉开。

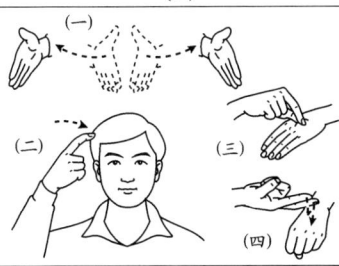

大脑皮质 dànǎopízhì cerebral cortex
（一）双手侧立，掌心相对，同时向两侧移动，幅度要大些。
（二）同"颅骨"手势（一）（见第167页之4）。
（三）同"表皮"手势（二）（见第166页之1）。
（四）同"细胞质"手势（三）（见第165页之5）。

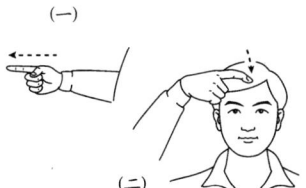

前脑 qiánnǎo forebrain
（一）一手伸食指，向前指一下。
（二）一手伸食指，指一下前额。

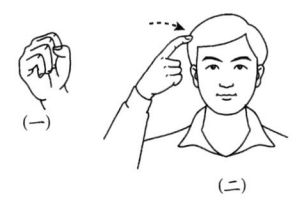

端脑 duānnǎo telencephalon
（一）一手打手指字母"D"的指式。
（二）一手伸食指，指一下头顶一侧。

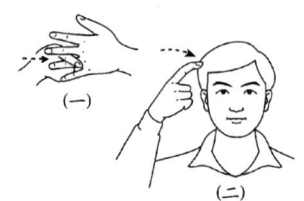

间脑 jiānnǎo diencephalon

(一)左手横立,五指分开;右手食指插入左手中、无名指之间。

(二)同"端脑"手势(二)(见第169页之5)。

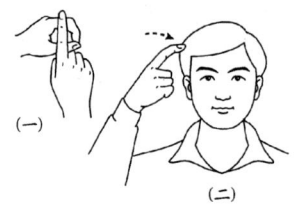

中脑 zhōngnǎo mesencephalon

(一)左手拇、食指与右手食指搭成"中"字形。

(二)同"端脑"手势(二)。

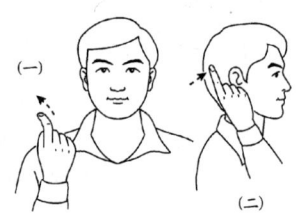

后脑 hòunǎo hindbrain

(一)一手伸食指,向肩后指一下。

(二)一手伸食指,指一下头后部。

小脑 xiǎonǎo cerebellum

(一)一手拇、小指指尖相捏。

(二)同"端脑"手势(二)。

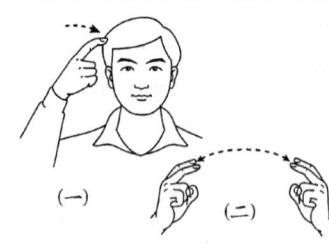

脑桥 nǎoqiáo pons

(一)同"端脑"手势(二)。

(二)双手食、中指微曲,指尖相对,指背向上,从中间向两侧下方做弧形拉开,如桥的形状。

脑干 nǎogàn brainstem

（一）同"端脑"手势（二）（见第 169 页之 5）。

（二）左手食、中指与右手食指搭成"干"字形。

脑垂体 nǎochuítǐ pituitary

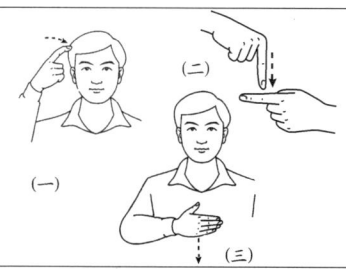

（一）同"端脑"手势（二）。

（二）左手食指横伸；右手食指朝下垂直落于左手食指中端，形同垂直状。

（三）同"人体组织结构"手势（二）（见第 164 页之 3）。

反射中枢 fǎnshèzhōngshū reflex center

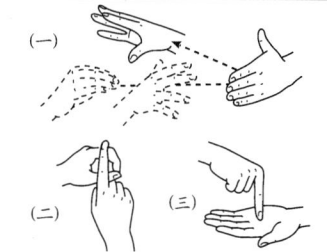

（一）左手侧立；右手五指撮合，先对着左手掌心放开五指，再反转回去。

（二）同"中脑"手势（一）（见第 170 页之 2）。

（三）左手横伸，掌心向上；右手食指指尖立于左手掌心上。

生命中枢 shēngmìngzhōngshū life hub

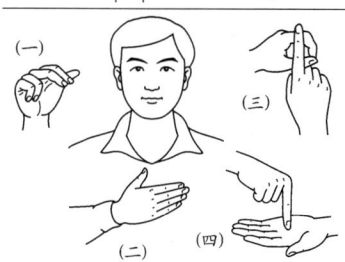

（一）一手打手指字母"SH"的指式。

（二）右手按于左胸心脏部位，象征生命。

（三）同"中脑"手势（一）。

（四）同"反射中枢"手势（四）。

延髓 yánsuǐ medulla oblongata

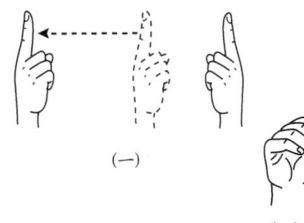

（一）双手食指并立，然后左手不动，右手向右侧移动。

（二）一手打手指字母"S"的指式。

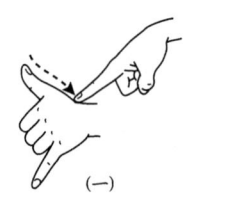

脊髓 jǐsuǐ spinal cord
(一)同"脊柱"手势(见第167页之5)。
(二)一手打手指字母"S"指式。

神经系统 shénjīngxìtǒng nervous system
(一)右手食指指尖自头部向耳、面颊、肩部下划,表示身体的神经脉络。
(二)同"系统"手势(见第164页之4)。

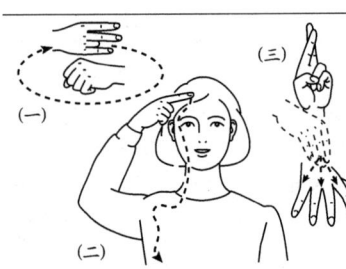

周围神经系统 zhōuwéishénjīngxìtǒng peripheral nervous system
(一)左手握拳,手背向上;右手打手指字母"ZH"的指式,绕左手一圈。
(二)同"神经系统"手势(一)。
(三)同"系统"手势。

神经元 shénjīngyuán neuron
(一)同"神经系统"手势(一)。
(二)一手拇、食指相捏成圆圈。

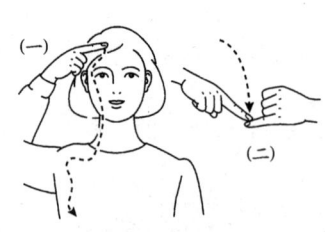

神经末梢 shénjīngmòshāo nerve endings
(一)同"神经系统"手势(一)。
(二)左手小指横伸;右手伸食指敲一下左手小指。

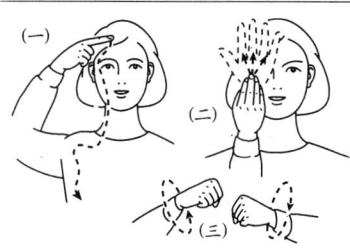

神经冲动 shénjīngchōngdòng nerve impulse
（一）同"神经系统"手势（一）（见第172页之2）。
（二）一手五指撮合，指尖朝上置于脸颊，然后用力向上放开五指。
（三）同"运动系统"手势（二）（见第167页之1）。

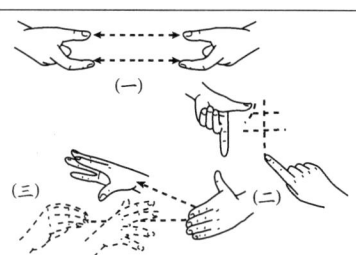

条件反射 tiáojiànfǎnshè conditioned response
（一）同"韧带"手势（二）（见第169页之2）
（二）左手拇、食指成"亻"形；右手食指在右手旁书空"牛"字，仿"件"字形。
（三）同"反射中枢"手势（一）（见第171页之3）。

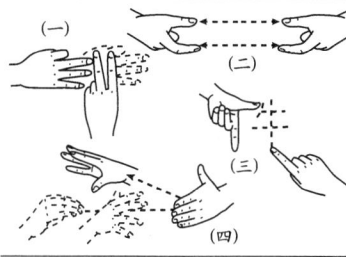

非条件反射 fēitiáojiànfǎnshè unconditioned response
（一）左手食、中指直立分开，手背向外；右手中、无名、小指横伸，在左手食、中指两侧各划一下，仿"非"字形。
（二）同"韧带"手势（二）。
（三）同"条件反射"手势（二）。
（四）同"反射中枢"手势（一）。

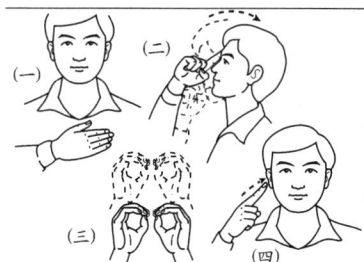

感觉器官 gǎnjuéqìguān sense organ
（一）右手贴于左胸部。
（二）一手食指指在太阳穴处，同时头微微抬起，脸上表露出一种觉悟的表情。
（三）同"细胞器"手势（三）（见第165页之3）。
（四）同"器官"手势（二）（见第166页之5）。

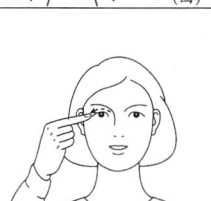

单眼皮 dānyǎnpí single-edged eyelid
一手食指横伸，沿一侧上眼皮划一下。

双眼皮 shuāngyǎnpí double-fold eyelid

一手食、中指横伸,沿一侧上眼皮划一下。

瞳孔 tóngkǒng pupil

(一)一手食指指眼睛。

(二)左手拇、食指捏成小圆圈;右手伸食指在圆的中心处点一下。

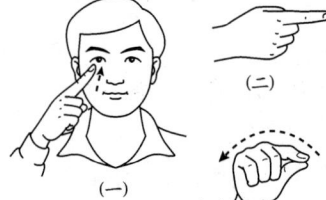

巩膜 gǒngmó sclera

(一)同"瞳孔"手势(一)。

(二)一手打手指字母"G"的指式。

(三)同"细胞膜"手势(三)(见第165页之2)。

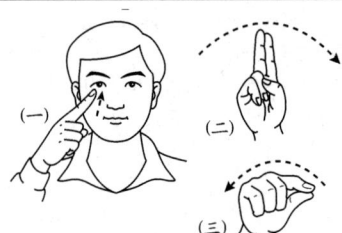

虹膜 hóngmó iris

(一)同"瞳孔"手势(一)。

(二)一手打手指字母"H"的指式,并做弧形移动。

(三)同"细胞膜"手势(三)。

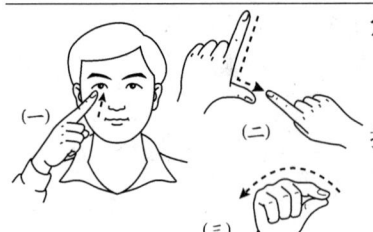

角膜 jiǎomó cornea

(一)同"瞳孔"手势(一)。

(二)左手拇、食指张开,虎口朝内;右手食指沿左手食指向拇指尖划动。

(三)同"细胞膜"手势(三)。

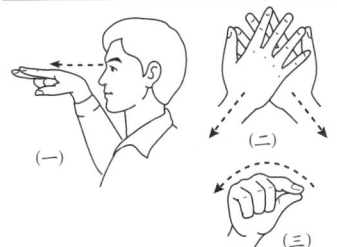

视网膜 shìwǎngmó retina

(一)一手食、中指分开,指尖朝前,从眼部向前移动一下。

(二)双手五指分开,交叉相叠,手背向外,然后向斜下方移动一下。

(三)同"细胞膜"手势(三)(见第165页之2)。

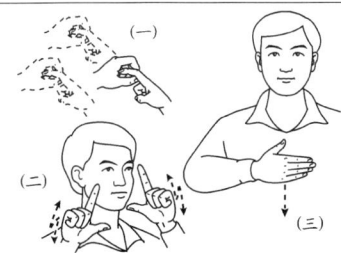

晶状体 jīngzhuàngtǐ lens

(一)左手拇、食指与右手食指搭成"日"字形,然后在下面连打两次,仿"晶"字形。

(二)双手拇、食指成"⌐"形,置于脸颊两侧并上下交替动两下。

(三)同"人体组织结构"手势(二)(见第164页之3)。

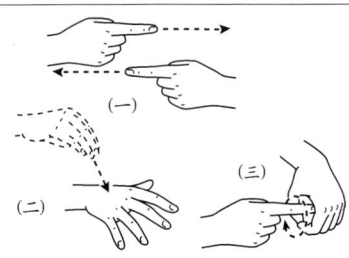

通光孔 tōngguāngkǒng aperture

(一)双手食指横伸,指尖相对,从两侧向中间交错移动。

(二)一手五指撮合,指尖朝下,然后放开。

(三)左手五指成圆形;右手伸食指,在左手圆圈内转两下。

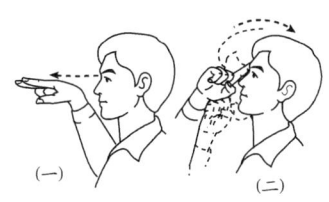

视觉 shìjué vision sense

(一)同"视网膜"手势(一)。

(二)同"感觉器官"手势(二)(见第173页之4)。

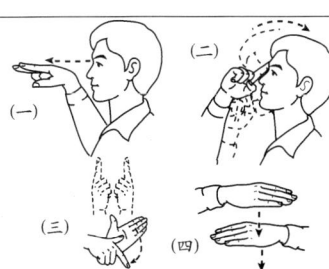

视觉暂留 shìjuézànliú persistence of vision

(一)同"视网膜"手势(一)。

(二)同"感觉器官"手势(二)。

(三)双手食指直立,指面相对,从两侧向中间移动并靠近;然后左手侧立,右手伸拇、食指,拇指尖抵于左手掌心,食指向下转动一下。

(四)双手横伸,掌心向下,一上一下,右手先轻拍一下左手背,再向下一按。

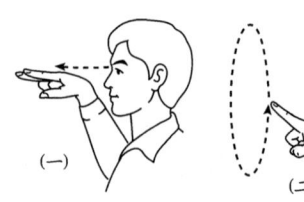

视野 shìyě field of vision

（一）同"视网膜"手势（一）（见第 175 页之 1）。

（二）一手伸食指，指尖朝前，在眼前划一圆圈，表示眼睛能看到的范围。

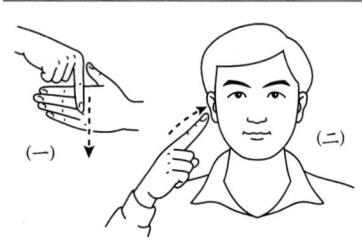

外耳 wài'ěr external ear

（一）左手横立；右手伸食指，在左手背外向下指一下。

（二）一手食指指一下耳朵。

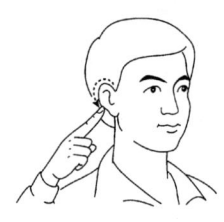

耳郭 ěrguō auricle

一手食指沿一侧耳郭划一下。

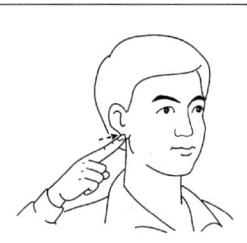

耳垂 ěrchuí earlobe

一手食指指一下一侧耳垂。

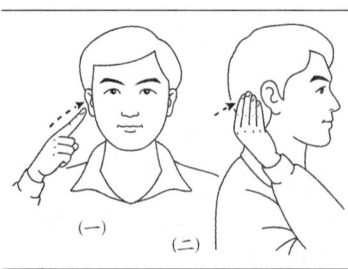

耳蜗 ěrwō cochlea

（一）同"外耳"手势（二）。

（二）一手五指弯曲，置于耳后颅骨处，表示人工耳蜗在体外的装置。

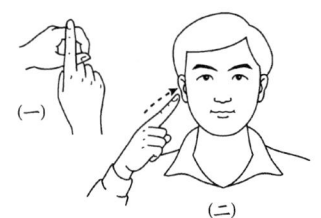

中耳 zhōng'ěr　middle ear
(一)同"中脑"手势(一)(见第 170 页之2)。
(二)同"外耳"手势(二)(见第 176 页之2)。

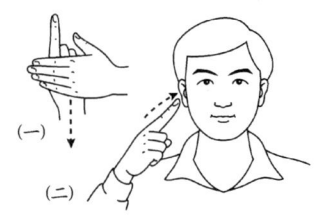

内耳 nè'iěr　inner ear
(一)左手横立;右手食指直立,由上向下移入左手掌内。
(二)同"外耳"手势(二)。

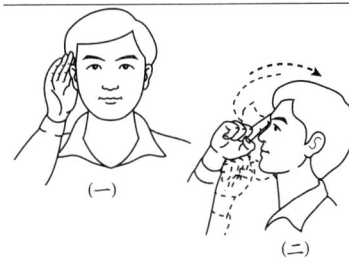

听觉 tīngjué　sense of hearing
(一)一手五指微曲,掌心向外,贴于耳部。
(二)同"感觉器官"手势(二)(见第 173 页之4)。

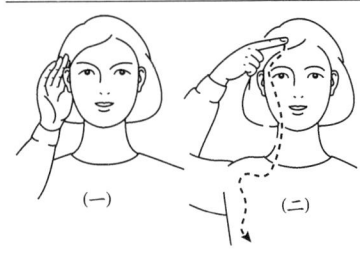

听神经 tīngshénjīng　auditory nerve
(一)同"听觉"手势(一)。
(二)同"神经系统"手势(一)(见第 172 页之2)。

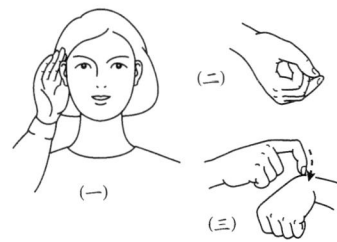

听小骨 tīngxiǎogǔ　auditory ossicles
(一)同"听觉"手势(一)。
(二)同"小脑"手势(一)(见第 170 页之4)。
(三)同"骨骼"手势(一)(见 167 页之2)。

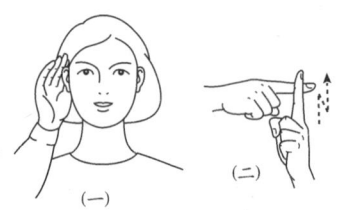

听阈 tīngyù threshold

(一)同"听觉"手势(一)(见第177页之3)。

(二)左手食指直立;右手食指横伸,置于左手食指上并上下动两下。

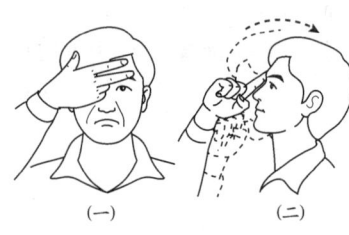

痛觉 tòngjué sense of pain

(一)一手拇、食、中指张开抵于前额,面露痛苦表情,模仿头痛状。

(二)同"感觉器官"手势(二)(见第173页之4)。

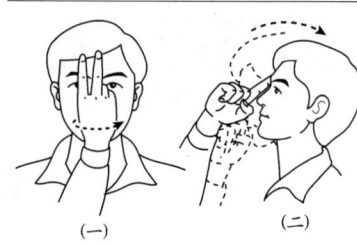

错觉 cuòjué illusion

(一)一手食、中指分开直立,在额前由掌心向外翻转为掌心向内。

(二)同"感觉器官"手势(二)。

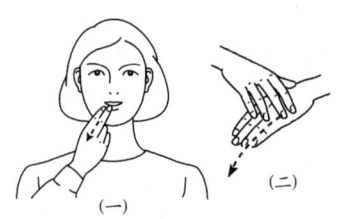

血(血液) xuè(xuèyè) blood

(一)一手打手指字母"H"的指式,摸一下嘴唇。

(二)左手斜伸,指尖朝下;右手沿左手背向指尖方向下移,表示血液流动。

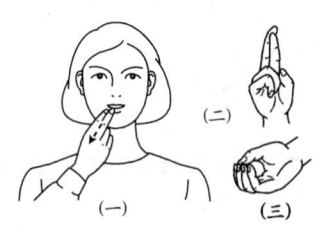

红细胞 hóngxìbāo red blood cell

(一)同"血"手势(一)。

(二)一手打手指字母"X"的指式。

(三)同"细胞壁"手势(二)(见第164页之5)。

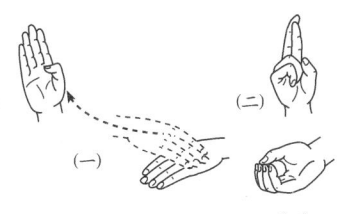

白细胞 báixìbāo white blood cell
(一)左手横伸,掌心向下;右手掌摸一下左手背,然后打出手指字母"B"的指式。
(二)一手打手指字母"X"的指式。
(三)同"细胞壁"手势(二)(见第 164 页之5)。

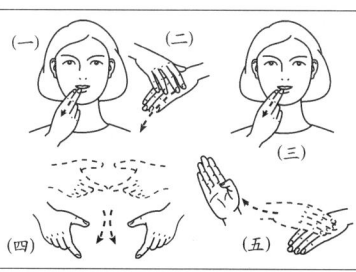

血红蛋白 xuèhóngdànbái hemoglobin
(一)同"血"手势(一)(见第 178 页之4)。
(二)同"血"手势(二)。
(三)同"血"手势(一)。
(四)双手拇、食指分开,指尖相对,然后同时向下一甩,如打蛋状。
(五)同"白细胞"手势(一)。

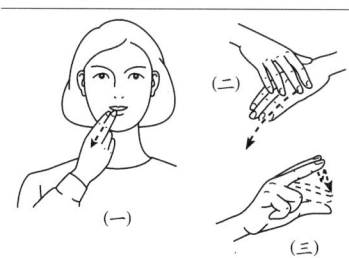

血浆 xuèjiāng plasma
(一)同"血"手势(一)。
(二)同"血"手势(二)。
(三)一手拇、食、中指相捏,再慢慢开合两下。

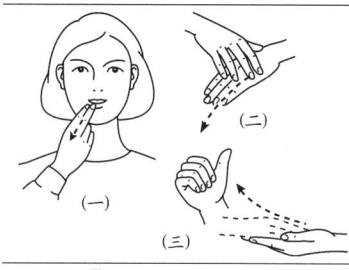

血清 xuèqīng serum
(一)同"血"手势(一)。
(二)同"血"手势(二)。
(三)左手横伸,掌心向上;右手平伸,掌心贴于左手掌心,然后边向外移动边伸出拇指。

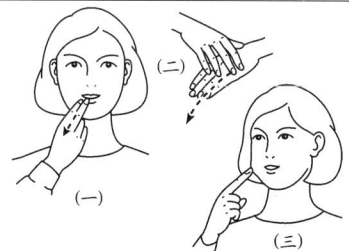

血糖 xuètáng blood sugar
(一)同"血"手势(一)。
(二)同"血"手势(二)。
(三)一手食指指腮部,舌头同时顶住腮部,使腮部凸起。

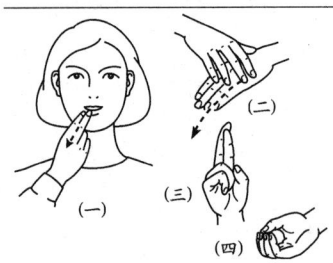

血细胞 xuèxìbāo blood cells
（一）同"血"手势（一）（见第 178 页之 4）。
（二）同"血"手势（二）（见第 178 页之 4）。
（三）一手打手指字母"X"的指式。
（四）同"细胞壁"手势（二）（见第 164 页之 5）。

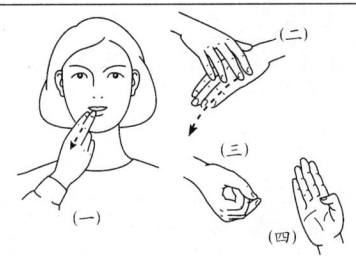

血小板 xuèxiǎobǎn platelet
（一）同"血"手势（一）。
（二）同"血"手势（二）。
（三）同"小脑"手势（一）（见第 170 页之 4）。
（四）一手打手指字母"B"的指式。

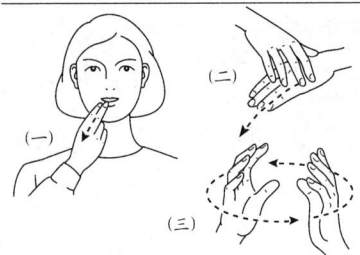

血型 xuèxíng blood type
（一）同"血"手势（一）。
（二）同"血"手势（二）。
（三）双手直立，五指微曲，指尖相对，交替转动。

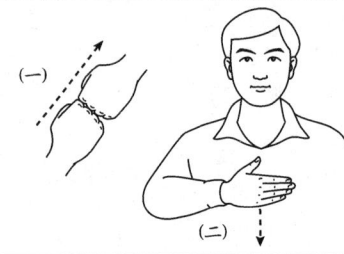

抗体 kàngtǐ antibody
（一）双手握拳屈肘，两拳相抵，然后右拳将左拳向左上方顶出。
（二）同"人体组织结构"手势（二）（见第 164 页之 3）。

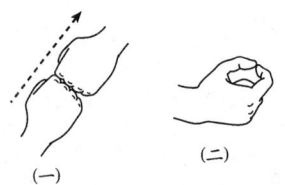

抗原 kàngyuán antigen
（一）同"抗体"手势（一）。
（二）同"神经元"手势（二）（见第 172 页之 4）。

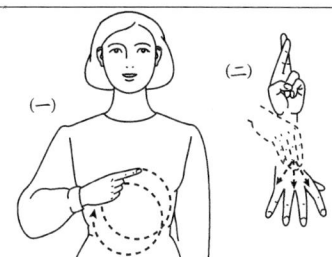

循环系统 xúnhuánxìtǒng circulatory system
(一)一手伸食指,在胸腹部划两圈。
(二)同"系统"手势(见第164页之4)。

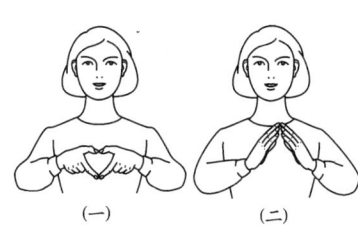

心房 xīnfáng atrium
(一)双手拇、食指搭成"♡"形,贴于胸部。
(二)双手五指搭成"∧"形,置于左胸心脏处偏上部位。

左心房 zuǒxīnfáng left atrium
(一)右手拍一下左上臂。
(二)同"心房"手势(一)。
(三)同"心房"手势(二)。

右心房 yòuxīnfáng right atrium
(一)左手拍一下右上臂。
(二)同"心房"手势(一)。
(三)同"心房"手势(二)。

心室 xīnshì ventricle
(一)同"心房"手势(一)。
(二)双手五指搭成"∧"形,置于左胸心脏处偏下部位。

左心室 zuǒxīnshì　left ventricle

(一)同"左心房"手势(一)(见第 181 页之 3)。

(二)同"心房"手势(一)(见第 181 页之 2)。

(三)同"心室"手势(二)(见第 181 页之 5)。

右心室 yòuxīnshì　right ventricle

(一)同"右心房"手势(一)(见第 181 页之 4)。

(二)同"心房"手势(一)。

(三)同"心室"手势(二)。

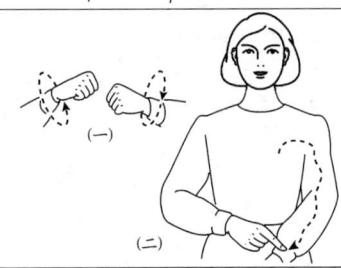

动脉 dòngmài　artery

(一)双手握拳屈肘,前后交替转动两下。

(二)右手食指从心脏处沿手臂向下划,表示动脉是将从心脏压出的血输送全身各部分的血管。

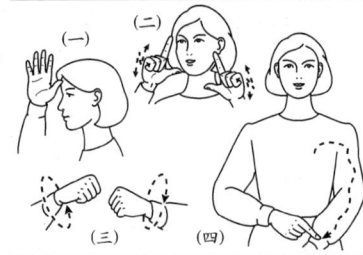

冠状动脉 guānzhuàngdòngmài　coronary

(一)一手五指张开,拇指尖抵于额部,模仿鸡冠状。

(二)同"晶状体"手势(二)(见第 175 页之 2)。

(三)同"动脉"手势(一)。

(四)同"动脉"手势(二)。

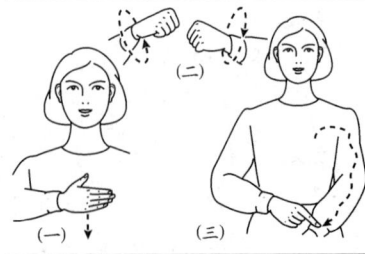

体动脉 tǐdòngmài　arteriae systematicac

(一)同"人体组织结构"手势(二)(见第 164 页之 3)。

(二)同"动脉"手势(一)。

(三)同"动脉"手势(二)。

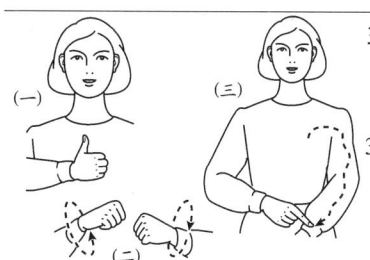

主动脉 zhǔdòngmài aorta
（一）一手伸拇指贴于胸部。
（二）同"动脉"手势（一）（见第 182 页之 3）。
（三）同"动脉"手势（二）。

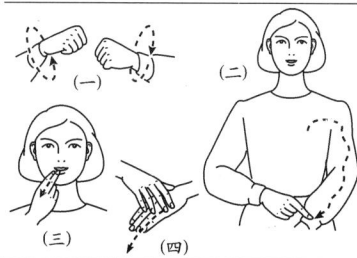

动脉血 dòngmàixuè arterial blood
（一）同"动脉"手势（一）。
（二）同"动脉"手势（二）。
（三）同"血"手势（一）（见第 178 页之 4）。
（四）同"血"手势（二）。

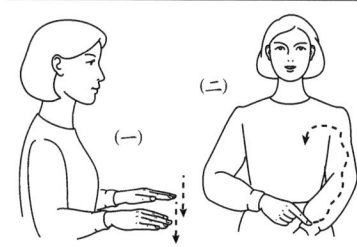

静脉 jìngmài vein
（一）双手平伸，掌心向下，缓缓一按。
（二）右手食指从沿左手臂划至心脏处，表示静脉是将全身各部分血液送回心脏的血管。

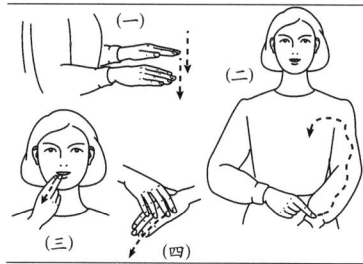

静脉血 jìngmàixuè venous blood
（一）同"静脉"手势（一）。
（二）同"静脉"手势（二）。
（三）同"血"手势（一）。
（四）同"血"手势（二）。

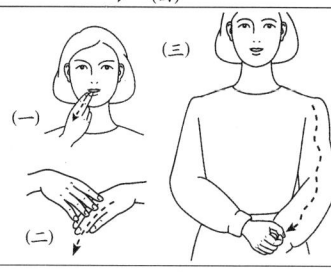

血管 xuèguǎn blood vessel
（一）同"血"手势（一）。
（二）同"血"手势（二）。
（三）右手拇、食指相捏成小圆圈，沿左手臂从上向下移动，表示血管。

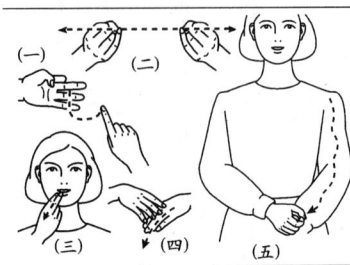

毛细血管 máoxìxuèguǎn capillary

（一）左手中、无名、小指横伸；右手食指在左手三指上书空"L"，仿"毛"字形。
（二）双手拇、小指相捏，从中间向两侧拉开。
（三）同"血"手势（一）（见第178页之4）。
（四）同"血"手势（二）。
（五）同"血管"手势（三）（见第183页之5）。

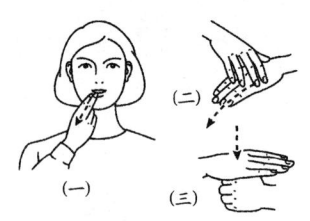

血压 xuèyā blood pressure

（一）同"血"手势（一）。
（二）同"血"手势（二）。
（三）左手握拳，虎口朝上；右手横伸，掌心向下置于左手上，然后向下一压。

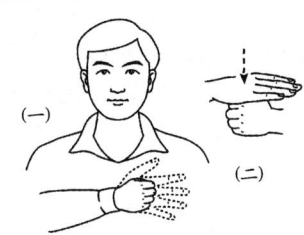

收缩压 shōusuōyā systolic blood pressure

（一）一手五指张开，置于心脏部位，然后五指握拳。
（二）同"血压"手势（三）。

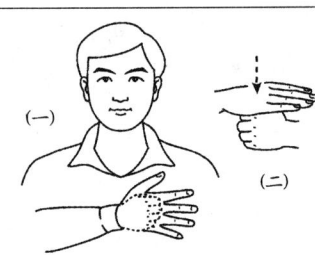

舒张压 shūzhāngyā diastolic blood pressure

（一）一手五指握拳，置于心脏部位，然后五指张开。
（二）同"血压"手势（三）。

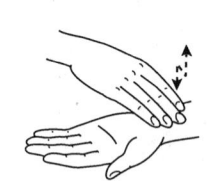

脉搏 màibó pulse

左手平伸，掌心向上；右手五指并拢，食、中、无名指指尖按在左手脉门处，并上下微动两下，表示脉搏跳动。

心率 xīnlǜ heart rate

（一）同"心房"手势（一）（见第 181 页之 2）。

（二）右手五指微曲置于心脏部位，然后向外微跳两下，表示心跳的频率。

淋巴 línbā lymph

一手拇、食指张开，置于颈部淋巴部位，向下划一下。

淋巴管 línbāguǎn lymph vessel

（一）同"淋巴"手势。

（二）一手拇、食指捏成小圆圈，自喉部向下移动。

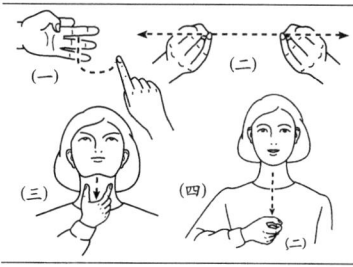

毛细淋巴管 máoxìlínbāguǎn lymphatic capillary

（一）同"毛细血管"手势（一）（见第 184 页之 1）。

（二）同"毛细血管"手势（二）。

（三）同"淋巴"手势。

（四）同"淋巴管"手势（二）。

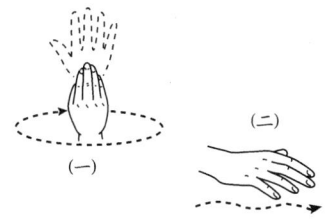

组织液 zǔzhīyè tissue fluid

（一）同"人体组织结构"手势（三）（见第 164 页之 3）。

（二）一手横伸，掌心向下，向一侧做波纹状移动。

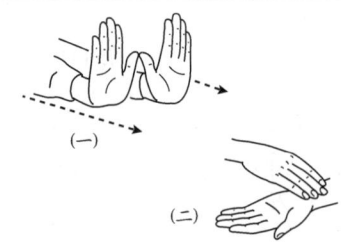

免疫 miǎnyì immunity
（一）双手直立，掌心向外一推。
（二）左手平伸，掌心向上；右手五指并拢，食、中、无名指指尖按于左手脉门处。

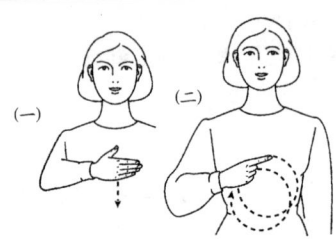

体循环 tǐxúnhuán systematic circulation
（一）同"人体组织结构"手势（二）（见第164页之3）。
（二）同"循环系统"手势（一）（见第181页之1）。

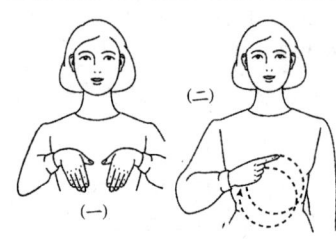

肺循环 fèixúnhuán pulmonary circulation
（一）双手指尖朝下，掌心贴于胸部两侧，表示肺。
（二）同"循环系统"手势（一）。

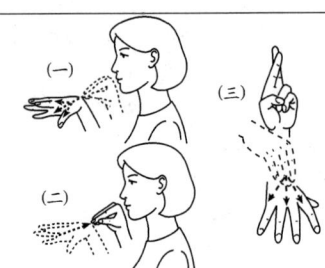

呼吸系统 hūxīxìtǒng respiratory system
（一）一手五指撮合，手背靠近鼻孔，边向外移动边张开五指，如呼气状。
（二）一手五指张开，掌心向外，边向鼻部移动边撮合五指，如吸气状。
（三）同"系统"手势（见第164页之4）。

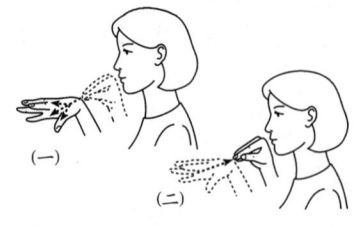

呼吸 hūxī breathing
（一）同"呼吸系统"手势（一）。
（二）同"呼吸系统"手势（二）。

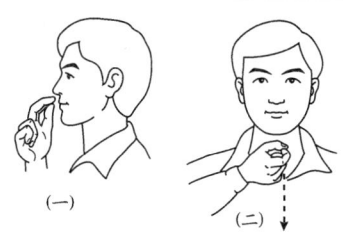

气管 qìguǎn trachea

(一)一手打手指字母"Q"的指式,指尖朝内置于鼻孔处。

(二)同"淋巴管"手势(二)(见第 185 页之3)。

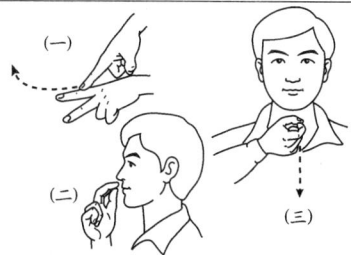

支气管 zhīqìguǎn bronchus

(一)左手食、中指分开,指尖朝前;右手食指沿左手食指向右移动,表示分支。

(二)同"气管"手势(一)。

(三)同"淋巴管"手势(二)。

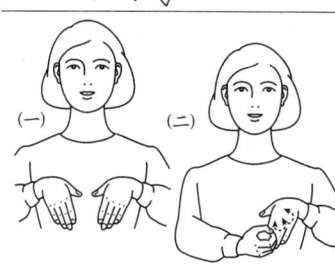

肺泡 fèipào alveolus

(一)同"肺循环"手势(一)(见第 186 页之3)。

(二)左手五指并拢,指尖朝下,掌心贴于左胸部;右手五指相捏成球形,在左手背上随意贴两下。

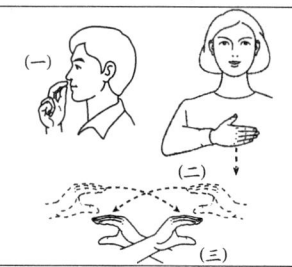

气体交换 qìtǐjiāohuàn gas exchange

(一)同"气管"手势(一)。

(二)同"人体组织结构"手势(二)(见第 164 页之3)。

(三)双手五指成"[ ]"形,一左一右,互换位置。

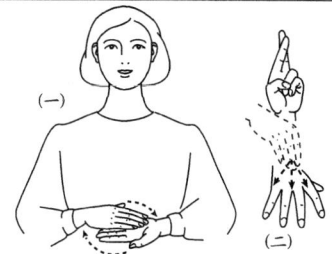

消化系统 xiāohuàxìtǒng digestive system

(一)双手掌心相贴,置于胃部轻轻磨擦两下,表示胃消化食物。

(二)同"系统"手势(见第 164 页之4)。

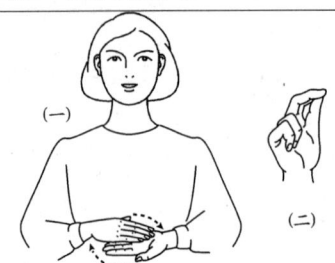

消化腔 xiāohuàqiāng digestive cavity
（一）同"消化系统"手势（一）（见第188页之5）。
（二）一手打手指字母"Q"的指式。

口腔 kǒuqiāng oral cavity
口微张，一手伸食指指向口内指两下。

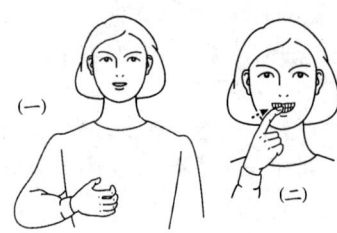

乳牙 rǔyá deciduous tooth
（一）一手五指微曲，指尖朝内，罩于胸部，仿乳房状。
（二）一手食指指一下牙齿。

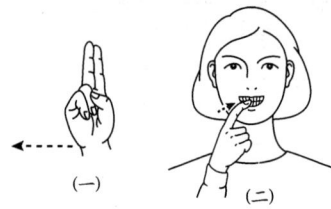

恒牙 héngyá permanent teeth
（三）一手打手指字母"H"的指式，然后向一侧移动。
（四）同"乳牙"手势（二）。

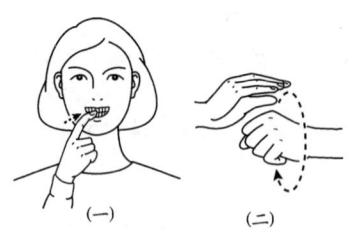

牙釉质 yáyòuzhì enamel
（一）同"乳牙"手势（二）。
（二）左手握拳，手背向上；右手五指成"⌒"形，绕左手半圈。

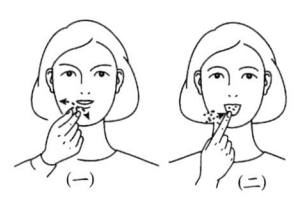

味蕾 wèilěi taste bud

(一)一手拇、食指相捏,在嘴前捻动,表示滋味。

(二)舌头伸出口外,一手食指朝舌头方向随意点两下。

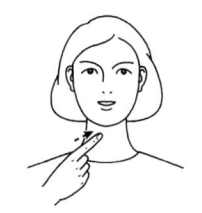

喉(咽喉) hóu(yānhóu) larynx(throat)

一手食指指咽喉部位。

食管 shíguǎn esophagus

(一)一手食、中指横伸,在嘴边划动,如用筷子吃饭状。

(二)同"淋巴管"手势(二)(见第185页之3)。

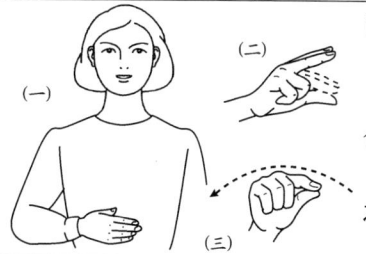

胃黏膜 wèiniánmó gastric mucosa

(一)一手掌心贴于腹部。

(二)一手拇、食、中三指相捏,再慢慢张合。

(三)同"细胞膜"手势(三)(见第165页之2)。

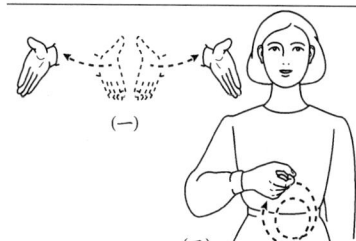

大肠 dàcháng large intestine

(一)同"大脑皮质"手势(一)(见第169页之3)。

(二)一手拇、食指捏成小圆圈,在腹部转动两圈。

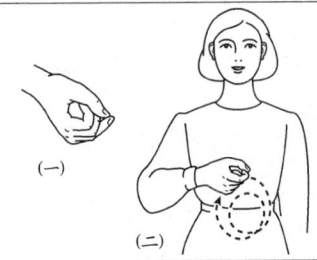

小肠 xiǎocháng small intestine

（一）同"小脑"手势（一）（见第 170 页之 4）。

（二）同"大肠"手势（二）（见第 189 页之 5）。

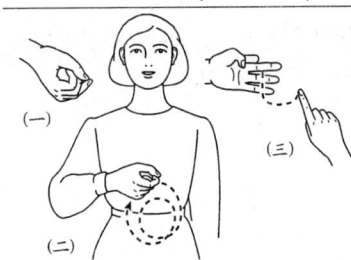

小肠绒毛 xiǎochángróngmáo villi intestinales

（一）同"小脑"手势（一）。

（二）同"大肠"手势（二）。

（三）同"毛细血管"手势（一）（见第 184 页之1）。

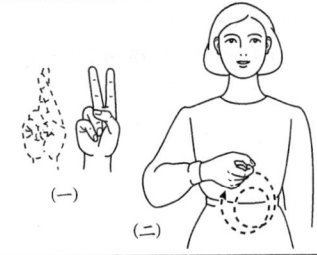

十二指肠 shí'èrzhǐcháng duodenum

（一）一手食、中指先相叠直立，然后分开，表示数字"12"。

（二）同"大肠"手势（二）。

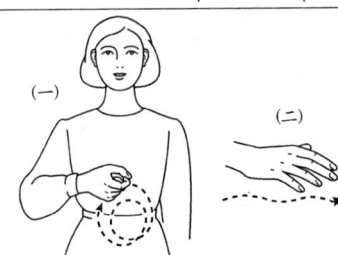

肠液 chángyè intestinal juice

（一）同"大肠"手势（二）。

（二）同"组织液"手势（二）（见第 185 页之5）。

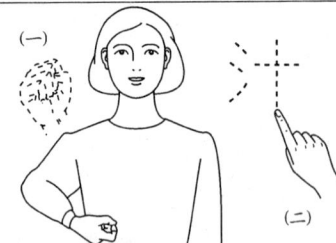

胆汁 dǎnzhī bile

（一）右手先打手指字母"D"的指式，然后拇、食指捏成小圆圈，虎口向外，置于右肋下部位。

（二）一手伸食指书空"汁"。

三、生命科学　191

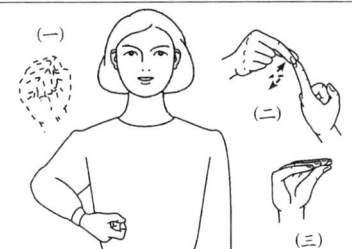

胆固醇 dǎngùchún cholesterol
（一）同"胆汁"手势（一）（见第 190 页之 5）。
（二）左手伸食指；右手拇、食指捏住左手食指尖扳动两下，左手食指挺直不弯。
（三）一手打手指字母"CH"的指式。

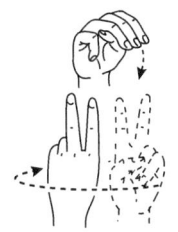

酶 méi enzyme
左手食、中指直立并分开，掌心向外；右手打手指字母"M"的指式置于左手之上，然后向下弯动一下，左手随之翻转为掌心向内，象征在酶的作用下物质发生变化。

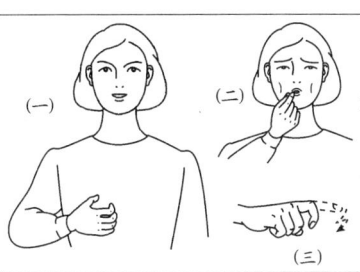

乳酸菌 rǔsuānjūn lactic acid bacteria
（一）同"乳牙"手势（一）（见第 188 页之 3）。
（二）一手拇、食指相捏置于口边，腮向内缩，眉微蹙，如尝到酸味状。
（三）一手食指横伸，弯曲两下。

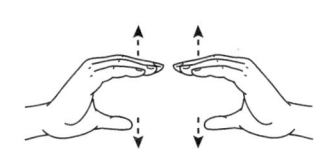

发酵 fājiào fermentation
双手成"[ ]"形，然后向外张开，象征发酵。

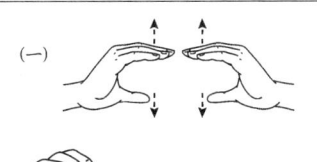

酵母菌 jiàomǔjūn yeast
（一）同"发酵"手势。
（二）一手打手指字母"M"的指式。
（三）同"乳酸菌"手势（三）。

膳食 shànshí meals
同"食管"手势(一)(见第189页之3)。

摄食 shèshí feeding
(一)一手五指张开,指尖朝下,边向上移动边握拳,如拿东西状。
(二)同"食管"手势(一)。

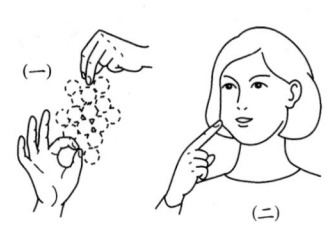

葡萄糖 pútáotáng glucose
(一)左手拇、食、中指相捏如提物状;右手拇、食指捏成小圆形,其他三指微曲直立,在左手下随意点几下。
(二)同"血糖"手势(三)(见第179页之5)。

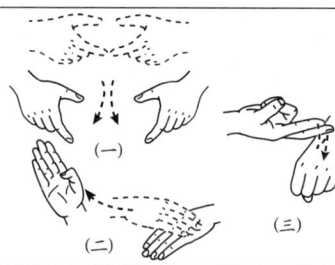

蛋白质 dànbáizhì protein
(一)同"血红蛋白"手势(三)(见第179页之2)。
(二)同"白细胞"手势(一)(见第179页之1)。
(三)同"细胞质"手势(三)(见第165页之5)。

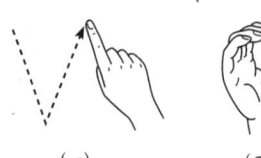

维生素C(VC) wéishēngsù C vitamin C
(一)一手伸食指书空"V"。
(二)一手打手指字母"C"的指式。

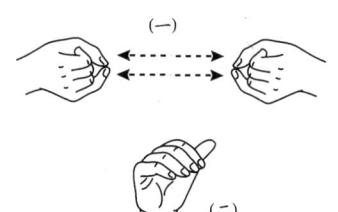

纤维素 xiānwéisù cellulose
（一）双手拇、小指相捏，从中间向两侧连续拉动两次。
（二）一手打手指字母"S"的指式。

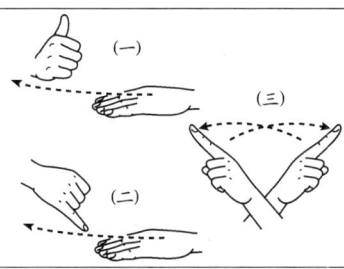

新陈代谢 xīnchéndàixiè metabolism
（一）左手横伸，掌心向下；右手伸出拇指，从左手手背上向外划。
（二）左手横伸，掌心向下；右手伸出小指，指尖朝下从左手手背上向外划。
（三）双手食指直立，然后左右交叉互换位置。

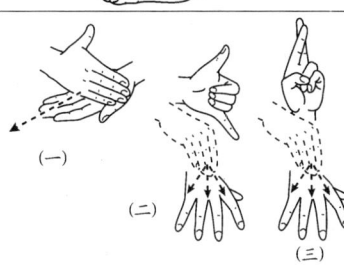

排泄系统 páixièxìtǒng excretory system
（一）左手横伸，掌心向上；右手侧立于左手掌心上，然后向外划动。
（二）左手伸拇、小指；右手五指撮合置于左手下，然后连续做张开、撮合动作，表示腹泻。
（三）同"系统"手势（见第164页之4）。

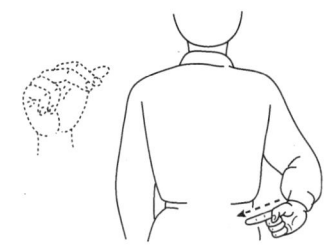

肾(肾脏) shèn(shènzàng) kidney
一手打手指字母"SH"的指式，然后伸食指指一下肾部。

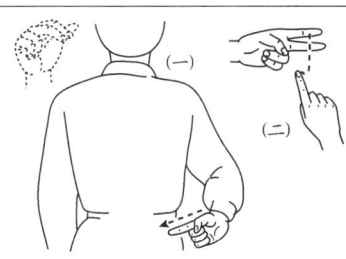

肾盂 shènyú renal pelvis
（一）同"肾"手势。
（二）左手食、中指横伸并分开，右手食指在左手两指上书空"亅"，仿"于"字形。"于"与"盂"同音，借代。

膀胱 pángguāng bladder
　　一手先打手指字母"P"的指式,然后食指指一下膀胱部位。

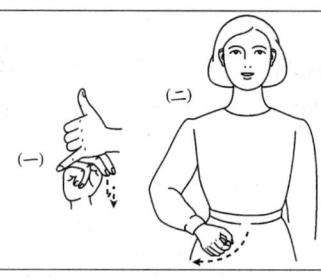

输尿管 shūniàoguǎn ureter
　　(一)左手伸拇、小指;右手打手指字母"N"的指式置于左手下,然后向下晃动两下。
　　(二)一手拇、食指捏成小圆圈,从小腹中间向下移动。

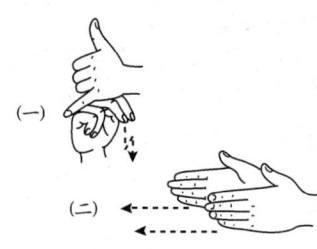

尿道 niàodào urethra
　　(一)同"输尿管"手势(一)。
　　(二)双手侧立,掌心相对,相距约20厘米,向前伸出。

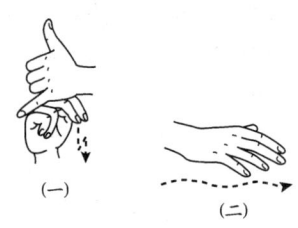

尿液 niàoyè urine
　　(一)同"输尿管"手势(一)。
　　(二)同"组织液"手势(二)(见第185页之5)。

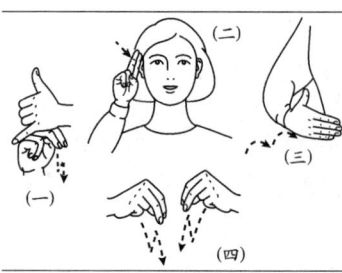

尿常规检查 niàochángguījiǎnchá urine routine examination
　　(一)同"输尿管"手势(一)。
　　(二)一手食、中指并拢直立,朝太阳穴处碰一下。
　　(三)右手横立,自外向内一顿一顿移动两下。
　　(四)双手拇、食、中指相捏,指尖朝下,上下交替移动两下。

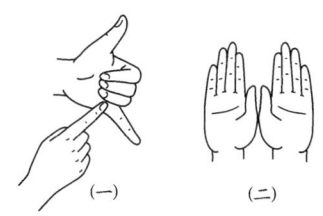

肛门 gāngmén anus
(一)左手伸拇、小指;右手食指指一下左手小指根部。
(二)双手并排直立,掌心向外。

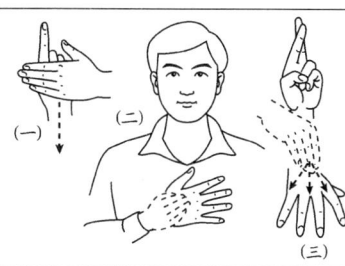

内分泌系统 nèifēnmìxìtǒng endocrine system
(一)同"内耳"手势(一)(见第177页之2)。
(二)一手五指撮合置于胸部,再缓缓张开五指。
(三)同"系统"手势(见第164页之4)。

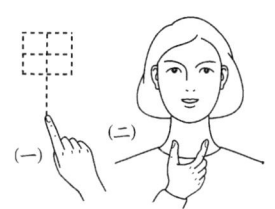

甲状腺 jiǎzhuàngxiàn thyroid
(一)一手食指书空"甲"字。
(二)一手拇、食指张开,置于颈部甲状腺部位。

胰腺 yíxiàn pancreas
(一)一手先打手指字母"Y"的指式,然后食指指一下腹部胰腺部位。
(二)一手打手指字母"X"的指式。

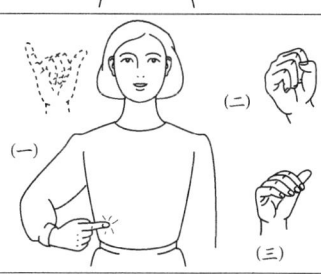

胰岛素 yídǎosù insulin
(一)同"胰腺"手势(一)。
(二)一手打手指字母"D"的指式。
(三)一手打手指字母"S"的指式。

胰液 yíyè pancreatic juice
（一）同"胰腺"手势（一）（见第 195 页之4）。
（二）同"组织液"手势（二）（见第 185 页之5）。

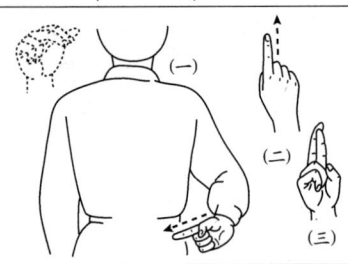

肾上腺 shènshàngxiàn adrenal gland
（一）同"肾"手势（见第 193 页之4）。
（二）一手食指向上指一下。
（三）一手打手指字母"X"的指式。

激素 jīsù hormone
（一）一手打手指字母"J"的指式。
（二）一手打手指字母"S"的指式。

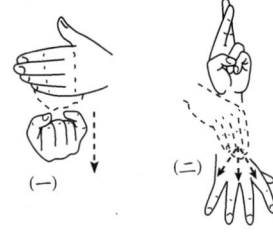

生殖系统 shēngzhíxìtǒng reproductive system
（一）左手横立，手背向外，五指微曲；右手五指蜷曲，手背向下，先置于左手掌内，再移出左手外。
（二）同"系统"手势（见第 164 页之4）。

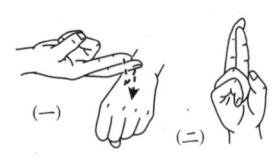

性腺 xìngxiàn gonad
（一）同"细胞质"手势（三）（见第 165 页之5）。
（二）一手打手指字母"X"的指式。

睾丸 gāowán testis
左手伸食指,指尖朝下;右手五指相捏成球形,在左手食指两侧各放一下。

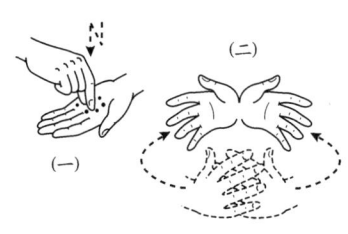

卵巢 luǎncháo ovary
(一)左手平伸,掌心向上;右手拇、食指指尖相捏,在左手掌上上下点两下。
(二)双手掌心向内,五指分开,交叉相叠,然后向后做弧形移动至手腕相贴。

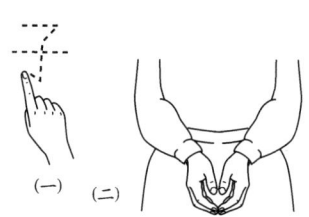

子宫 zǐgōng uterus
(一)一手食指书空"子"字。
(二)双手五指微曲,掌心相合,手背拱起,指尖朝下置于腹部。

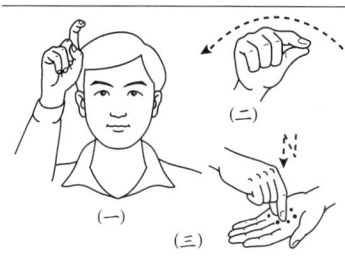

羊膜卵 yángmóluǎn amniotic egg
(一)一手食指弯曲如钩,虎口贴于太阳穴,如绵羊头上弯曲的长角。
(二)同"细胞膜"手势(三)(见第165页之2)。
(三)同"卵巢"手势(一)。

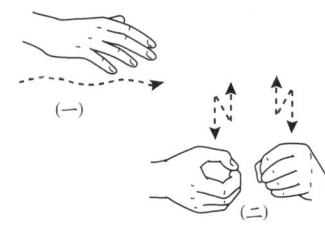

液泡 yèpào vacuole
(一)同"组织液"手势(二)(见第185页之5)。
(二)双手五指捏成圆球形,上下交替移动,象征一个一个水泡。

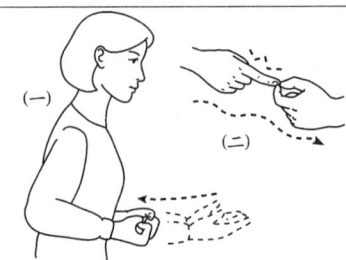

受精 shòujīng fertilization
(一)双手平伸,掌心向上,自外向内边移动边握拳。
(二)左手拇、食指捏成小圆圈;右手食指顶住左手小圆圈,边弯动手指边推小圆圈向前移动。

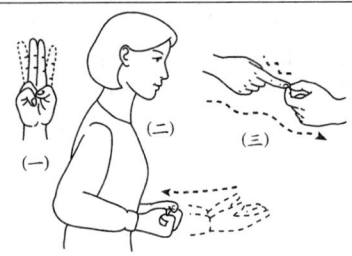

双受精 shuāngshòujīng double fertilization
(一)一手食、中指直立分开,然后并拢。
(二)同"受精"手势(一)。
(三)同"受精"手势(二)。

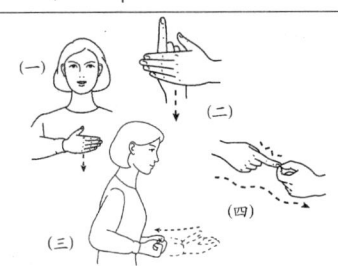

体内受精 tǐnèishòujīng in vivo fertilization
(一)同"人体组织结构"手势(二)(见第164页之3)。
(二)同"内耳"手势(一)(见第177页之2)。
(三)同"受精"手势(一)。
(四)同"受精"手势(二)。

胎盘 tāipán placenta
(一)左手横伸,掌心向上;右手拇、小指蜷曲,手背贴于左手掌心上。
(二)双手拇、食指搭成大圆形,由下而上微移一下,仿盘子的形状。

脐带 qídài umbilical cord
一手打手指字母"Q"的指式,置于肚脐位置,然后向外移动。

5. 疾 病

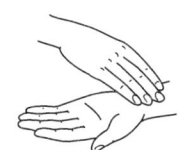

病(疾病) bìng(jíbìng) disease
左手平伸,掌心向上;右手五指并拢,食、中、无名指指尖按于左手脉门处。

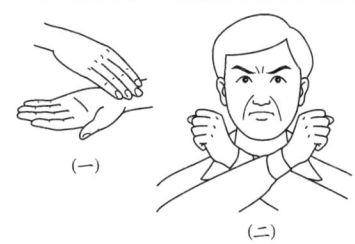

病毒 bìngdú virus
(一)同"病"手势。
(二)双手握拳屈肘,腕部交叉,置于颈部。

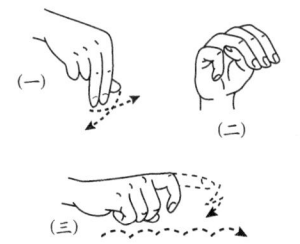

尘螨 chénmǎn dermatophagoides pteronyssinus
(一)一手拇、食、中指撮合,指尖朝下互捻两下。
(二)一手打手指字母"M"的指式。
(三)一手食指横伸,边弯曲边向前移动,如昆虫爬行状。

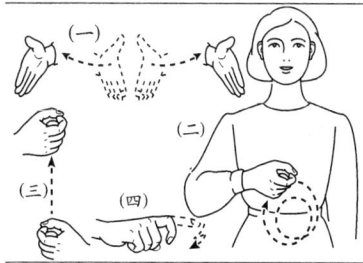

大肠杆菌 dàchánggǎnjūn Escherichia coli
(一)双手侧立,掌心相对,同时向两侧移动,幅度要大些。
(二)一手拇、食指捏成小圆圈,在腹部转两圈。
(三)双手拇、食指相捏成小圆形,上下相叠,左手在下不动,右手向上移。
(四)一手食指横伸,弯动两下。

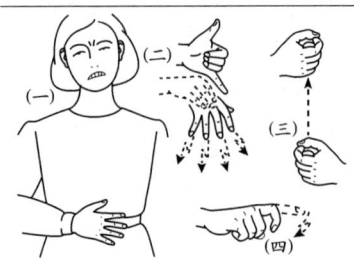

痢疾杆菌 lìjígǎnjūn dysentery bacillus

(一)一手捂于腹部,面露不舒服样。

(二)左手伸拇、小指;右手五指撮合置于左手下,然后连续做张开、撮合动作。

(三)同"大肠杆菌"手势(三)(见第199页之5)。

(四)同"大肠杆菌"手势(四)。

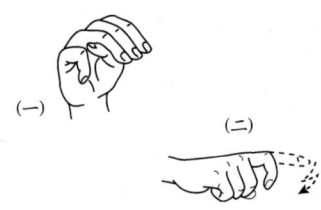

霉菌 méijūn mildew

(一)一手打手指字母"M"的指式。

(二)同"大肠杆菌"手势(四)。

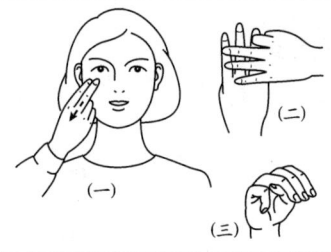

黄曲霉 huángqūméi aspergillus flavus

(一)一手打手指字母"H"的指式,摸一下脸颊。

(二)左手中、无名、小指与右手食、中、无名、小指搭成"曲"字形。

(三)一手打手指字母"M"的指式。

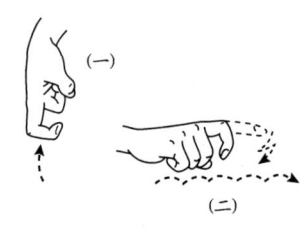

钩虫 gōuchóng hookworm

(一)一手食指弯曲如钩,手背向外,向上一提。

(二)同"尘螨"手势(三)(见第199页之4)。

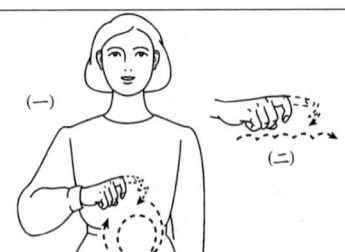

蛔虫 huíchóng ascarid

(一)一手食指横伸,边弯曲边在腹部转动。

(二)同"尘螨"手势(三)。

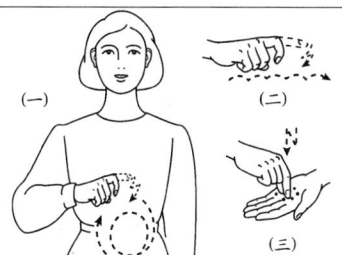

蛔虫卵 huíchóngluǎn ascaris egg

（一）同"蛔虫"手势（一）（见第 200 页之 5）。

（二）同"尘螨"手势（三）（见第 199 页之 4）。

（三）左手平伸，掌心向上；右手拇、食指指尖相捏，在左手掌上点两下。

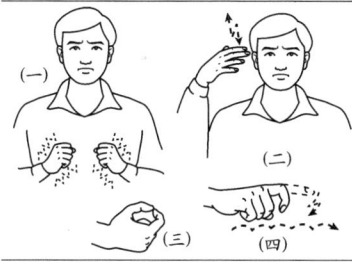

疟原虫 nüèyuánchóng plasmodium

（一）双手握拳屈肘，微微抖动几下。

（二）右手五指微曲，掌心向下，在头侧上下扇动两下，表示疟疾忽冷忽热的症状。

（三）一手拇、食指相捏成圆圈。

（四）同"尘螨"手势（三）。

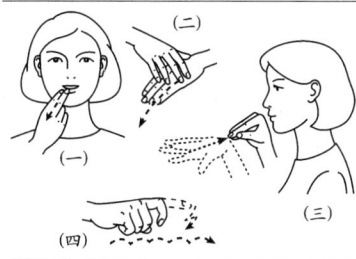

血吸虫 xuèxīchóng schistosoma

（一）一手打手指字母"H"的指式，摸一下嘴唇。

（二）左手斜伸，指尖朝下；右手沿左手背向指尖方向下移，表示血液流动。

（三）一手五指伸开，从嘴前向后移动，同时收拢五指，手背贴于鼻孔处，如吸气状。

（四）同"尘螨"手势（三）。

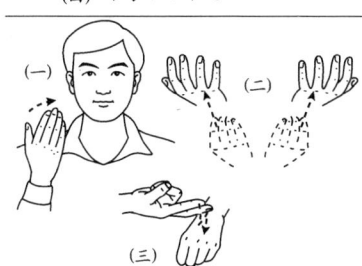

原发性 yuánfāxìng primary

（一）一手直立，掌心向内，向肩后挥动一下。

（二）双手五指撮和，指尖朝上，然后边向上移动边张开五指。

（三）左手握拳，手背向上；右手伸食、中指，用指背弹击两下左手背。

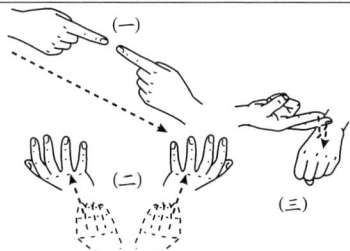

继发性 jìfāxìng secondary

（一）双手伸食指，指尖斜向相对，同时向左下方移动。

（二）同"原发性"手势（二）。

（三）同"原发性"手势（三）。

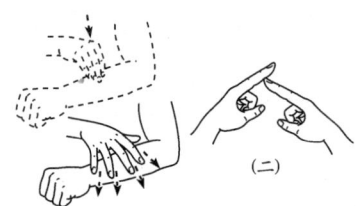

感染者 gǎnrǎnzhě　infector

(一)左手前臂横于胸前;右手五指撮合在左手前臂上点一下,然后缓缓放开五指,表示受感染后局部发炎。

(二)双手食指搭成"人"字形。

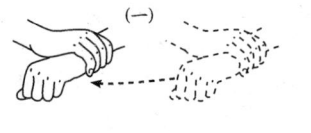

携带者 xiédàizhě　carriers

(一)左手虚握,手背向上;右手握住左手腕并向一侧移动。

(二)同"感染者"手势(二)。

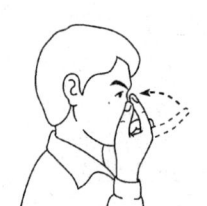

近视 jìnshì　myopia

右手拇、食指张开,拇指抵于眼睑下方,食指逐渐向拇指靠近,同时做眯眼动作。

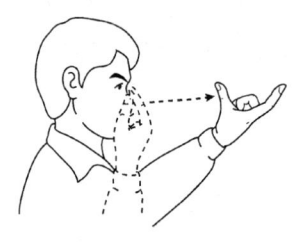

远视 yuǎnshì　hyperopia

右手拇、食指先捏合,拇指抵于眼睑下方,然后边向前大幅移动边张开拇、食指。

色盲 sèmáng　color blindness

(一)一手五指分开,掌心向内,在嘴唇处交替点动几下。

(二)一手食、中指直立,贴于双眼部,双眼闭合。

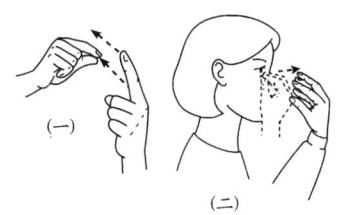

麦粒肿 màilìzhǒng sty

（一）左手食指直立微曲；右手拇、食指相捏，从左手食指根部向斜上方移动两下。

（二）一手五指撮合，指尖抵于一侧眼睑处，然后五指微张，象征肿胀。

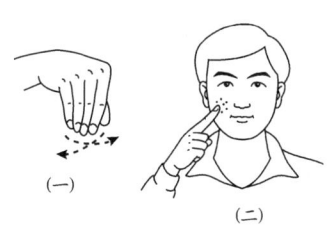

粉刺 fěncì acne

（一）一手五指撮合，指尖朝下互捻两下。

（二）一手伸食指，在脸上点动几下。

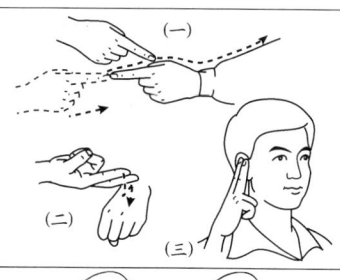

传导性聋 chuándǎoxìnglóng conductive deafness

（一）双手食指横伸，左手不动；右手食指移动并触到左手食指，然后沿左手臂向上移动。

（二）同"原发性"手势（三）（见第 201 页之 4）。

（三）一手食、中指直立，贴于耳部，表示耳聋。

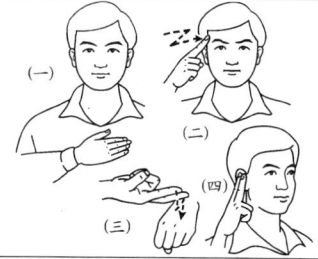

感音性聋 gǎnyīnxìnglóng sensorineural deafness

（一）右手掌贴于左胸部。

（二）一手食指直立，在耳边左右动几下。

（三）同"原发性"手势（三）。

（四）同"传导性聋"手势（三）。

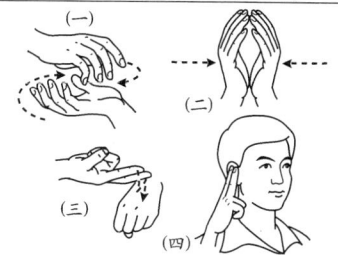

混合性聋 hùnhéxìnglóng mixed deafness

（一）双手五指弯曲，一上一下，掌心相对，交替转动。

（二）双手直立，五指微曲，掌心相对，从两侧向中间合拢。

（三）同"原发性"手势（三）。

（四）同"传导性聋"手势（三）。

龋齿（蛀牙） qǔchǐ(zhùyá) dental caries (tooth decay)

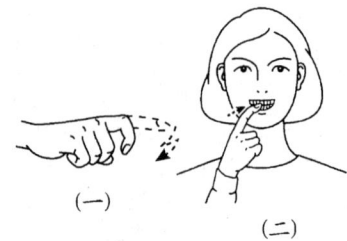

（一）同"大肠杆菌"手势（四）（见第199页之5）。

（二）一手食指指一下牙齿。

传染病 chuánrǎnbìng infectious disease

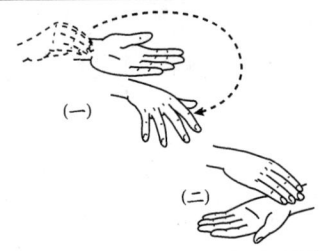

（一）左手平伸，掌心向上；右手五指撮合置于左手脉门处，然后边向外做弧形移动边放开五指，表示疾病传播。

（二）同"病"手势（见第199页之2）。

流行性感冒 liúxíngxìnggǎnmào influenza

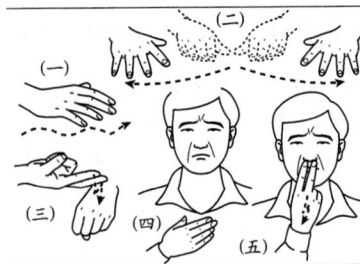

（一）一手横伸，掌心向下，向一侧做波纹状移动。

（二）双手平伸，掌心向下，从中间向两侧做弧形移动，五指同时张开。

（三）同"原发性"手势（三）（见第201页之4）。

（四）一手捂于胸部，面露痛苦表情。

（五）一手伸食、中指，指尖对着鼻部，上下移动两下，如流鼻涕状。

支气管炎 zhīqìguǎnyán bronchitis

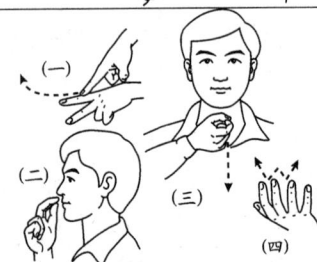

（一）左手食、中指分开，指尖朝前；右手食指沿左手食指向右移动，表示分支。

（二）一手打字母"Q"的指式，指尖朝内，置于鼻孔处。

（三）一手拇、食指捏成小圈圈，自喉部向下移动。

（四）一手平伸，五指微曲，指尖朝上，上下微动两下。

肺炎 fèiyán pneumonia

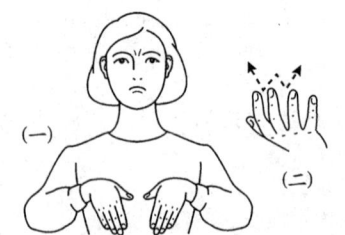

（一）双手指尖朝下，掌心贴于胸部两侧，表示肺。

（二）同"支气管炎"手势（四）。

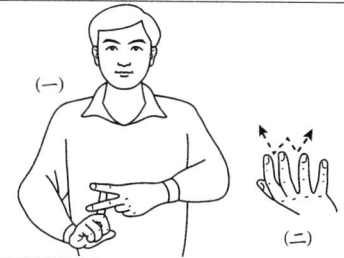

肝炎 gānyán hepatitis

（一）左手食、中两指与右手食指搭成"干"字形，置于腹部肝脏部位。

（二）同"支气管炎"手势（四）（见第204页之4）。

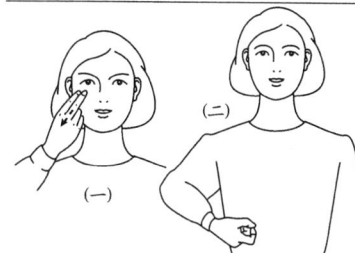

黄疸 huángdǎn jaundice

（一）同"黄曲霉"手势（一）（见第200页之3）。

（二）一手拇、食指相捏成小圆圈置于胆部。

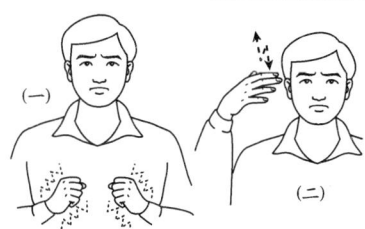

疟疾 nüèjí malaria

（一）同"疟原虫"手势（一）（见第201页之2）。

（二）见"疟原虫"手势（二）。

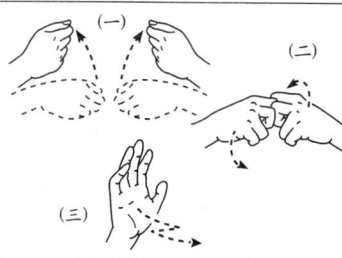

破伤风 pòshāngfēng tetanus

（一）双手拇、食指相捏，指尖相对，然后向上方掰动。

（二）双手横伸，手背向上，食、中指弯曲如钩，互相咬住，分别向不同方向扭转。

（三）一手直立，五指微曲，左右来回扇动两下。

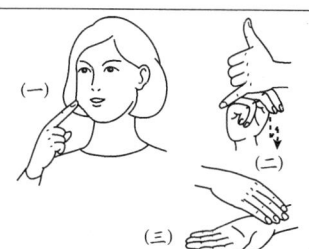

糖尿病 tángniàobìng diabetes

（一）一手食指指腮部，舌头同时顶住腮部，使腮部凸起。

（二）左手伸拇、小指；右手打手指字母"N"的指式置于左手下，然后向下晃动两下。

（三）同"病"手势（见第199页之2）。

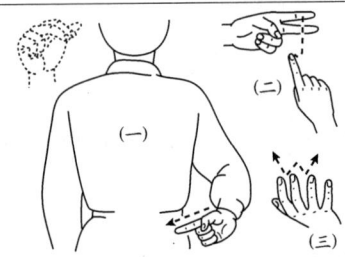

肾盂肾炎　shènyúshènyán　pyelonephritis

（一）一手打手指字母"SH"的指式，然后伸食指指一下肾部。

（二）左手食、中指横伸并分开，右手食指在左手两指上书空"亅"，仿"于"字形。

（三）同"支气管炎"手势（四）（见第204页之4）。

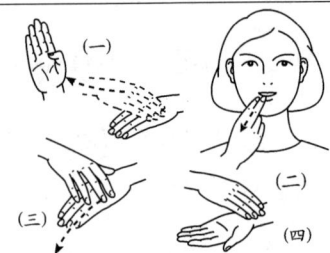

白血病　báixuèbìng　leukemia

（一）左手横伸，掌心向下；右手掌摸一下左手背，然后打手指字母"B"的指式。

（二）同"血吸虫"手势（一）（见第201页之3）。

（三）同"血吸虫"手势（二）。

（四）同"病"手势（见第199页之2）。

胃癌　wèi'ái　gastric carcinoma

（一）一手掌心贴于腹部。

（二）左手拇、食指相捏成圆圈；右手食、中、无名指指尖朝下，中指指尖抵于左手圆圈。

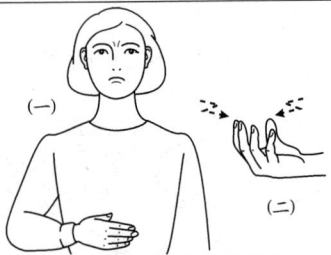

胃溃疡　wèikuìyáng　gastric ulcer

（一）同"胃癌"手势（一）。

（二）一手五指弯曲，指尖朝上，捏动两下。

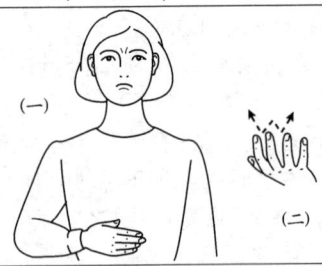

胃炎　wèiyán　gastritis

（一）同"胃癌"手势（一）。

（二）同"支气管炎"手势（四）。

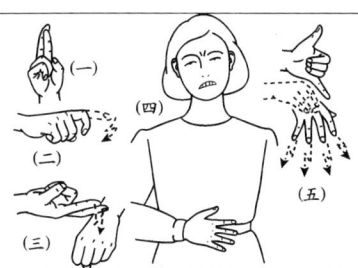

细菌性痢疾 xìjūnxìnglìjí bacterial dysentery
（一）一手打手指字母"X"的指式。
（二）同"大肠杆菌"手势（四）（见第 199 页之 5）。
（三）同"原发性"手势（三）（见第 201 页之 4）。
（四）同"痢疾杆菌"手势（一）（见第 200 页之 1）。
（五）同"痢疾杆菌"手势（二）。

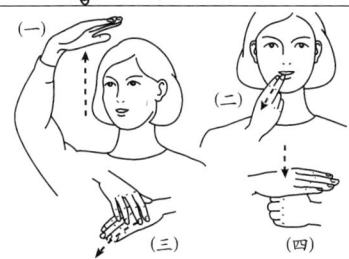

高血压 gāoxuèyā hypertension
（一）一手横伸，掌心向下，向上举过头。
（二）同"血吸虫"手势（一）（见第 201 页之 3）。
（三）同"血吸虫"手势（二）。
（四）左手握拳，虎口朝上；右手横伸，掌心向下置于左手上，然后向下一压。

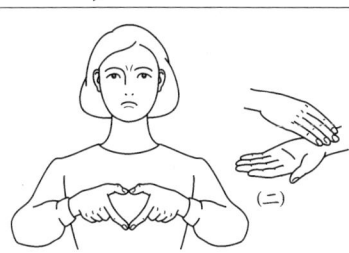

心脏病 xīnzàngbìng heart disease
（一）双手拇、食指搭成"♡"形，贴于胸部。
（二）同"病"手势（见第 199 页之 2）。

心绞痛 xīnjiǎotòng angina
（一）同"心脏病"手势（一）。
（二）双手虚握，同时向相反方向拧，面露痛苦表情。

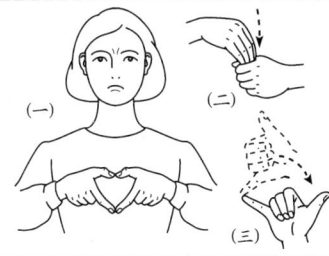

心肌梗死 xīnjīgěngsǐ myocardial infarction
（一）同"心脏病"手势（一）。
（二）左手五指成圆形，虎口朝上；右手五指撮合，指尖朝下插入左手虎口内。
（三）一手拇、小指先直立，手背向外，然后向后一倒。

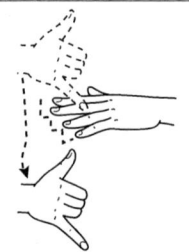

溺水 nìshuǐ drowning

左手横伸,掌心向下,五指交替点动;右手伸拇、小指,从左手上方落到左手下方。

窒息 zhìxī asphyxia

右手伸食、中指放在鼻孔下,并屏住呼吸,模仿窒息状。

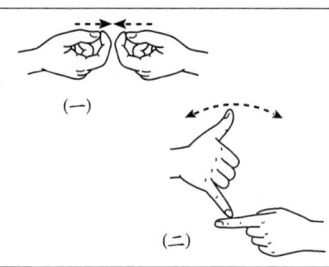

濒危 bīnwēi endangered

(一)双手拇、食指相捏,虎口朝上,相互靠近。

(二)左手食指横伸;右手伸拇、小指,小指尖立于左手食指上,并左右晃动两下。

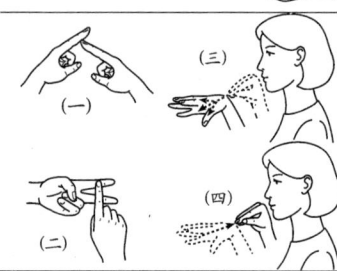

人工呼吸 réngōnghūxī artificial respiration

(一)同"感染者"手势(二)(见第202页之1)。

(二)左手食、中指与右手食指搭成"工"字形。

(三)一手五指撮合,手背靠近鼻孔,边向外移动边张开五指,如呼气状。

(四)同"血吸虫"手势(三)(见第201页之3)。

骨质疏松 gǔzhìshūsōng osteoporosis

(一)左手握拳,手背向上;右手食指弯曲,指尖敲一下左手腕关节处。

(二)同"原发性"手势(三)(见第201页之4)。

(三)双手直立,掌心向内,十指并拢靠在一起,然后手指张开。

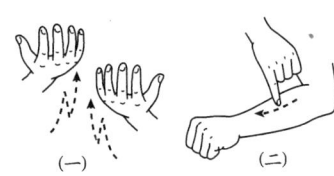

烧伤 shāoshāng burn

(一)双手平伸,五指微曲,指尖朝上,上下交替动两下,如火苗跳动状。

(二)左手胳膊上抬;右手伸小指,在左手前臂上划一下。

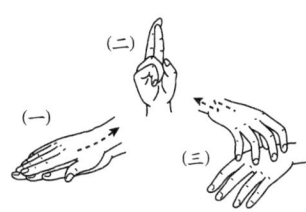

足癣 zúxuǎn athlete's foot

(一)左手平伸,手背向上,五指并拢;右手掌在左手背上从前向后摸一下。

(二)一手打手指字母"X"的指式。

(三)右手五指弯曲,在左手背上挠两下,如搔痒状。

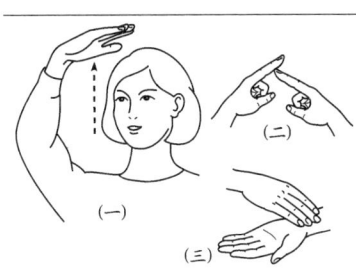

巨人症 jùrénzhèng gigantism

(一)同"高血压"手势(一)(见第 207 页之2)

(二)同"感染者"手势(二)(见第 202 页之1)。

(三)同"病"手势(见第 199 页之2)。

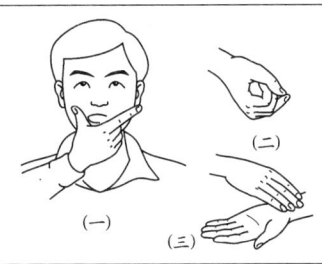

呆小症 dāixiǎozhèng cretinism

(一)一手拇、食指叉开,贴于嘴部,面无表情。

(二)一手拇、小指指尖相捏。

(三)同"病"手势。

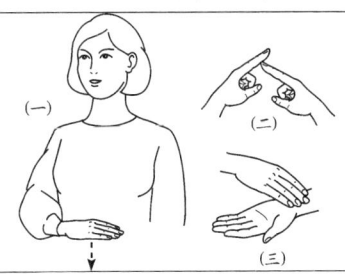

侏儒症 zhūrúzhèng dwarfism

(一)一手横伸,掌心向下,自腹部往下一按。

(二)同"感染者"手势(二)。

(三)同"病"手势。

淋病　lìnbìng　gonorrhea

（一）一手打手指字母"L"的指式。
（二）同"病"手势（见第199页之2）。

艾滋病　àizībìng　acquired immune deficiency syndrome(AIDS)

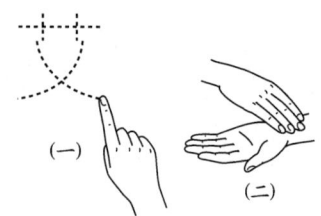

（一）一手食指书空"艾"字。
（二）同"病"手势。

手足口病　shǒuzúkǒubìng　foot and mouth disease

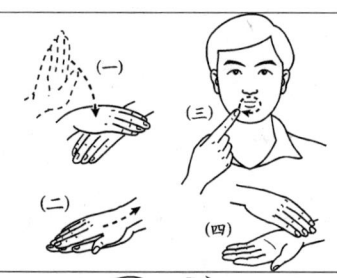

（一）一手拍一下另一手背。
（二）同"足癣"手势（一）（见第209页之2）。
（三）一手食指沿口部转一圈。
（四）同"病"手势。

狂犬病　kuángquǎnbìng　rabies

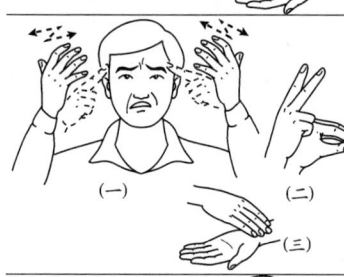

（一）两手食指指太阳穴处，然后五指张开抖动两下。
（二）左手五指撮合成尖形，指尖朝前；右手食、中指分开，指尖朝上置于左手背上。
（三）同"病"手势。

水痘　shuǐdòu　varicella

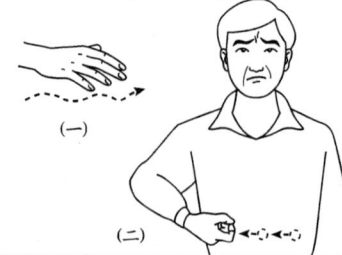

（一）同"流行性感冒"手势（一）（见第204页之3）。
（二）一手拇、食指相捏成小圆圈，虎口朝外，在身上随意点几下。

6. 食 物

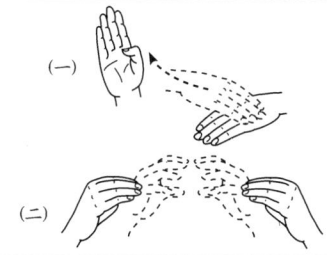

白薯 báishǔ sweet potatoes
(一)左手横伸,掌心向下;右手掌摸一下左手背,然后打手指字母"B"的指式。
(二)双手五指弯曲,指尖相对,边从中间向两侧拉开边撮合五指,仿白薯的形状。

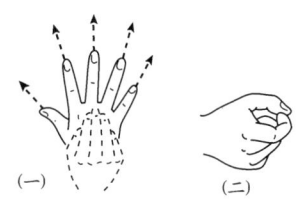

菜豆 càidòu kidney bean
(一)一手五指撮合,指尖朝上,边向上移动边张开五指。
(二)一手拇、食指捏成小圆圈。

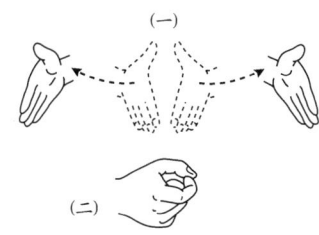

大豆 dàdòu soybean
(一)双手侧立,掌心相对,同时向两侧移动,幅度要大些。
(二)同"菜豆"手势(二)。

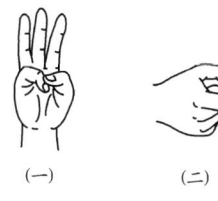

豌豆 wāndòu pea
(一)一手打手指字母"W"的指式。
(二)同"菜豆"手势(二)。

慈姑 cígu arrowhead
左手食指直立；右手五指虚握置于左手食指上，如慈姑形状。

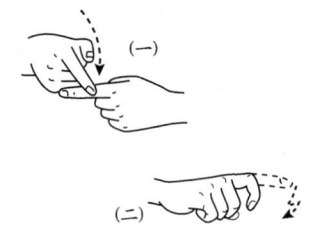

真菌 zhēnjūn fungi
(一)左手食指横伸；右手伸食指，指尖朝前，自上而下敲一下左手食指。
(二)一手食指横伸，弯曲两下。

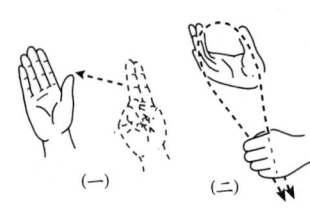

胡萝卜 húluóbo carrot
(一)一手连续打手指字母"H"和"U"的指式。
(二)双手五指成半圆形，叠在一起，左手在上不动，右手往下移，并逐渐并拢五指，仿长萝卜外形。

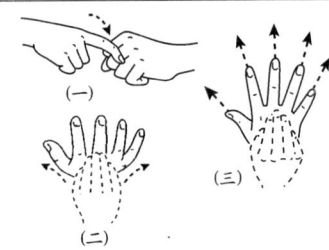

金花菜 jīnhuācài golden cauliflower
(一)左手握拳，手背向上；右手食指在左手无名指根部点一下。
(二)一手五指撮合，指尖朝上，然后张开。
(三)同"菜豆"手势(一)(见第212页之3)。

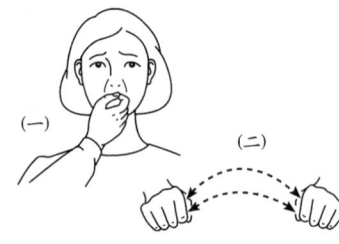

苦瓜 kǔguā bitter melon
(一)一手拇、食指握成小圆圈，置于口边，脸露尝到苦味状。
(二)双手虚握，虎口相贴，然后向两侧做弧形微移，如苦瓜外形。

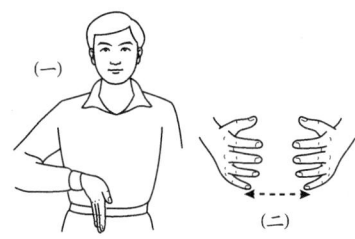

南瓜 nánguā pumpkin

（一）右手五指并拢,掌心向左,置于腹前。
（二）双手五指成半圆形,从中间向两侧微移一下。

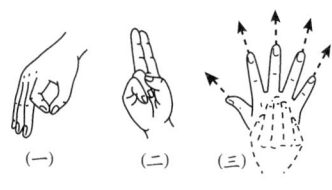

蓬蒿菜(茼蒿) pénghāocài(tónghāo) basil dish

（一）一手打手指字母"P"的指式。
（二）一手打手指字母"H"的指式。
（三）同"菜豆"手势（一）（见第 211 页之 3）。

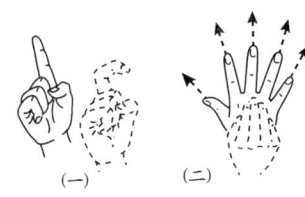

荠菜 jìcài shepherd's purse

（一）一手连续打手指字母"J"和"I"的指式。
（二）同"菜豆"手势（一）。

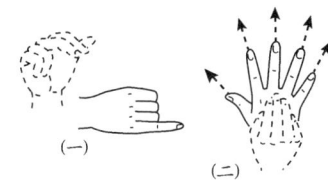

生菜 shēngcài lettuce

（一）一手连续打手指字母"SH"和"NG"的指式。
（二）同"菜豆"手势（一）。

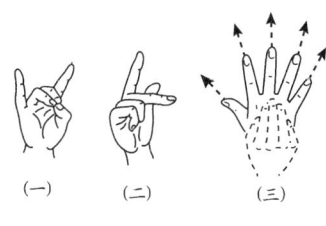

塌棵菜 tākēcài Brassica narinosa

（一）一手打手指字母"T"的指式。
（二）一手打手指字母"K"的指式。
（三）同"菜豆"手势（一）。

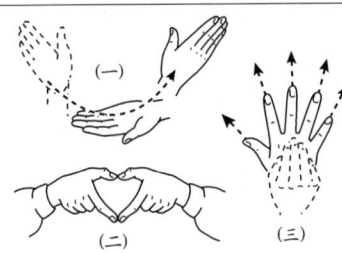

蕹菜(空心菜) wèngcài (kōngxīncài) ipomoea aquatica (water spinach)

(一)左手横伸,掌心向上;右手侧立,然后从左手掌心上刮过。
(二)双手拇、食指搭成"♡"形,贴于胸部。
(三)同"菜豆"手势(一)(见第211页之3)。

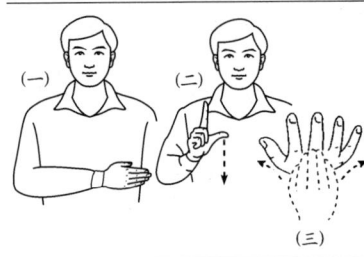

西兰花 xīlánhuā broccoli

(一)右手横立,指尖朝左。
(二)一手打手指字母"L"的指式,并沿胸的一侧划下。
(三)同"金花菜"手势(二)(见第212页之4)。

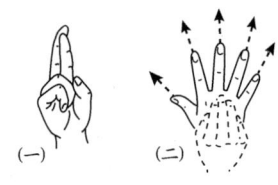

苋菜 xiàncài amaranth

(一)一手打手指字母"X"的指式。
(二)同"菜豆"手势(一)

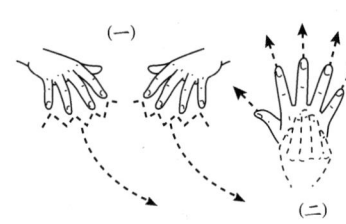

雪里蕻菜(雪菜) xuělǐhóngcài (xuěcài) potherb mustard

(一)双手平伸,掌心向下,五指分开,边交替点动边向斜下方缓缓下降,如雪花飘落状。
(二)同"菜豆"手势(一)。

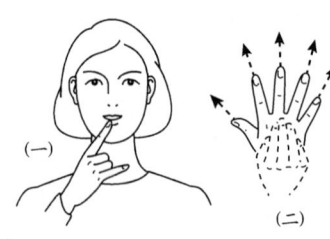

紫菜 zǐcài laver

(一)一手打手指字母"Z"的指式,置于嘴唇处。
(二)同"菜豆"手势(一)。

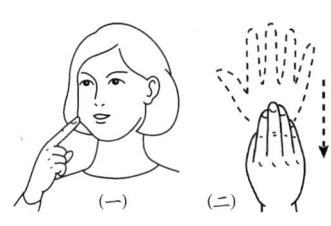

糖类 tánglèi carbohydrate
(一)一手食指指腮部,舌头同时顶住腮部,使腮部凸起。
(二)一手五指微曲张开,指尖朝上,边向下移动边撮合五指。

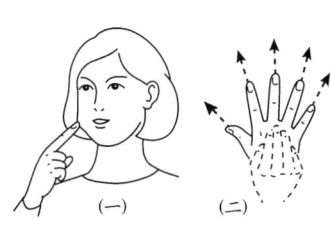

甜菜 tiáncài beet
(一)同"糖类"手势(一)。
(二)同"菜豆"手势(一)(见第211页之3)。

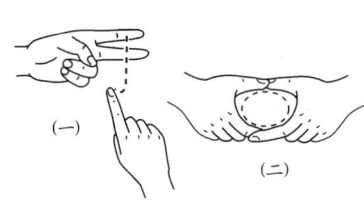

芋艿(芋头) yùnǎi(yùtou) taro
(一)左手食、中指横伸并分开,右手食指在左手两指上书空"亅",仿"于"字形。"于"与"芋"同音,借代。
(二)双手拇、食指成椭圆形,仿芋艿外形。

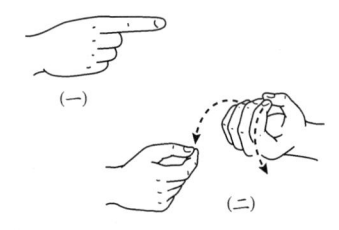

柑橘 gānjú orange
(一)一手打手指字母"G"的指式。
(二)左手虚握,掌心向上;右手拇、食指相捏,沿左手指背向下扯,如剥橘子皮状。

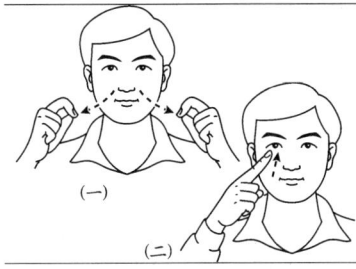

龙眼 lóngyǎn longan
(一)双手拇、食指相捏,从鼻下两侧向外移动,象征龙的两条长须。
(二)一手食指指眼睛。

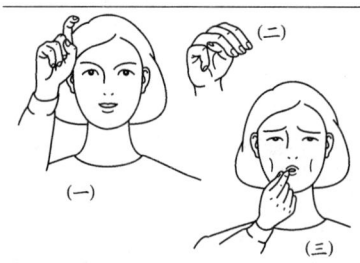

杨梅 yángméi bayberry

（一）一手食指弯曲如钩,虎口贴于太阳穴。

（二）一手打手指字母"M"的指式。

（三）一手拇、食指相捏置于口边,腮向内缩,眉微蹙,如尝到酸味状。

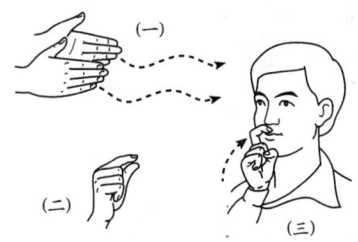

江米酒(酒酿) jiāngmǐjiǔ(jiǔniàng) liqueur

（一）双手侧立,掌心相对,相距约30厘米,向前做曲线形移动。

（二）一手拇、食指相对,中间留有米粒大小的距离。

（三）一手打手指字母"J"的指式,置于嘴前做喝酒状。

 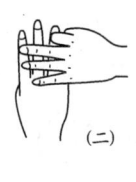

酒曲 jiǔqū distiller's yeast

（一）同"江米酒"手势(三)。

（二）左手中、无名、小指与右手食、中、无名、小指搭成"曲"字形。

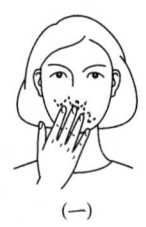 

色素 sèsù pigment

（一）一手五指分开,掌心向内,在嘴唇处交替点动两下。

（二）一手打手指字母"S"的指式。

四、天文地理

1. 天 文

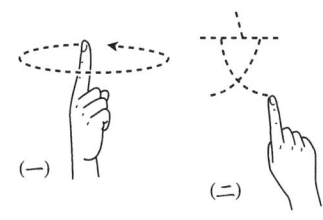

天文 tiānwén astronomy
（一）一手食指直立，在头前上方转动一圈。
（二）一手食指书空"文"字。

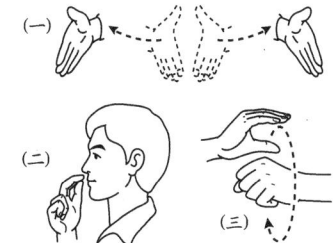

大气层 dàqìcéng atmosphere
（一）双手侧立，掌心相对，同时向两侧移动，幅度要大些。
（二）一手打手指字母"Q"的指式，指尖朝内置于鼻孔处。
（三）左手握拳，手背向上；右手五指成"]"形，绕左手半圈。

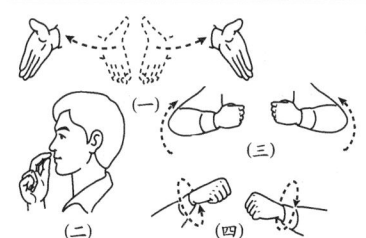

大气运动 dàqìyùndòng atmospheric motion
（一）同"大气层"手势（一）。
（二）同"大气层"手势（二）。
（三）双手握拳屈肘，在胸前做扩胸动作。
（四）双手握拳屈肘，前后交替转动两下。

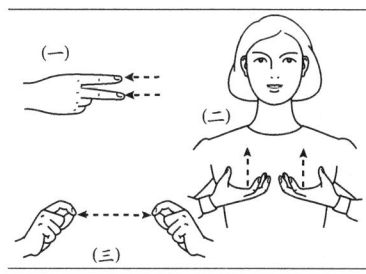

等温线 děngwēnxiàn isotherm
（一）右手食、中指横伸并稍分开，从左向右移动一下。
（二）双手横伸，五指微曲，掌心向上，由腹部慢慢移到胸部。
（三）双手拇、食指相捏，从中间向两侧拉开，如一条细线。

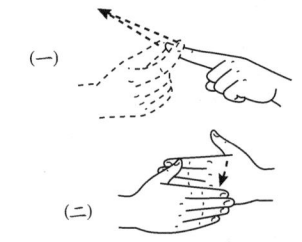

锋面 fēngmiàn front

（一）左手食指直立；右手拇、食指沿着左手食指尖,边向上移动边相捏。

（二）左手横立；右手摸一下左手背,表示物体的表面。

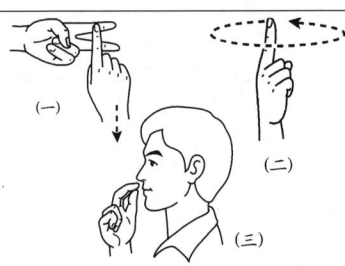

干旱气候 gānhànqìhòu arid climate

（一）左手食、中指与右手食指搭成"干"字形；右手食指再向下移,表示干旱。

（二）同"天文"手势（一）（见第217页之2）。

（三）同"大气层"手势（二）（见第217页之3）。

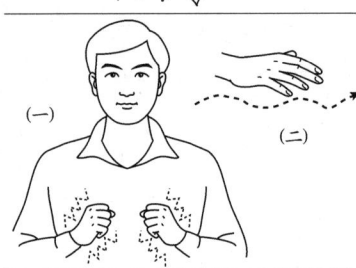

寒潮 háncháo cold wave

（一）双手握拳屈肘,在身体两侧微微抖动。

（二）一手横伸,掌心向下,向一侧做波纹状移动。

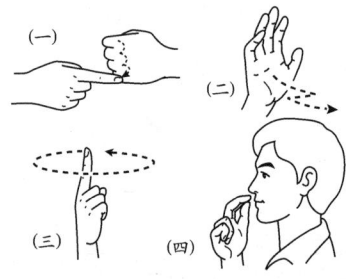

季风气候 jìfēngqìhòu monsoon climate

（一）左手握拳,手背向外；右手伸食指,在左拳四个骨节处自上而下各点一下。

（二）一手直立,五指微曲,左右来回扇动两下。

（三）同"天文"手势（一）。

（四）同"大气层"手势（二）。

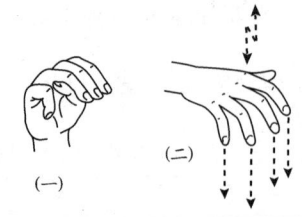

梅雨 méiyǔ plum rain

（一）一手打手指字母"M"的指式。

（二）一手五指微曲分开,指尖朝下快速动两下,表示下雨。

酸雨 suānyǔ acid rain

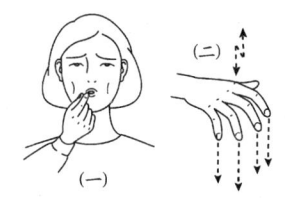

（一）一手拇、食指相捏置于口边,腮向内缩,眉微蹙,如尝到酸味状。

（二）同"梅雨"手势（二）（见第 218 页之 5）。

霜冻 shuāngdòng frost

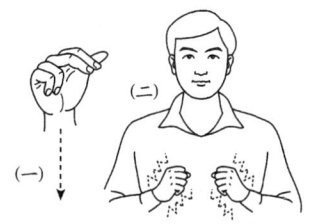

（一）一手打手指字母"SH"的指式,向下缓缓移动。

（二）同"寒潮"手势（一）（见第 218 页之 3）。

太阳黑子 tàiyánghēizǐ sunspot

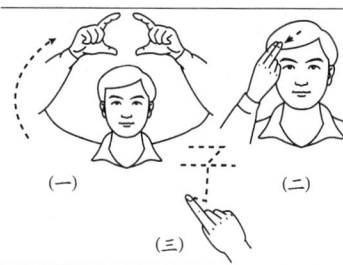

（一）双手拇、食指搭成大圆形,从身体右侧向头顶做弧形移动,如太阳升起。

（二）一手打手指字母"H"的指式,摸一下头发。

（三）一手食指书空"子"字。

太阳系 tàiyángxì solar system

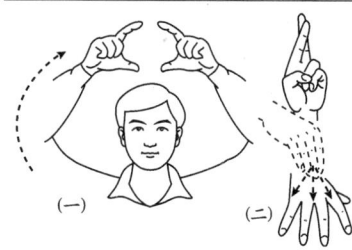

（一）同"太阳黑子"手势（一）。

（二）左手打手指字母"X"的指式,在上不动;右手五指撮合,指尖朝下,从左手腕部边向下移动边张开五指。

天体 tiāntǐ celestial body

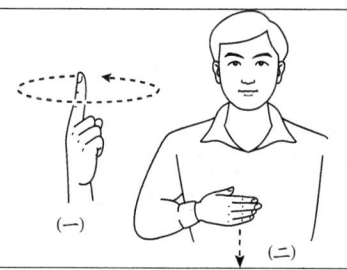

（一）同"天文"手势（一）（见第 217 页之 2）。

（二）一手掌贴于胸部并向下移动。

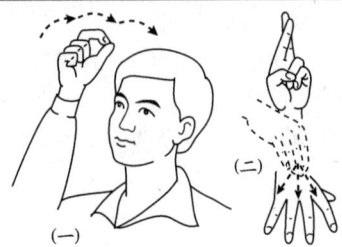

星系 xīngxì　galaxy

（一）一手拇、食指捏成小圆圈,在头上一顿一顿地移动几下,象征天上的星星。

（二）同"太阳系"手势（二）（见第 219 页之 4）。

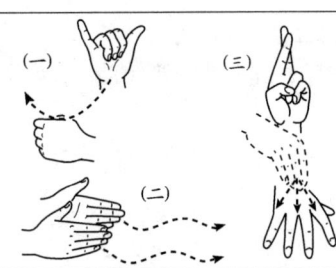

银河系 yínhéxì　Milky Way galaxy

（一）左手握拳,虎口朝上;右手打手指字母"Y"的指式,以腕部碰一下左拳,表示银。

（二）双手侧立,掌心相对,相距约 20 厘米,向前做曲线形移动。

（三）同"太阳系"手势（二）。

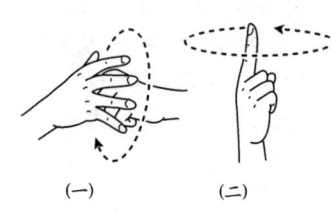

宇宙 yǔzhòu　universe

（一）左手握拳,手背向上;右手五指张开并微曲,绕左拳转动,表示地球外空间。

（二）同"天文"手势（一）（见第 217 页之 2）。

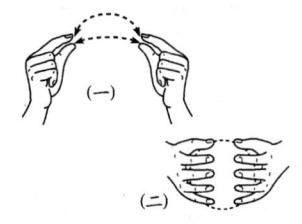

月球 yuèqiú　moon

（一）双手拇、食指搭成大圆形,边从中间向两侧下方做弧形移动边捏合,如半弦月亮状。

（二）双手五指微曲,指尖相对成球形。

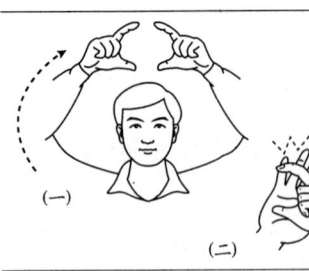

日冕 rìmiǎn　corona

（一）同"太阳黑子"手势（一）（见第 219 页之 3）。

（二）左手拇、食指成半圆形;右手五指微张,掌心向外,在左手边微微向外动几下,象征日全食时太阳周围一层淡色光芒。

四、天文地理 **221**

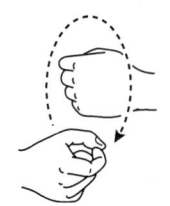

卫星 wèixīng satellite

左手握拳,手背向外;右手拇、食指捏成小圆圈绕左手转一圈。

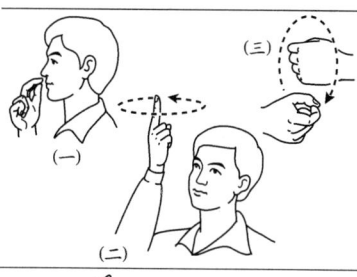

气象卫星 qìxiàngwèixīng meteorological satellite

(一)同"大气层"手势(二)(见第 217 页之 3)。

(二)同"天文"手势(一)(见第 217 页之 2)。

(三)同"卫星"手势。

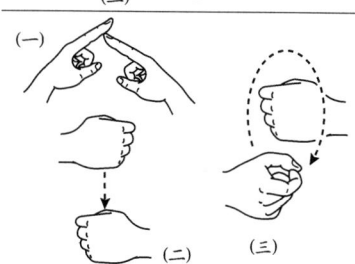

人造卫星 rénzàowèixīng man-made satellite

(一)双手食指搭成"人"字形。

(二)双手握拳,一上一下,右拳向下砸一下左拳。

(三)同"卫星"手势。

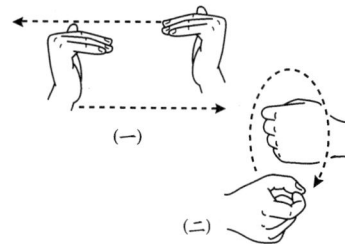

通信卫星 tōngxìnwèixīng communications satellite

(一)双手弯成直角,指尖相对,交错移动,表示彼此往来。

(二)同"卫星"手势。

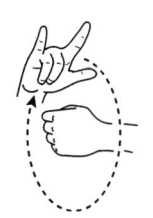

航天飞机 hángtiānfēijī space shuttle

左手握拳,手背向外;右手伸拇、食、小指,掌心向下,绕左手转一圈。

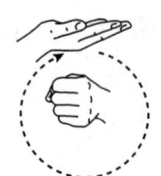

宇宙飞船 yǔzhòufēichuán spacecraft

左手握拳,手背向外;右手五指并拢,掌心下凹,如小船形状,绕左手转一圈。

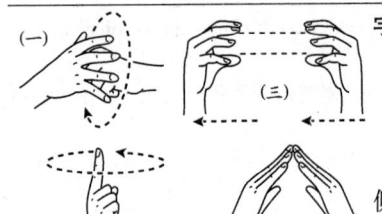

宇宙空间站 yǔzhòukōngjiānzhàn space station

(一)同"宇宙"手势(一)(见第220页之3)。
(二)同"宇宙"手势(二)。
(三)双手五指弯曲,指尖相对,同时向一侧移动,仿空间舱外形。
(四)双手搭成"∧"形。

2. 地 理

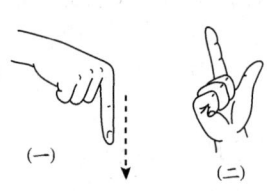

地理 dìlǐ geography

(一)一手伸食指向下指一下。
(二)一手打手指字母"L"的指式。

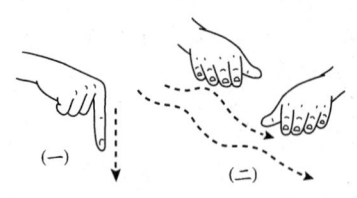

地势 dìshì terrain

(一)同"地理"手势(一)。
(二)双手平伸,手背向上,一高一低做起伏移动。

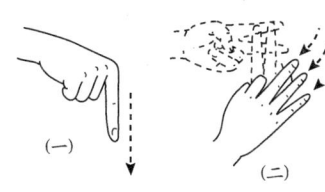
地形 dìxíng landform

（一）同"地理"手势（一）（见第222页之4）。

（二）双手食、中指搭成"开"字形，然后左手不动，右手中、无名、小指在左手旁书空"彡"，仿"形"字形。

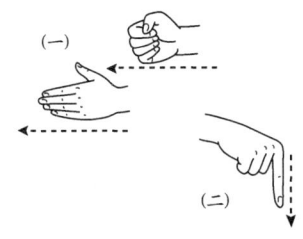
耕地 gēngdì arable land

（一）左手侧立，在前；右手握拳，在后；双手同时向前移动，如犁地状。

（二）同"地理"手势（一）。

（表示名词意思时，使用两个手势；表示动词意思时，只使用第一个手势）

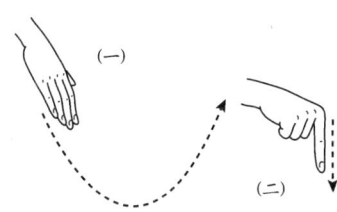
谷地 gǔdì valley

（一）右手斜伸，掌心向下，由高而低再由低而高移动，如凹地状。

（二）同"地理"手势（一）。

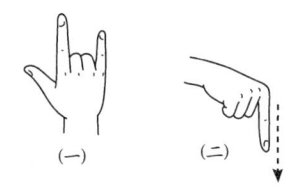
山地 shāndì mountainous region

（一）一手拇、食、小指直立，手背向外，仿"山"字形。

（二）同"地理"手势（一）。

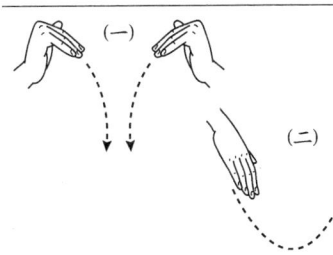
峡谷 xiágǔ canyon

（一）双手手背拱起，掌心向下，同时从两侧向中间下方移动，如中间有峡谷的两座大山。

（二）同"谷地"手势（一）。

土壤 tǔrǎng soil

一手拇、食、中指撮合,指尖朝下互捻两下。

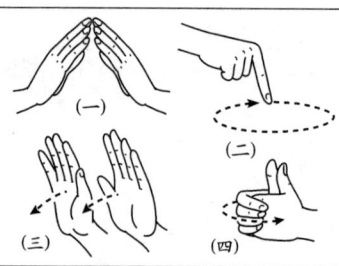

环境保护 huánjìngbǎohù environmental protection

（一）双手搭成"∧"形。
（二）一手食指指尖朝下划一大圈。
（三）双手斜伸,掌心向前按一下。
（四）左手伸出拇指;右手侧立,五指微曲,绕左手半圈。

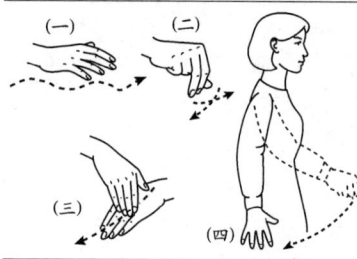

水土流失 shuǐtǔliúshī soil erosion

（一）一手横伸,掌心向下,向一侧做波纹状移动。
（二）同"土壤"手势。
（三）左手斜伸,指尖朝下;右手沿左手背向指尖方向下移。
（四）一手虚握,由前向后一甩。

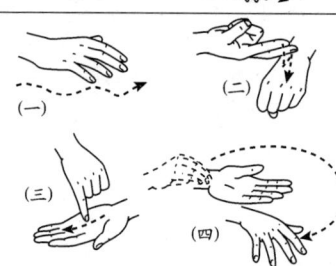

水质污染 shuǐzhìwūrǎn water pollution

（一）同"水土流失"手势（一）。
（二）左手握拳,手背向上;右手伸食、中指,用指背弹击两下左手背。
（三）左手平伸,掌心向上;右手伸小指在左手掌心上划一下。
（四）左手平伸,掌心向上;右手五指撮合置于左手脉门处,然后边向外做弧形移动边放开。

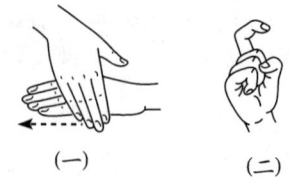

边境 biānjìng border

（一）左手横伸,掌心向下;右手五指并拢,指尖朝下,沿左手的小指边缘划动一下。
（二）一手打手指字母"J"的指式。

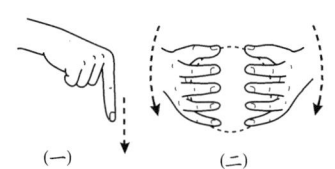

地球 dìqiú earth

（一）同"地理"手势（一）（见第222页之4）。

（二）双手五指微曲，指尖相对成球形，同时向外转动一下。

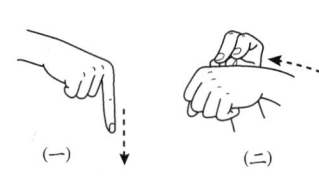

地壳 dìqiào earth crust

（一）同"地理"手势（一）。

（二）左手握拳，手背向上；右手打手指字母"Q"的指式，沿右手背移动。

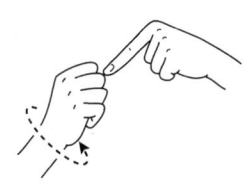

地轴 dìzhóu axis

左手伸食指，指尖向斜下方；右手握拳，置于左手食指下方，然后转动腕部，仿地球围绕一个轴线自转。

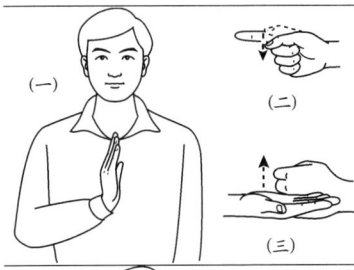

北半球 běibànqiú northern hemisphere

（一）右手直立，掌心向左，置于胸前正中。

（二）一手食指横伸，拇指在食指中部划一下。

（三）左手握拳，手背向外；右手横伸，掌心向上，置于左拳中间，然后向上移动，表示地球北半部。

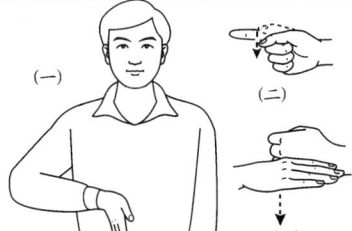

南半球 nánbànqiú southern hemisphere

（一）右手五指并拢，掌心向左，置于腹前。

（二）同"北半球"手势（二）。

（三）左手握拳，手背向外；右手横伸，掌心向下，置于左拳中间，然后向下移动，表示地球南半部。

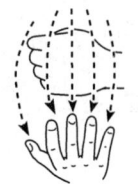

经线 jīngxiàn meridian

左手握拳,虎口朝上,象征地球;右手五指分开,沿左手背自上而下划动,表示经线。

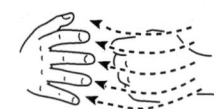

纬线 wěixiàn parallel

左手握拳,虎口朝上,象征地球;右手横伸,五指分开,沿左手背由左向右划一下,表示纬线。

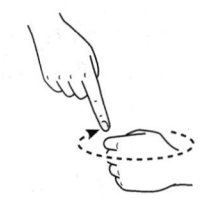

赤道 chìdào the equator

左手握拳,虎口朝上,象征地球;右手食指沿左拳中指骨节处绕一圈,表示地球上的赤道。

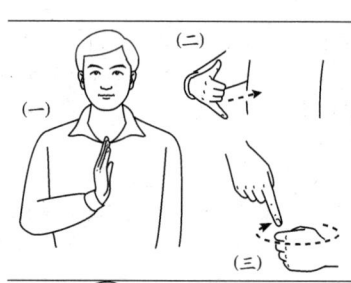

北回归线 běihuíguīxiàn tropic of cancer

(一)同"北半球"手势(一)(见第225页之4)。

(二)一手伸拇、小指,由外向内移动一下。

(三)左手握拳,虎口朝上,象征地球;右手食指沿食、中指指缝划一圈,表示北回归线。

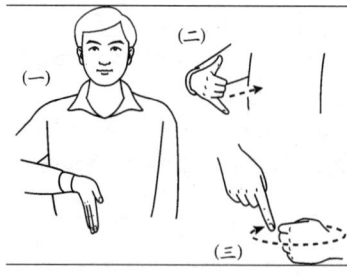

南回归线 nánhuíguīxiàn tropic of capricorn

(一)同"南半球"手势(一)(见第225页之5)。

(二)同"北回归线"手势(二)。

(三)左手握拳,虎口朝上,象征地球;右手食指沿无名、小指指缝划一圈,表示南回归线。

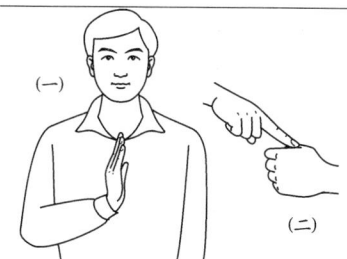

北极(N 极) běijí(Njí) North Pole(N Pole)

(一)同"北半球"手势(一)(见第 225 页之4)。(表示 N 极时,打手指字母"N"的指式)

(二)左手握拳,虎口朝上,象征地球;右手食指指左手虎口处,表示地球上的北极。

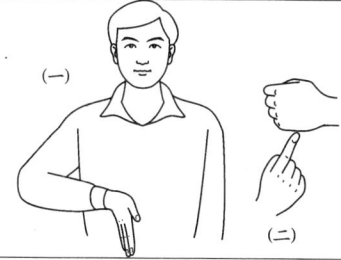

南极(S 极) nánjí(Sjí) South Pole

(一)同"南半球"手势(一)(见第 225 页之5)。(表示 S 极时,打手指字母"S"的指式)

(二)左手握拳,虎口朝上,象征地球;右手食指指左手底部,表示地球上的南极。

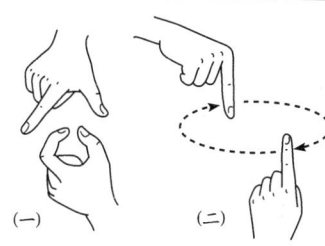

公转 gōngzhuàn revolution

(一)双手拇、食指搭成"公"字形。

(二)双手伸食指,指尖相对,一上一下,相距约 10 厘米,然后交替做平面转动。

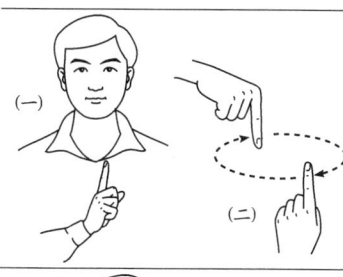

自转 zìzhuàn rotation

(一)一手食指直立,贴于胸部。

(二)同"公转"手势(二)。

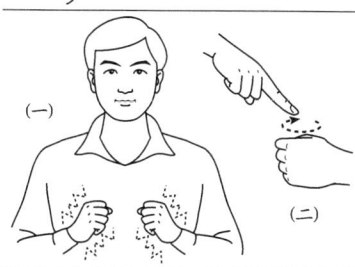

寒带 hándài frigid zone

(一)双手握拳屈肘,在身体两侧微微抖动。

(二)左手握拳,虎口朝上,象征地球;右手食指在左手虎口处划一圈,表示北极寒带。

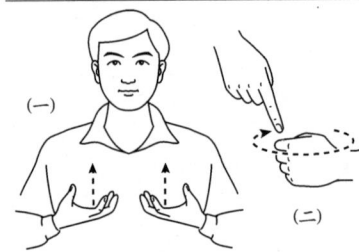
温带 wēndài temperate zone

（一）双手横伸，掌心向上，自腹部缓慢向上移动。

（二）左手握拳，虎口朝上，象征地球；右手食指沿左手骨节处绕转一圈，表示温带。

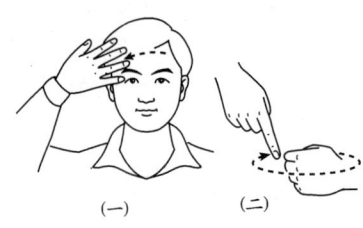
热带 rèdài torrid zone

（一）一手五指分开，自额头向面颊部一抹，如流汗状。

（二）左手握拳，虎口朝上，象征地球；右手食指沿左手中、无名指骨节处绕转一圈，表示热带。

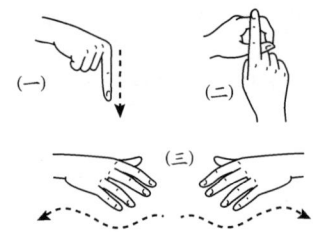
地中海 dìzhōnghǎi Mediterranean

（一）同"地理"手势（一）（见第 222 页之 4）。

（二）左手拇、食指与右手食指搭成"中"字形。

（三）双手横伸，掌心向下，同时向两侧做波浪形移动，动作幅度要大。

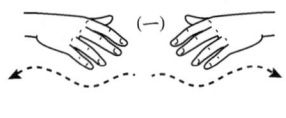
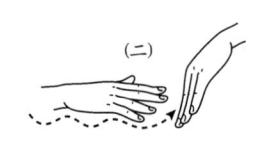
海岸 hǎi'àn coast

（一）同"地中海"手势（三）。

（二）左手斜伸，手背朝上，指尖斜向右下方；右手横伸，掌心向下，手指从右向左做波浪状移动，直至碰到左手指背。

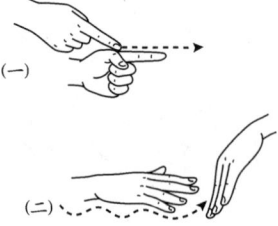
沿岸 yán'àn coastal area

（一）左手伸食指，指尖朝前；右手食指尖朝下，沿左手食指向前移动。

（二）同"海岸"手势（二）。

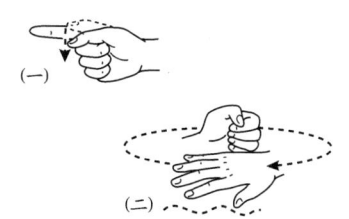

半岛 bàndǎo peninsula

（一）同"北半球"手势（二）（见第225页之4）。

（二）左手打手指字母"D"的指式；右手横伸，掌心向下，绕左手做波纹状转动。

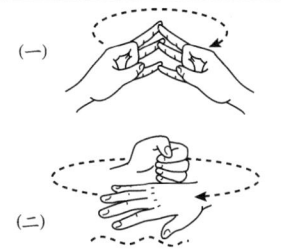

群岛 qúndǎo archipelago

（一）双手中、无名、小指搭成三个"人"字形，并顺时针转一圈。

（二）同"半岛"手势（二）。

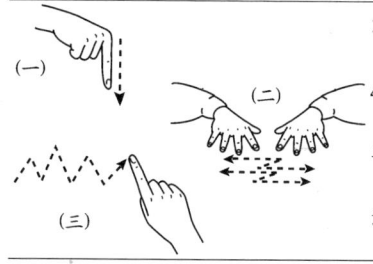

地震波 dìzhènbō seismic waves

（一）同"地理"手势（一）（见第222页之4）。

（二）双手平伸，五指张开，掌心向下，同时平行晃动两下。

（三）一手伸食指，指尖朝前，做折线形移动。

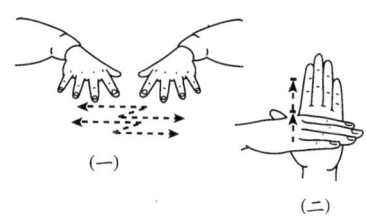

震级 zhènjí magnitude

（一）同"地震波"手势（二）。

（二）左手直立，掌心向右；右手平伸，掌心向下，贴左手掌心一顿一顿向上移动两下。

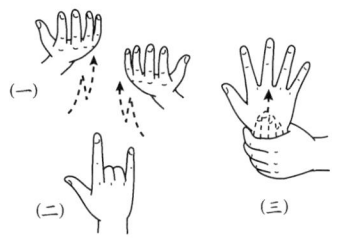

火山喷发 huǒshānpēnfā volcanic eruption

（一）双手平伸，五指微曲，指尖朝上，上下交替动两下，如火苗跳动状。

（二）同"山地"手势（一）（见第223页之4）。

（三）左手成半圆形，虎口朝上；右手五指相捏，指尖朝上，迅速从左手虎口内伸出并放开五指。

岩浆　yánjiāng　magma

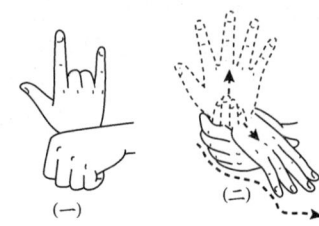

（一）左手握拳，手背向上；右手伸拇、食、小指，置于左手上。
（二）左手成半圆形，虎口朝上；右手五指相捏，指尖朝上，先从左手虎口内伸出并放开五指，然后掌心向下在左手背外做波纹状移动，仿火山喷发后岩浆流动状。

岩石　yánshí　rock

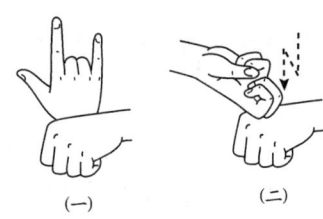

（一）同"岩浆"手势（一）。
（二）左手握拳，手背向上；右手食、中指弯曲，以指背骨节在左手背上敲两下。

沉积物　chénjīwù　sediment

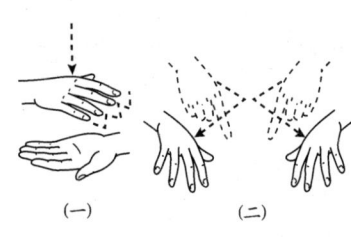

（一）双手横伸，掌心相对；左手在下不动；右手五指交替点动；缓缓下降。
（二）双手食指指尖朝前，先互碰一下，再向两侧分开，并张开五指。

地下水　dìxiàshuǐ　groundwater

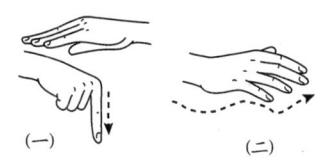

（一）左手横伸，掌心向下；右手伸食指在左手掌下向下一指。
（二）同"水土流失"手势（一）（见第224页之3）。

潮（潮汐）　cháo(cháoxī)　tide

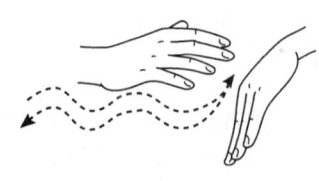

左手斜伸，手背朝上，指尖斜向右下方；右手横伸，掌心向下，向左侧做波浪形移动，指尖碰到左手背后向上抬起，反复一次，象征潮水拍击海岸。

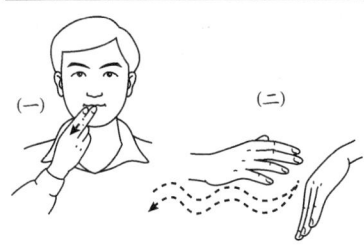

赤潮 chìcháo　red tide
（一）一手打手指字母"H"的指式，摸一下嘴唇。
（二）同"潮"手势（见第230页之5）。

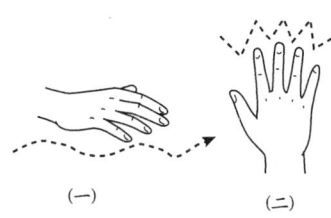

流量 liúliàng　flow
（一）同"水土流失"手势（一）（见第224页之3）。
（二）一手直立，掌心向内，五指分开，手指微微抖动几下。

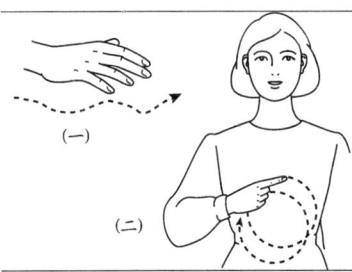

水循环 shuǐxúnhuán　water cycle
（一）同"水土流失"手势（一）。
（二）一手伸食指，在胸腹部划两圈。

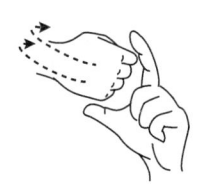

地球仪 dìqiúyí　globe
左手拇、食指张开成半圆形；右手握拳，斜置于左手拇、食指间，并转动两下，仿地球仪形状。

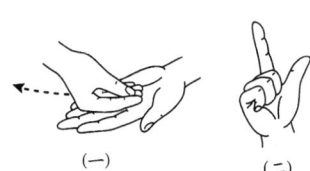

图例 túlì　legend
（一）左手横伸，掌心向上；右手五指撮合，在左手掌心上抹一下。
（二）一手打手指字母"L"的指式。

指南针 zhǐnánzhēn compass

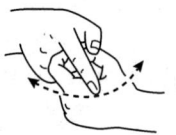

左手握拳,虎口朝上;右手伸食指,置于左手虎口上,并左右摆动两下,仿指南针形状。

五、实验部分

1. 一般词汇

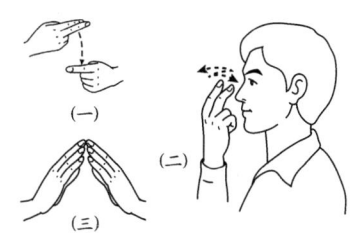

实验室 shíyànshì laboratory
(一)左手食指横伸;右手食、中指相叠,自上而下敲一下左手食指。
(二)一手食、中指直立并分开,掌心向内,在眼前交替点动两下,表示试试看之意。
(三)双手五指搭成"∧"形。

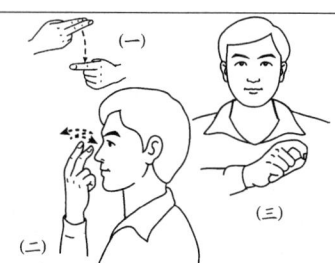

实验员 shíyànyuán laboratory technician
(一)同"实验室"手势(一)。
(二)同"实验室"手势(二)。
(三)一手拇、食指相捏成圆圈,贴于胸部。

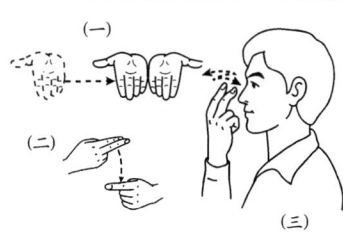

对照实验 duìzhàoshíyàn control experiment
(一)双手平伸,掌心向上,左手不动,右手移向左手,并在一起。
(二)同"实验室"手势(一)。
(三)同"实验室"手势(二)。

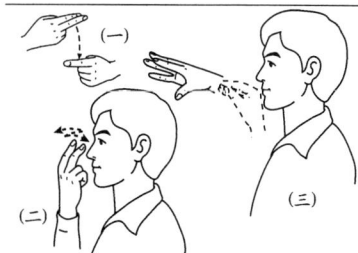

实验报告 shíyànbàogào experimental report
(一)同"实验室"手势(一)。
(二)同"实验室"手势(二)。
(三)一手五指撮合,指尖朝前,从嘴部边向前移动边张开五指。

2. 物理实验器材

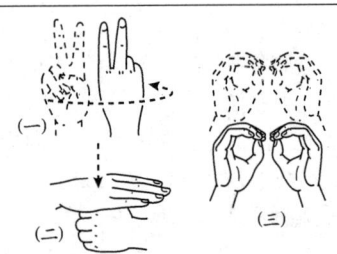

变压器 biànyāqì transformer
（一）一手食、中指直立分开,然后由掌心向外翻转为掌心向内。
（二）左手握拳,虎口朝上;右手横伸,掌心向下,置于左手上并向下一压。
（三）双手五指捏成圆形,置于眼前,然后向下移动一下。（此为台湾手语）

变阻器 biànzǔqì rheostat
（一）同"变压器"手势（一）。
（二）左手横立;右手直立,掌心抵住左手指尖,然后向左一推。
（三）同"变压器"手势（三）。

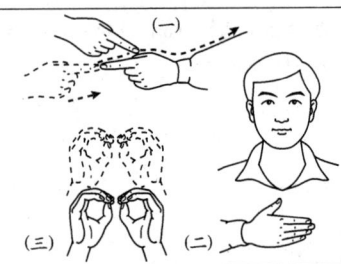

传感器 chuángǎnqì sensor
（一）双手食指横伸,左手不动;右手食指移动并触到左手食指,然后沿左手臂向上移动。
（二）右手掌贴于左胸部。
（三）同"变压器"手势（三）。

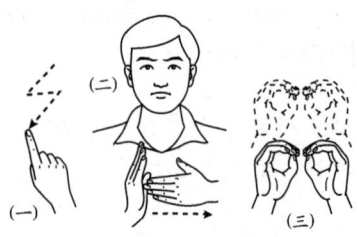

电阻器 diànzǔqì resistor
（一）一手食指做"彡"形划动。
（二）同"变阻器"手势（二）。
（三）同"变压器"手势（三）。

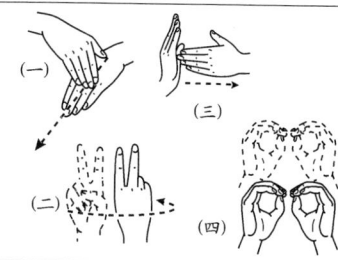

滑动变阻器 huádòngbiànzǔqì sliding rheostat

（一）左手斜伸，指尖朝前下方；右手掌心贴在左手背上，向下滑动。

（二）同"变压器"手势（一）（见第234页之2）。

（三）同"变阻器"手势（二）（见第234页之3）。

（四）同"变压器"手势（三）。

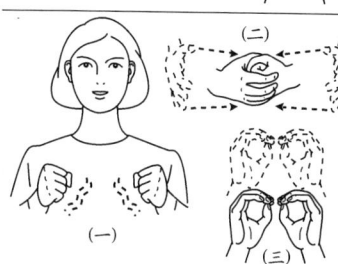

冷凝器 lěngníngqì condenser

（一）双手握拳屈肘，微微抖动两下。

（二）双手侧立，五指微曲，指尖相对，从两侧向中间缓缓靠拢，一手将另一手紧紧包住。

（三）同"变压器"手势（三）。

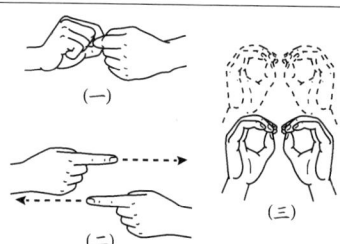

连通器 liántōngqì connected device

（一）双手拇、食指互相套环。

（二）双手食指横伸，指尖相对，从两侧向中间交错移动。

（三）同"变压器"手势（三）。

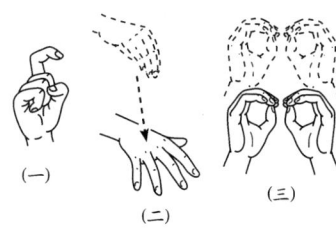

激光器 jīguāngqì laser

（一）一手打手指字母"J"的指式。

（二）一手五指撮合，指尖向下，然后放开。

（三）同"变压器"手势（三）。

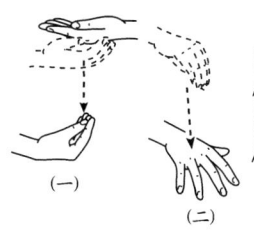

滤光器 lǜguāngqì filter

（一）双手横伸，掌心向上相贴；左手在上不动，右手边向下移动边五指撮合。

（二）同"激光器"手势（二）。

（三）同"变压器"手势（三）。

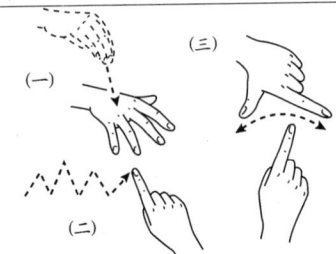

光谱仪 guāngpǔyí spectrometer

（一）同"激光器"手势（二）（见第235页之4）。

（二）一手伸食指，指尖朝前，做折线形移动。

（三）左手拇、食指张开成半圆形，指尖朝下；右手食指直立，在左手下左右摆动两下。

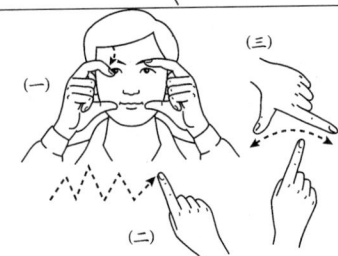

摄谱仪 shèpǔyí spectrograph

（一）双手食指弯曲，如持照相机，置于眼前；右手食指向下按一下，如按快门动作。

（二）同"光谱仪"手势（二）。

（三）同"光谱仪"手势（三）。

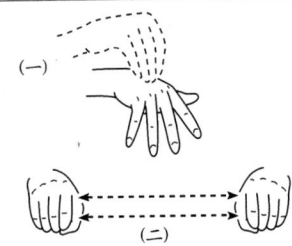

灯管 dēngguǎn lamp tube

（一）一手五指撮合，指尖朝下，然后张开。

（二）双手虚握，虎口相对，从中间向两侧拉开。

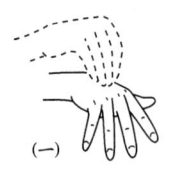 

灯泡 dēngpào bulb

（一）同"灯管"手势（一）。

（二）一手五指弯曲，掌心向上，如持灯泡状。

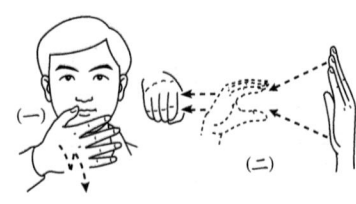

显像管 xiǎnxiàngguǎn cathode ray tube (CRT)

（一）一手横立，五指张开，掌心向内，在眼前上下晃动两下。

（二）左手直立，掌心向右；右手五指张开贴于左手掌，然后边向右移动边五指虚握，虎口对着左手，如显像管形状。

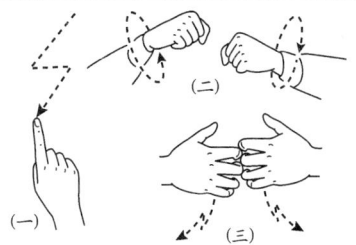

电动机 diàndòngjī electric motor

(一)同"电阻器"手势(一)(见第 234 页之 5)。

(二)双手握拳屈肘,前后交替转动两下。

(三)双手五指弯曲,食、中、无名、小指关节交错相触,并转动两下。

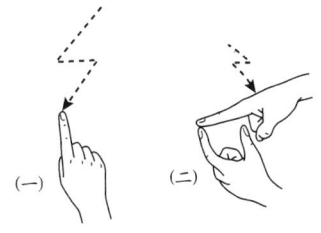

电键 diànjiàn telegraph key

(一)同"电阻器"手势(一)。

(二)左手拇、食指张开,虎口朝上;右手伸食指,先搭在左手两指上,然后以左手食指尖为轴向上抬起。

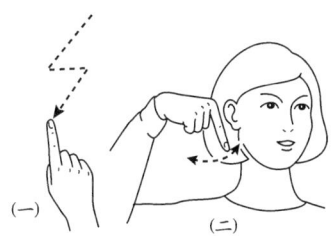

电铃 diànlíng electric bell

(一)同"电阻器"手势(一)。

(二)一手食指指尖朝下,在耳边左右晃动两下。

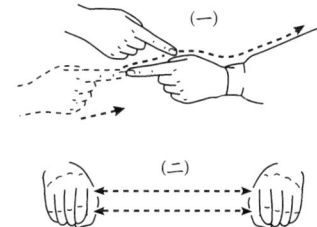

导管 dǎoguǎn catheter

(一)同"传感器"手势(一)(见第 234 页之 4)。

(二)同"灯管"手势(二)(见第 236 页之 3)。

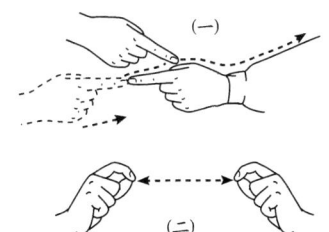

导线 dǎoxiàn wire

(一)同"传感器"手势(一)。

(二)双手拇、食指指尖相捏,从中间向两侧拉开,如一条细线。

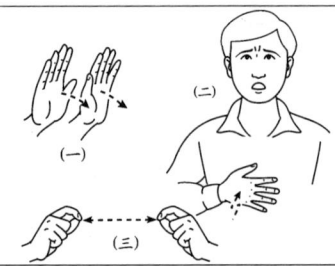

熔丝(保险丝) róngsī(bǎoxiǎnsī) fuse
（一）双手斜伸,掌心向外,向下一按。
（二）一手五指张开拍两下胸部,面露惊恐表情。
（三）同"导线"手势（二）（见第 237 页之 5）。

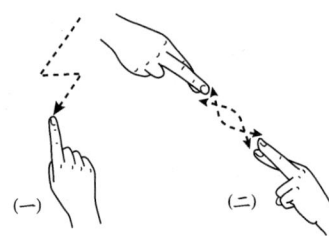

电缆 diànlǎn electric cable
（一）同"电阻器"手势（一）（见第 234 页之 5）。
（二）双手食、中指相叠,指尖相对,边向相反方向拧动边向外拉开。

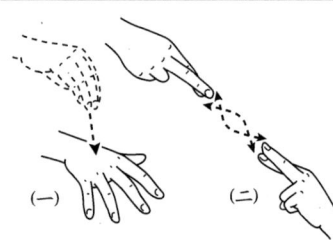

光缆 guānglǎn optical cable
（一）同"激光器"手势（二）（见第 235 页之 4）。
（二）同"电缆"手势（二）。

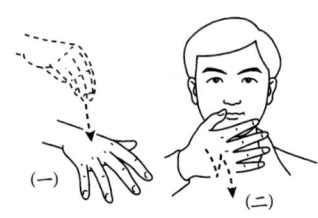

光屏 guāngpíng optical screen
（一）同"激光器"手势（二）。
（二）同"显像管"手势（一）（见第 236 页之 5）。

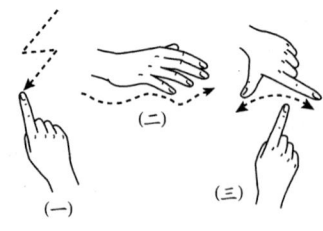

电流表 diànliúbiǎo ammeter
（一）同"电阻器"手势（一）。
（二）一手横伸,掌心向下,向一侧做波纹状移动。
（三）同"光谱仪"手势（三）（见第 236 页之 1）。

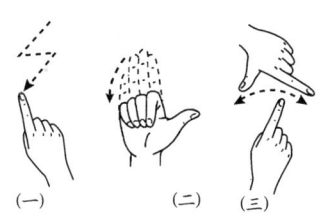

电能表 diànnéngbiǎo power meter

（一）同"电阻器"手势（一）（见第 234 页之 5）。

（二）一手直立，掌心向外，然后食、中、无名、小指弯曲一下。

（三）同"光谱仪"手势（三）（见 236 页之 1）。

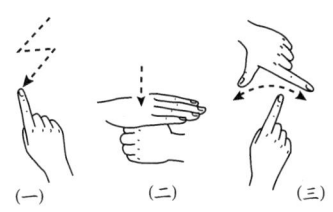

电压表 diànyābiǎo voltmeter

（一）同"电阻器"手势（一）。

（二）同"变压器"手势（二）（见第 234 页之 2）。

（三）同"光谱仪"手势（三）。

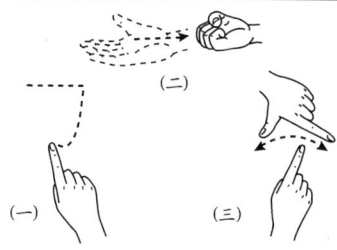

万用表 wànyòngbiǎo multimeter

（一）一手食指书空"┓"形，表示"万"字的横折勾笔画。

（二）一手平伸，掌心向上，边向后移动边握掌。

（三）同"光谱仪"手势（三）。

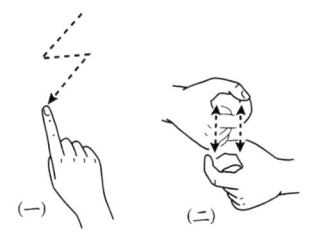

电池 diànchí battery

（一）同"电阻器"手势（一）。

（二）双手拇、食指捏成圆圈，先上下相叠，再稍微分开，如一节电池的长短。

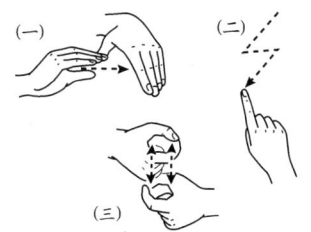

蓄电池 xùdiànchí storage battery

（一）左手成半圆圈，指尖朝下；右手成"]"形，插入左手虎口内。

（二）同"电阻器"手势（一）。

（三）同"电池"手势（二）。

原电池 yuándiànchí primary cell

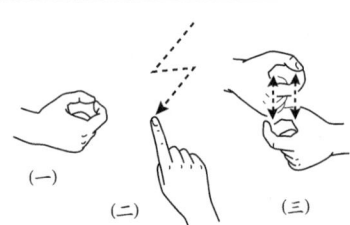

（一）一手拇、食指相捏成圆圈。

（三）同"电阻器"手势（一）（见第234页之5）。

（四）同"电池"手势（二）（见第239页之4）。

干电池 gāndiànchí dry cell

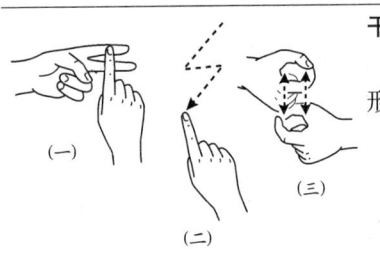

（一）左手食、中指与右手食指搭成"干"字形。

（二）同"电阻器"手势（一）。

（三）同"电池"手势（二）。

镍镉电池 niègédiànchí nickel-cadmium battery

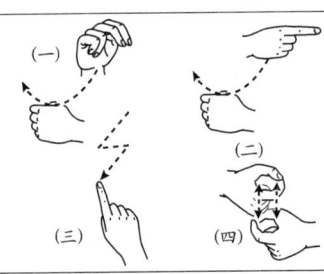

（一）左手握拳，虎口朝上；右手打手指字母"N"的指式，以腕部碰一下左拳，表示镍。

（二）左手握拳，虎口朝上；右手打手指字母"G"的指式，以腕部碰一下左拳，表示镉。

（三）同"电阻器"手势（一）。

（四）同"电池"手势（二）。

镍铁电池 niètiědiànchí nickel-iron battery

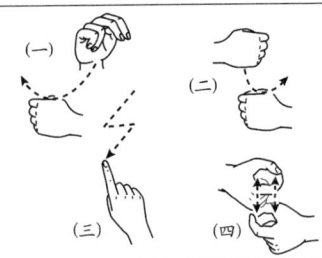

（一）同"镍镉电池"手势（一）。

（二）双手握拳，一上一下，右拳向下砸一下左拳，并向内移。

（三）同"电阻器"手势（一）。

（四）同"电池"手势（二）。

电磁铁 diàncítiě electromagnet

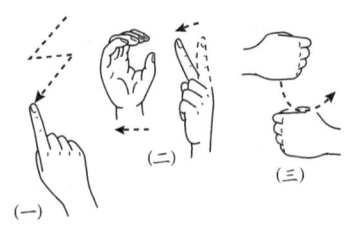

（一）同"电阻器"手势（一）。

（二）左手食指直立；右手打手指字母"C"的指式，然后向右移动，左手食指随之向右倾斜。

（三）同"镍铁电池"手势（二）。

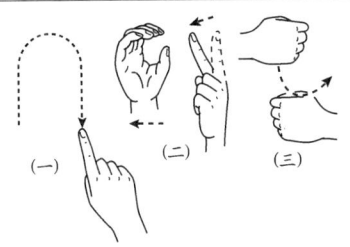

蹄形磁铁 tíxíngcítiě horseshoe magnet

(一)一手食指书空"∩"形。

(二)同"电磁铁"手势(二)(见第 240 页之 5)。

(三)同"镍铁电池"手势(二)(见第 240 页之 4)。

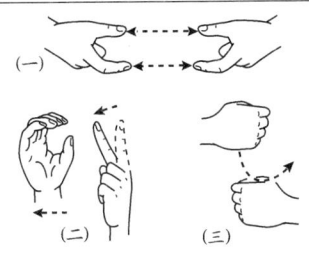

条形磁铁 tiáoxíngcítiě bar magnets

(一)双手拇、食指张开,指尖相对,相距约 3 厘米,从中间向两侧拉开。

(二)同"电磁铁"手势(二)。

(三)同"镍铁电池"手势(二)。

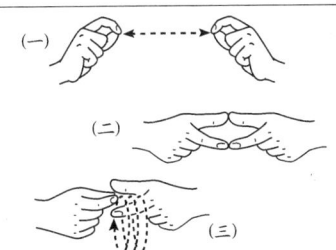

线圈 xiànquān coil

(一)同"导线"手势(二)(见第 237 页之 5)。

(二)双手拇、食指成圆形。

(三)左手拇、食指成半圆形;右手拇、食指相捏,在左手上做缠线动作。

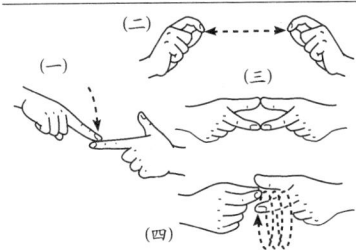

副线圈 fùxiànquān vice-coil

(一)左手伸拇、食指;右手伸食指敲一下左手食指。

(二)同"导线"手势(一)。

(三)同"线圈"手势(二)。

(四)同"线圈"手势(三)。

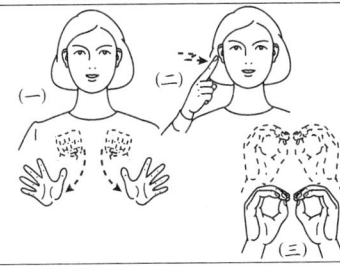

扬声器 yángshēngqì loud speaker

(一)双手五指撮合置于胸前,然后向前张开。

(二)一手食指直立,在耳边左右动两下。

(三)同"变压器"手势(三)(见第 234 页之 2)。

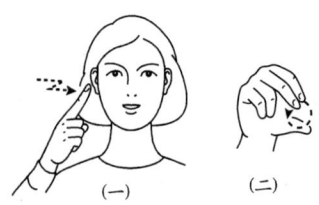

音量控制器 yīnliàngkòngzhìqì volume controller

（一）同"扬声器"手势（二）（见第 241 页之 5）。

（二）一手拇、食、中指虚捏，指尖朝前，左右拧动两下。

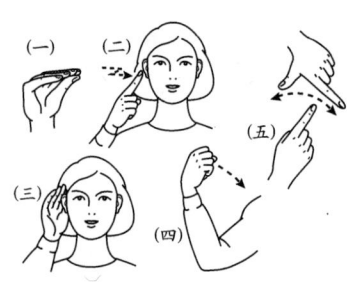

纯音听力计 chúnyīntīnglìjì pure tone audiometer

（一）一手打手指字母"CH"的指式。

（二）同"扬声器"手势（二）。

（三）一手五指微曲，掌心向外，贴于耳部。

（四）一手握拳屈肘，向内弯动一下。

（五）同"光谱仪"手势（三）（见第 236 页之 1）。

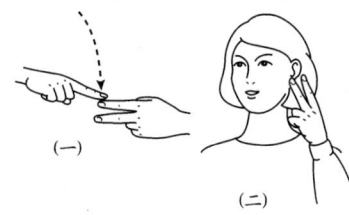

音叉 yīnchā tuning fork

（一）左手食、中指分开象征音叉；右手伸食指，敲一下左手食指。

（二）左手食、中指分开，置于左耳边。

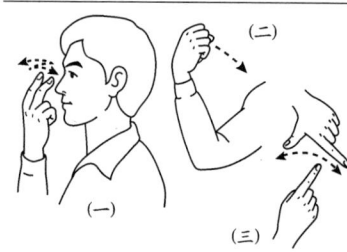

测力计 cèlìjì dynamometer

（一）一手食、中指直立并分开，掌心向内，在眼前交替点动两下，表示试试看之意。

（二）同"纯音听力计"手势（四）。

（三）同"光谱仪"手势（三）。

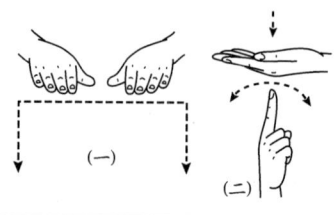

台秤 táichèng platform scale

（一）双手平伸，掌心向下，从中间向两侧平移，再折而下移，成"冂"形，如桌子状。

（二）左手横伸，掌心向上，向下一沉；右手食指直立，置于左手下，左右摆动两下，如用秤称物。

弹簧秤　tánhuángchèng　spring balance

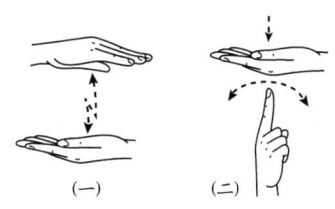

（一）双手横伸，掌心相对，左手在下不动，右手向下压两下，表示弹簧的弹性。
（二）同"台秤"手势（二）（见第 242 页之 5）。

体重秤　tǐzhòngchèng　weighing scale

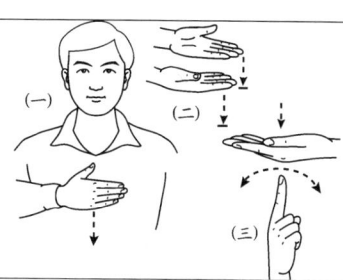

（一）一手掌贴于胸部并向下移动。
（二）双手平伸，掌心向上，向下一沉。
（三）"同"台秤"手势（二）。

电子秤　diànzǐchèng　electronic scale

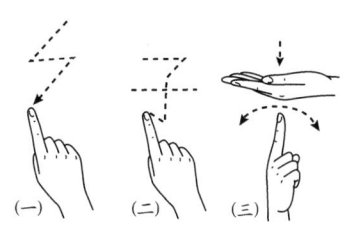

（一）同"电阻器"手势（一）（见第 234 页之 5）。
（二）一手食指书空"子"字。
（三）同"台秤"手势（二）。

电子天平　diànzǐtiānpíng　electronic balance

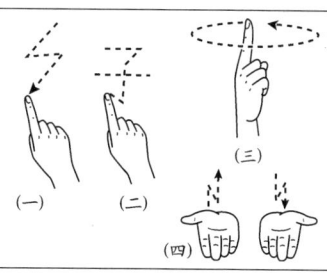

（一）同"电阻器"手势（一）。
（二）一手食指书空"子"字。
（三）一手食指直立，在头前上方转一圈。
（四）双手平伸，五指微曲，掌心向上，上下交替微动两下。

托盘天平　tuōpántiānpíng　pallet scale

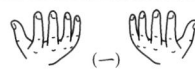
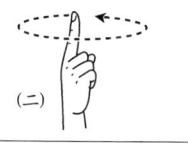
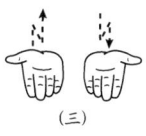

（一）双手平伸，五指微曲，掌心向上，如托盘形状。
（二）同"电子天平"手势（三）。
（三）同"电子天平"手势（四）。

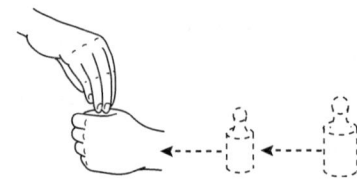

砝码 fǎmǎ weight

左手五指成半圆形,虎口朝上;右手五指撮合,指尖朝下,置于左手虎口上;然后双手同时向右移动几次;每移一次,左手半圆形缩小一点,表示不同规格的砝码。

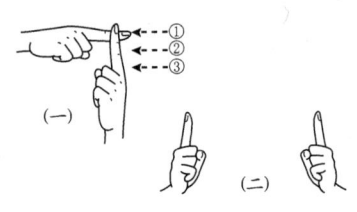

刻度尺 kèdùchǐ graduated scale

(一)左手食指直立;右手食指横伸,在左手食指上划几道,表示刻度。

(二)双手食指直立,相距约20厘米。

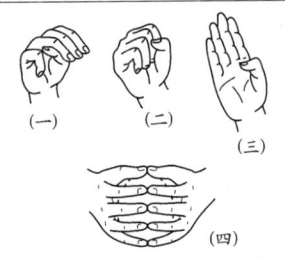

马德堡半球 mǎdébǎobànqiú Magdeburg hemispheres

(一)一手打手指字母"M"的指式。

(二)一手打手指字母"D"的指式.

(三)一手打手指字母"B"的指式。

(四)双手五指弯曲,指尖相抵,呈难以分开状。

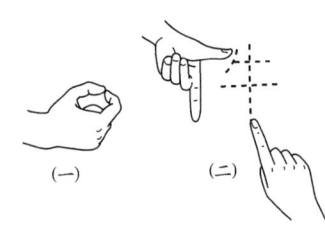

元件 yuánjiàn component

(一)同"原电池"手势(一)(见第240页之1)。

(二)左手拇、食指成"亻"形;右手食指在左手旁书空"牛"字,仿"件"字形。

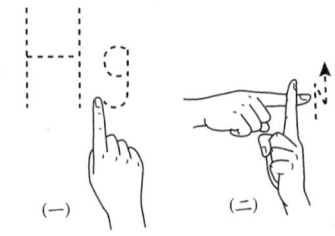

汞柱(水银柱) gǒngzhù(shuǐyínzhù) mercury

(一)一手食指书空汞的元素符号"Hg"。

(二)左手食指直立;右手食指横伸,置于左手食指上并上下移动两下。

计时器 jìshíqì timer

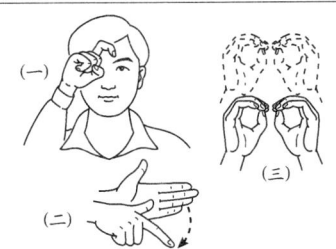

（一）一手打手指字母"J"的指式,置于前额。

（二）左手侧立;右手伸拇、食指,拇指指尖抵于左手掌心,食指向下转动。

（三）同"变压器"手势（三）（见第234页之2）。

打点计时器 dǎdiǎnjìshíqì RBI timer

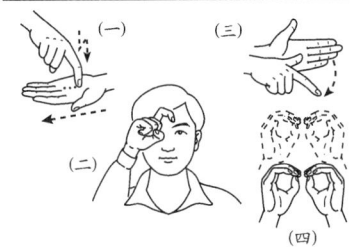

（一）左手横伸,掌心向上,向右移动;右手食指同时在左手掌心上点动两下。

（二）同"计时器"手势（一）。

（三）同"计时器"手势（二）。

（四）同"变压器"手势（三）。

节拍器 jiépāiqì metronome

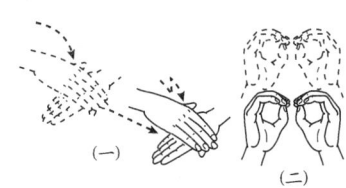

（一）双手按3/4拍音乐（即咚嗒嗒－咚嗒嗒）连续击掌,第一下重拍,第二、三下轻拍。

（二）同"变压器"手势（三）。

凹透镜 āotòujìng concave lens

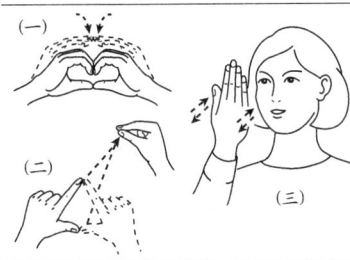

（一）双手搭成"[ ]"形,然后上面的食、中、无名、小指向内做凹进的动作。

（二）双手拇、食指搭成"△"形,左手不动;右手边向前移,边逐渐捏合两指,表示近大远小的透视感觉。

（三）一手直立,掌心向内,在面前晃动两下,如照镜子动作。

凸透镜 tūtòujìng convex lens

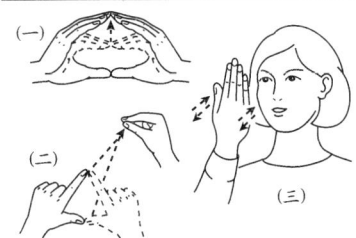

（一）双手搭成"[ ]"形,然后上面的食、中、无名、小指向外做凸起的动作。

（二）同"凹透镜"手势（二）。

（三）同"凹透镜"手势（三）。

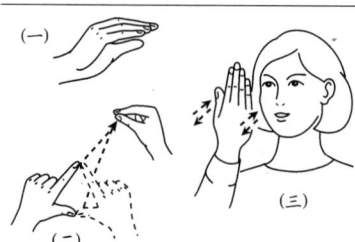

薄透镜 báotòujìng thin lens

（一）右手成"⊃"形，指间相距约1厘米，以手指间很小的空隙表示薄。

（二）同"凹透镜"手势（二）（见第245页之4）。

（三）同"凹透镜"手势（三）。

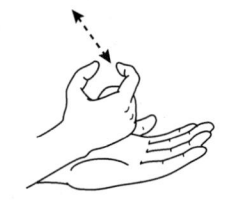

放大镜 fàngdàjìng magnifier

左手横伸，掌心向上；右手拇、食指张开成半圆形，置于左手上方并上下移动，目光同时注视，如用放大镜看东西状。

棱镜 léngjìng prism

（一）双手拇、食指张开成"◇"形，然后一手转动90度，表示不同几何面的镜面。

（二）同"凹透镜"手势（三）。

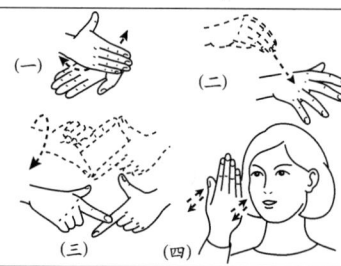

分光棱镜 fēnguāngléngjìng dispersion prism

（一）左手横伸，掌心向上；右手侧立于左手掌心上，然后左右拨动一下。

（二）同"激光器"手势（二）（见第235页之4）。

（三）同"棱镜"手势（一）。

（四）同"凹透镜"手势（三）。

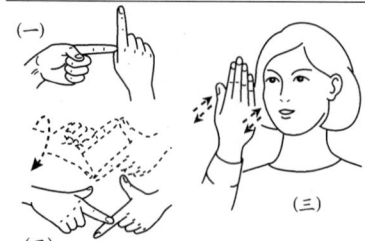

直角棱镜 zhíjiǎoléngjìng right angle prism

（一）双手食指搭成90度角。

（二）同"棱镜"手势（一）。

（三）同"凹透镜"手势（三）

望远镜 wàngyuǎnjìng telescope

双手虚握成圆筒形,虎口贴在两眼上,模仿用望远镜的动作。

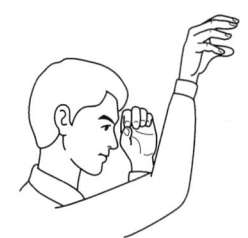

潜望镜 qiánwàngjìng periscope

左手虚握成圆筒形,虎口贴在眼睛上;右手臂上抬,五指弯曲,指尖向前,仿潜望镜形状。

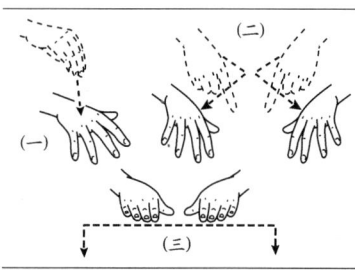

光具座 guāngjùzuò optical block

(一)同"激光器"手势(二)(见第 235 页之 4)。

(二)双手食指指尖朝前,先互碰一下,然后向两侧分开并张开五指。

(三)同"台秤"手势(一)(见第 242 页之 5)。

3.化学实验器材

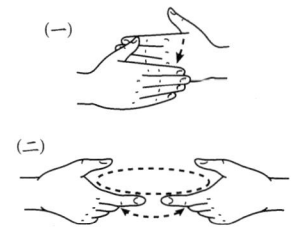

表面皿 biǎomiànmǐn watch glass

(一)左手横立;右手摸一下左手背,表示物体的表面。

(二)双手拇、食指搭成大圆形,由下而大微移一下,仿表面皿的形状。

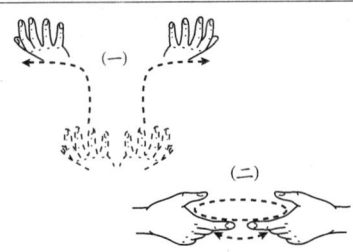

蒸发皿 zhēngfāmǐn　evaporating dish

（一）双手平伸，掌心向上，五指张开微曲，边向上移动边向两侧伸展。

（二）同"表面皿"手势（二）（见第247页之5）。

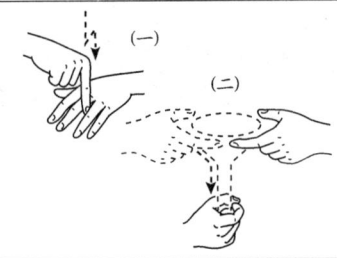

漏斗 lòudǒu　funnel

（一）左手横伸，掌心向下，五指分开；右手食指朝下，在左手食、中、无名指指缝间各点一下。

（二）双手拇、食指搭成大圆形，左手不动，右手边向下移动边收拢拇、食指，仿漏斗形状。

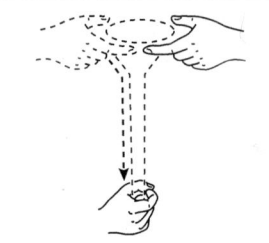

长颈漏斗 chángjǐnglòudǒu　long-necked funnel

双手拇、食指搭成大圆形，左手不动，右手边向下移动边收拢拇、食指，成细圆管形，仿长颈漏斗的形状。

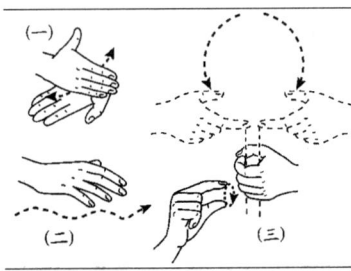

分液漏斗 fēnyèlòudǒu　separatory funnel

（一）左手横伸，掌心向上；右手侧立于左手掌心上，然后左右拨动一下。

（二）一手横伸，掌心向下，向一侧做波纹状移动。

（三）双手拇、食指搭成大圆形，同时向下做弧形移动，然后左手五指虚握，虎口朝上，右手拇、食指在左手旁做拧开关动作。

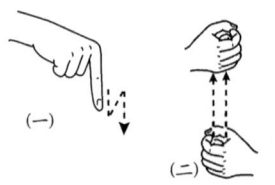

滴管 dīguǎn　dropper

（一）一手食指指尖朝下点动两下。

（二）双手五指虚握成圆形，先上下相叠，然后左手不动，右手向上移动一下。

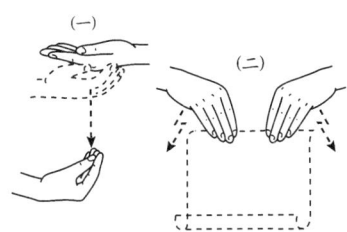

滤纸 lǜzhǐ filter paper

（一）双手横伸,掌心向上相贴;左手在上不动,右手边向下移动边五指撮合。

（二）双手五指相捏,指尖朝下,腕部微微晃动两下。

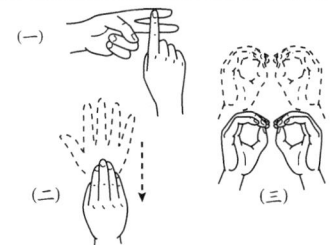

干燥器 gānzàoqì desiccator

（一）左手食、中指与右手食指搭成"干"字形。

（二）一手五指微曲张开,指尖向上,然后向下收拢。

（三）双手五指捏成圆形,置于眼前,然后向下移动一下。

坩埚 gānguō crucible

（一）一手打手指字母"G"的指式。

（二）双手五指弯曲搭成圆形,虎口朝上,仿坩埚外形。

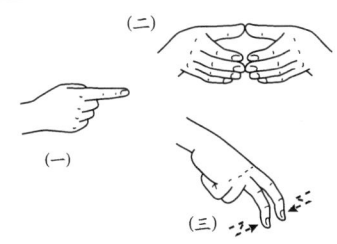

坩埚钳 gānguōqián crucible tongs

（一）同"坩埚"手势（一）。

（二）同"坩埚"手势（二）。

（三）一手食、中指弯曲张开,指尖朝下,然后做闭合、张开动作,如夹物状。

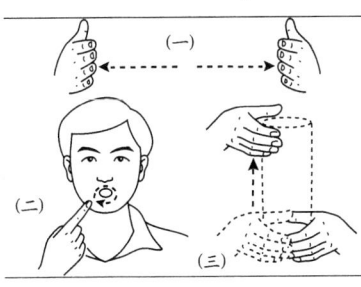

广口瓶 guǎngkǒupíng jar

（一）双手侧立,掌心相对,同时向两侧移动,幅度要大些。

（二）一手食指沿口部转一圈。

（三）双手五指弯曲搭成圆形,然后左手在下不动,右手向上移动,仿广口瓶形状。

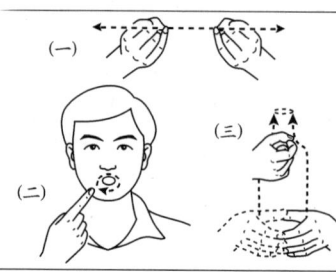

细口瓶 xìkǒupíng small jar

（一）双手拇、小指相捏，从中间向两侧拉开。

（二）同"广口瓶"手势（二）（见第249页之5）。

（三）双手五指弯曲搭成圆形，然后左手在下不动，右手边向上移动边虚握，仿细口瓶形状。

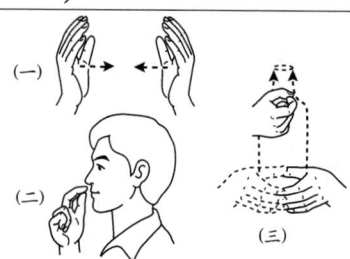

集气瓶 jíqìpíng gas collecting bottle

（一）双手直立，掌心向对，五指微曲，从两侧向中间移动。

（二）一手打手指字母"Q"的指式，指尖朝内置于鼻孔处。

（三）同"细口瓶"手势（三）。

锥形瓶 zhuīxíngpíng conical flask

双手拇、食指搭成大圆形，然后边向上移动边逐渐缩小，仿锥形瓶形状。

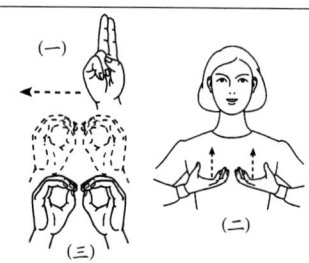

恒温器 héngwēnqì thermostat

（一）一手打手指字母"H"的指式，并横向移动一下。

（二）双手横伸，五指微曲，掌心向上，从腹部向上缓缓移动。

（三）同"干燥器"手势（三）（见第249页之2）。

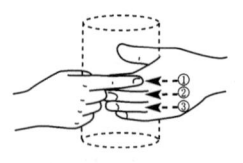

量杯 liángbēi measuring glass

左手五指成半圆形，手背向外；右手食指横伸，在左手背上下划动几下，表示刻度。

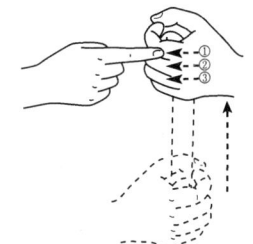

量筒 liángtǒng　graduated cylinder

双手虚握成圆形,上下相叠,右手在下不动,左手向上移动,然后右手食指横伸,在左手背上下划动几下,表示刻度。

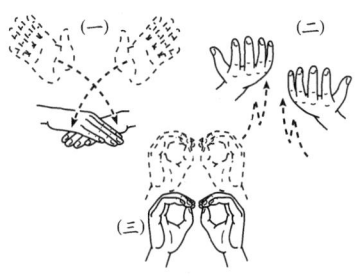

灭火器 mièhuǒqì　fire extinguisher

(一)双手斜伸,掌心向外,向前扑下,一手手掌压住另一手手背。

(二)双手平伸,五指微曲,指尖朝上,上下交替动两下,如火苗跳动状。

(三)同"干燥器"手势(三)(见第249页之2)。

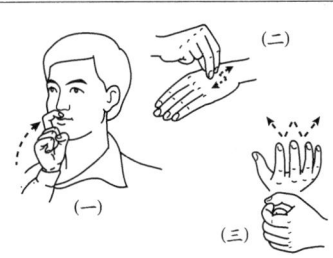

酒精灯 jiǔjīngdēng　alcohol lamp

(一)一手打手指字母"J"的指式,置于嘴前做喝酒状。

(二)左手横伸,掌心向下;右手拇、食、中指相捏,如捏药棉在左手背做涂擦状。

(三)左手虚握,虎口朝上;右手五指微曲,指尖朝上,在左手上方动两下,如火苗跳动状。

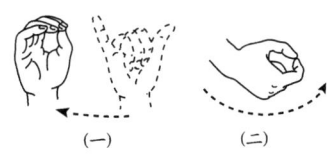

药匙 yàochí　medicine spoon

(一)一手连续打手指字母"Y"和"O"的指式。

(二)一手拇、食指相捏,然后做舀的动作。

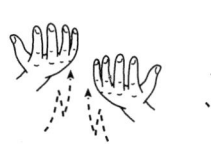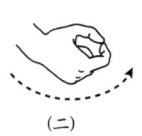

燃烧匙 ránshāochí　combustion spoon

(一)同"灭火器"手势(二)。

(二)同"药匙"手势(二)。

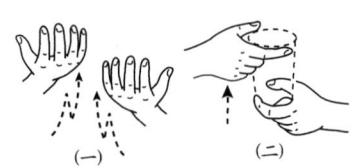

烧杯 shāobēi beaker

（一）同"灭火器"手势（二）（同第251页之2）。

（二）双手拇、食指成半圆形，上下相叠，左手在下不动，右手向上稍移，仿杯子外形。

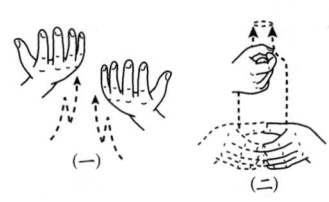

烧瓶 shāopíng flask

（一）同"灭火器"手势（二）。

（二）同"细口瓶"手势（三）（见第250页之1）。

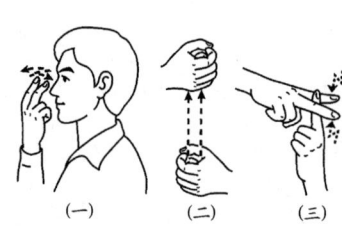

试管夹 shìguǎnjiá test tube clip

（一）一手食、中指直立并分开，掌心向内，在眼前交替点动两下。

（二）同"滴管"手势（二）（见第248页之5）。

（三）左手食指直立；右手食、中指张开，然后夹两下左手食指。

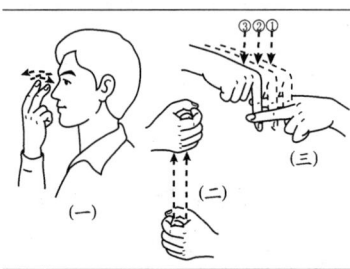

试管架 shìguǎnjià test tube rack

（一）同"试管夹"手势（一）。

（二）同"滴管"手势（二）。

（三）左手食、中指横伸并分开，手背向上；右手食指指尖朝下，向左手食、中指间插几下。

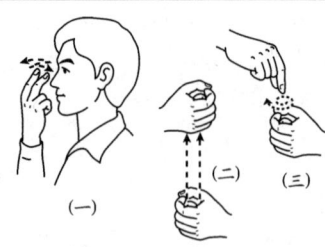

试管刷 shìguǎnshuā test tube brush

（一）同"试管夹"手势（一）。

（二）同"滴管"手势（二）。

（三）左手虚握成圆形，虎口朝上；右手拇、食指相捏，置于左手虎口上转动两下，如用刷子刷瓶子。

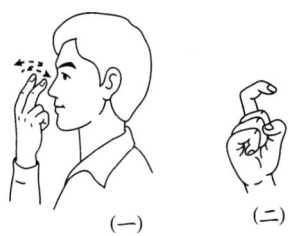

试剂 shìjì reagent

（一）同"试管夹"手势（一）（见第 252 页之 3）。

（二）一手打手指字母"J"的指式。

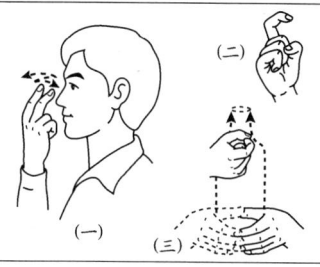

试剂瓶 shìjìpíng reagent bottle

（一）同"试管夹"手势（一）。

（二）同"试剂"手势（二）。

（三）同"细口瓶"手势（三）（见第 250 页之 1）。

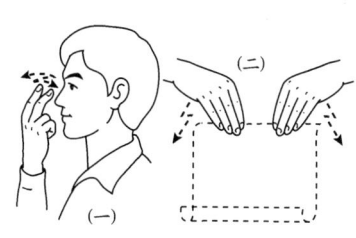

试纸 shìzhǐ test strips

（一）同"试管夹"手势（一）。

（二）同"滤纸"手势（二）（见第 249 页之 1）。

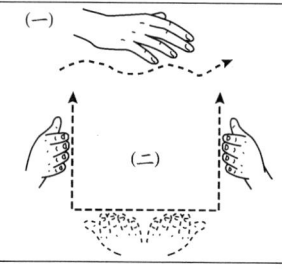

水槽 shuǐcáo sink

（一）同"分液漏斗"手势（二）（见第 248 页之 4）。

（二）双手平伸，掌心向上，从中间向左右平移，再折而向上。

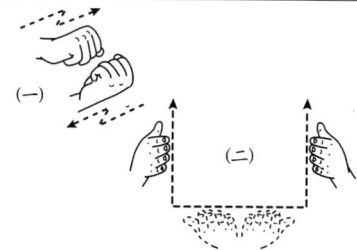

洗涤槽 xǐdícáo washing tank

（一）双手虚握拳，交错移动，模仿洗衣服的动作。

（二）同"水槽"手势（二）。

三脚架　sānjiǎojià　tripod

左手横伸,掌心向上;右手拇、食、中指叉开,指尖朝下置于左手掌心上。

铁夹　tiějiá　iron clamp

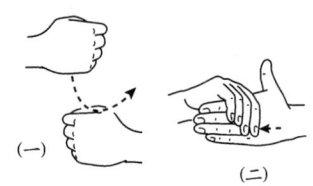

(一)双手握拳一上一下,右拳向下砸一下左拳,并向内移。

(二)左手横立,手背向外;右手五指夹一下左手背。

铁架台　tiějiàtái　iron supperl

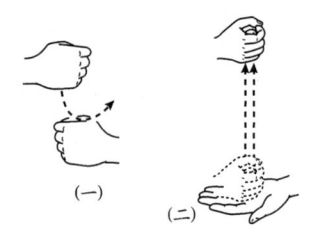

(一)同"铁夹"手势(一)。

(二)左手横伸,掌心向上;右手虚握成圆形,置于左手掌心上,然后向上移动一下。

铁圈　tiěquān　hoop

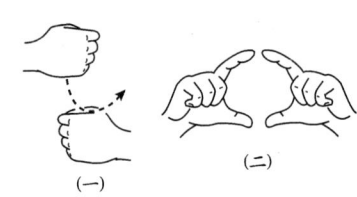

(一)同"铁夹"手势(一)。

(二)双手拇、食指搭成大圆形,虎口朝内。

橡皮塞　xiàngpísāi　rubber plug

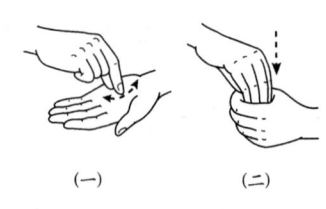

(一)左手横伸,掌心向上;右手拇、食指相捏,在左手掌心上来回擦动,如用橡皮擦去笔迹。

(二)左手虚握成圆形,虎口朝上;右手五指撮合,指尖朝下插入左手虎口内。

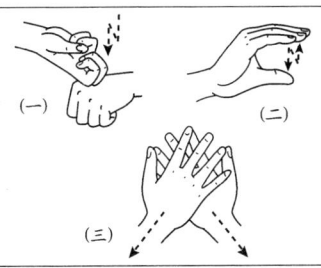

石棉网 shímiánwǎng asbestos network

（一）左手握拳，手背向上；右手食、中指弯曲，以指背骨节在左手背上敲两下。

（二）右手五指成"]"形，捏动两下。

（三）双手五指分开，交叉相叠，手背向外，同时向斜下方移动一下。

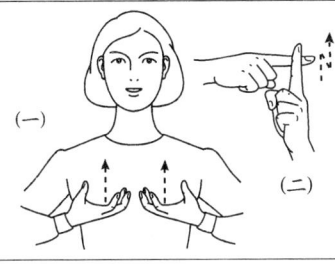

温度计 wēndùjì thermometer

（一）同"恒温器"手势（二）（见第 250 页之3）。

（二）左手食指直立不动；右手食指横伸，置于左手食指上并上下移动几下。

4. 生物实验器材

显微镜 xiǎnwēijìng microscope

双手虚握，上下相叠贴于眼部，然后双手交替微微转动，头微低，如用显微镜观察物体状。

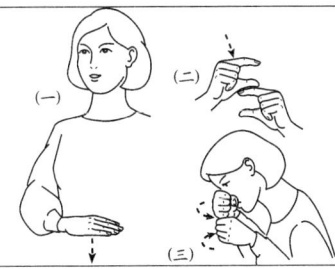

低倍镜 dībèijìng low magnification

（一）一手横伸，掌心向下，自腹部往下一按。

（二）双手拇、食指张开，虎口朝内，然后右手移至左手食指之上，表示一倍。

（三）同"显微镜"手势。

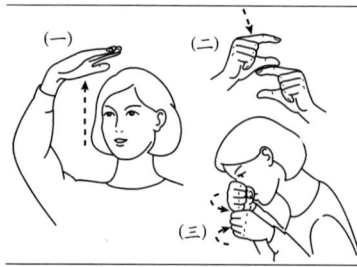

高倍镜 gāobèijìng high magnification

（一）一手横伸,掌心向下,向上举过头。

（二）同"低倍镜"手势（二）(见第 255 页之 5)。

（三）同"显微镜"手势(见第 255 页之 4)。

反射镜 fǎnshèjìng mirror

（一）左手侧立；右手五指撮合,先对着左手掌心放开五指,在反转回去。

（二）一手直立,掌心向内,在面前晃动两下,如照镜子动作。

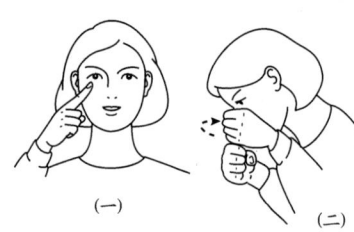

目镜 mùjìng eyepiece

（一）一手食指指眼睛。

（二）双手虚握,上下相叠贴于眼部,然后在上的左手微微转动两下,在下的右手不动,表示显微镜目镜在上。

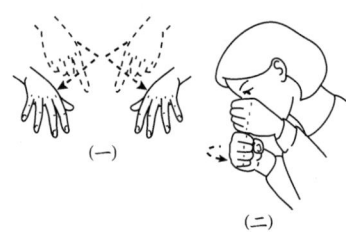

物镜 wùjìng objective

（一）双手食指指尖朝前,先互碰一下,再向两侧分开,并张开五指。

（二）双手虚握,上下相叠贴于眼部,然后在上的左手不动,在下的右手微微转动两下,表示显微镜物镜在下。

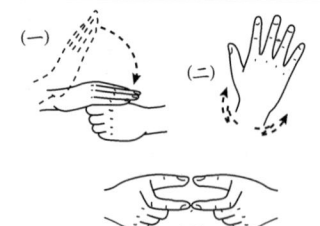

盖玻片 gàibōpiàn cover glass

（一）左手虚握成半圆形,虎口朝上；右手掌心向下盖在左手上。

（二）一手直立,五指分开,掌心向内,腕部微微晃动两下,表示玻璃的闪光。

（三）一手拇、食指张开,指尖相对,成"口"形。

五、实验部分

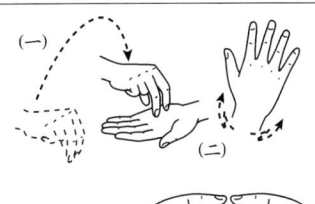

载玻片 zǎibōpiàn slide

（一）左手横伸，掌心向上；右手拇、食、中指撮合，从外移向左手掌心，如向左手放东西状。

（二）同"盖玻片"手势（二）（见第 256 页之 5）。

（三）同"盖玻片"手势（三）。

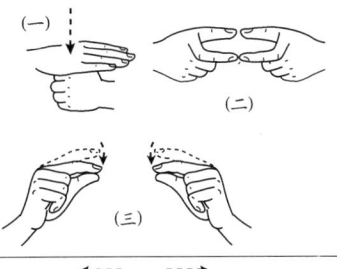

压片夹 yāpiànjiá stage clips

（一）左手握拳，虎口朝上；右手横伸，掌心向下，置于左手上并向下一压。

（二）同"盖玻片"手势（三）。

（三）双手拇、食指横伸，指尖先张开，然后相捏。

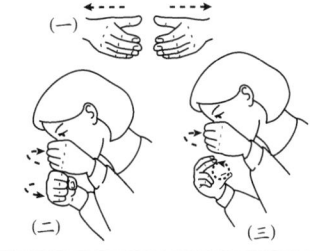

粗调节器（粗准焦螺旋） cūtiáojiéqì（cūzhǔn jiāoluóxuán） coarse adjustment knob

（一）双手五指成半圆形，虎口朝上，从中间向两侧移动一下。

（二）同"显微镜"手势（见第 255 页之 4）。

（三）双手虚握，上下相叠贴于眼部，左手在上不动；右手拇、食、中指虚捏，指尖距离大些，再拧动两下，如调节粗准焦螺旋状。

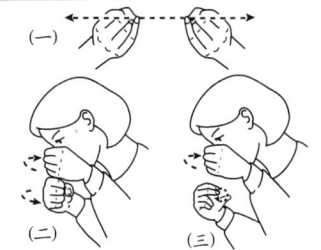

细调节器（细准焦螺旋） xìtiáojiéqì（xìzhǔn jiāoluóxuán） fine adjustment knob

（一）双手拇、小指相捏，从中间向两侧拉开。

（二）同"显微镜"手势。

（三）双手虚握，上下相叠贴于眼部，左手在上不动；右手拇、食、中指虚捏，指尖距离小些，再拧动两下，如调节细准焦螺旋状。

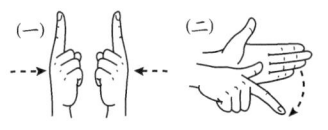

临时装片 línshízhuāngpiàn temporary slide

（一）双手食指直立，指面相对，从两侧向中间移动并靠拢。

（二）左手侧立；右手伸拇、食指，拇指指尖抵于左手掌心，食指向下转动。

（三）同"盖玻片"手势（三）。

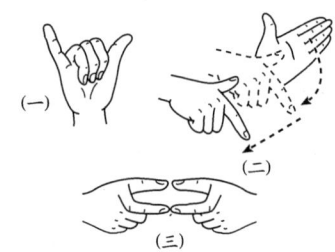

永久装片 yǒngjiǔzhuāngpiàn permanent slide

（一）一手打手指字母"Y"的指式。

（二）左手侧立；右手伸拇、食指，拇指尖抵于左手掌心，食指先向下转，然后再向右移动少许，表示时间长。

（三）同"盖玻片"手势（三）（见第 256 页之 5）。

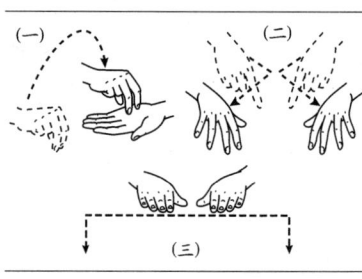

载物台 zǎiwùtái stage

（一）同"载玻片"手势（一）（见第 257 页之 1）。

（二）同"物镜"手势（一）（见第 256 页之 4）。

（三）双手平伸，掌心向下，从中间向两侧平移，再折而下移，成"⊓"形，如桌子状。

部首检词表

一画

[一部]

一元酸	107
一氧化氮	110
一氧化碳	110

二画

二元酸	107
二氧化硅	98
二氧化氮	98
二氧化硫	98
二氧化碳	98
丁烷	117

三画

三角架	254
三氧化硫	106
干旱气候	218
干电池	240
干燥器	249
干燥剂	79
万有引力定律	45
万用表	239
上臂	168

三画

开尔文	52
天体	219
天文	217
元素符号	94
元素周期表	94
元件	244
无机化学	95
无机物	107
无色	72
无氧酸	100
无脊椎动物	135
不锈钢	112
不饱和溶液	86
不良导体	47
不活泼金属	96
牙釉质	188
互感	22

四画

末速度	31
正极	17
正电荷	17
正反应	78
可逆反应	78
可燃物	83
可燃性	84
丙烷	117
左手定则	22
左心室	182
左心房	181
右手定则	22
右心室	182
右心房	181
平均速度	31
平抛运动	40
平衡	42
平衡力	42

五画

共振	35
共点力	27
共生	134
共价键	91
有机化合物	122
有机化学	116
有机玻璃	122
有机养料	160
有花植物	152
有丝分裂	128
有色金属	97

六画

束缚电子	14
两栖类	137

七画

表面皿	147
表皮	166

八画

毒性	75

[丨部]		电磁场	20	非生物	124
二画		电磁感应	21	非条件反射	173
上臂	168	电磁震荡	21	非金属	97
三画		电磁铁	240	非金属性	97
中毒	94	电磁力	21	八画	
中耳	177	电荷	10	临时装片	257
中和作用	94	电荷量	10	临界点	48
中脑	170	电路	11	[丿部]	
中性	95	电路故障	11	一至二画	
中子	64	电路图	11	入射点	62
内耳	177	电阻	12	入射光	62
内分泌系统	195	电阻器	234	千瓦	23
内力	28	电铃	237	千瓦时	24
内胚层	131	电键	237	三画	
内燃机	49	电解质	75	升华	74
内能	48	电离	75	长度	4
四画		电学	9	长颈漏斗	248
北极	227	电源	11	反作用力	30
北回归线	226	电流	10	反射	58
北半球	225	电流表	238	反射中枢	171
凸透镜	245	电流磁效应	21	反射镜	256
甲壳类	137	电池	239	反应物	71
甲基橙	119	电能	11	反射光	58
甲醇	119	电能表	239	反射定律	58
甲苯	118	电子	63	乌龟	140
甲状腺	195	电子天平	243	四画	
甲鱼	140	电子秤	243	生理	124
甲烷	116	电缆	238	生态	162
电动机	237	凹透镜	245	生态平衡	163
电动势	16	半岛	229	生态系统	163
电功	10	半衰期	66	生殖系统	196
电功率	10	半导体	15	生菜	213
电场线	16	五至七画		生成物	71
电压	12	曲线运动	40	生锈	88
电压表	239	串联电路	13	生物	124

生物圈	124	十三画		电阻器	234
生长点	132	睾丸	197	电铃	237
生命中枢	171	孵化	150	电键	237
生产者	132	[、部]		电解质	75
失重	43	主动脉	183	电离	75
乐音	54	主光轴	63	电学	9
冬虫夏草	153	半岛	229	电源	11
五画		半衰期	66	电流	10
向心力	29	半导体	15	电流表	238
向心加速度	31	永磁体	21	电流磁效应	21
后肢	138	永久装片	258	电池	239
后脑	170	农药	121	电能	11
色素	216	良导体	46	电能表	239
色散	62	[乙(ㄱㄅ一)部]		电子	63
色盲	202	乙酸	119	电子天平	243
六画		乙炔	120	电子秤	243
龟	140	乙烯	120	电缆	238
卵生	150	电动机	237	发酵	191
卵巢	197	电动势	16	发光体	58
系统	164	电功	10	乳酸菌	191
七画		电功率	10	乳牙	188
质点	44	电场线	16	乳浊液	87
质量守恒	90	电压	12		
质子	64	电压表	239	二画	
周期	5	电磁场	20		
周围神经系统	172	电磁感应	21	[十部]	
八画		电磁震荡	21	十二指肠	190
重金属	97	电磁铁	240	支点	32
重力	44	电磁力	21	支气管	187
重力势能	44	电荷	10	支气管炎	204
重心	44	电荷量	10	直根系	157
复合材料	123	电路	11	直射点	61
复合肥料	115	电路故障	11	直角棱镜	246
复分解反应	79	电路图	11	直线运动	40
复色光	57	电阻	12	南极	227

南回归线	226	内分泌系统	195	体循环	186
南瓜	213	内燃机	49	位移	9
南半球	225	内能	48	作用力	30
载玻片	257	内力	28	伴性遗传	125
载物台	258	内胚层	131	伸长区	132
真菌	212	同位素	65	低倍镜	255
真空	4	[亻部]		六画	
睾丸	197	二画		侧线	125
[厂部]		化合	70	侏儒症	209
压片夹	257	化合态	70	七画	
压强	2	化合物	70	保险丝	238
压缩	4	化合价	70	俘获	65
原理	5	化学	68	八画及以上	
原电池	240	化学式	68	候鸟	147
原生动物	136	化学平衡	69	催化剂	79
原油	123	化学反应	68	[厂部]	
原发性	201	化学变化	69	反作用力	30
原子核	64	化学方程式	70	反射	58
原子量	65	化学性质	69	反射中枢	171
[匚部]		化学键	91	反射镜	256
巨人症	209	化学符号	68	反应物	71
[卜部]		三画		反射光	58
上臂	168	仙人掌	157	反射定律	58
点光源	60	四画		后肢	138
[刂部]		伊蚊	149	后脑	170
副线圈	241	伏特	23	质点	44
制冷剂	81	传感器	234	质量守恒	90
刻度尺	244	传染病	204	质子	64
剥离	3	传导	46	[八部]	
[卜部]		传导性聋	203	分贝	55
外耳	176	五画		分光棱镜	246
外力	29	体动脉	182	分类	76
外胚层	131	体内受精	198	分液	73
[门部]		体重秤	243	分液漏斗	248
内耳	177	体积	4	分层	76

分力	27	龟	140	北回归线	226
分子	90	免疫	186	北半球	225
分子式	90	周期	5	[几部]	
分解	76	周围神经系统	172	几率	6
分馏	73	[勹部]		[亠部]	
公转	227	匀速运动	41	交流电	18
共振	35	匀速转动	41	充电	14
共点力	27	匀速圆周运动	42	亨利	24
共生	134	匀变速运动	41	变形虫	139
共价键	91	匀减速运动	42	变速运动	26
真菌	212	匀强电场	19	变压器	234
真空	4	匀加速运动	42	变态	125
黄曲霉	200	[几部]		变态茎	164
黄铜	111	风能	7	变态根	163
黄铜矿	111	[儿部]		变阻器	234
黄金	111	元素周期表	94	变色	71
黄鳝	142	元素符号	94	变异	125
黄疸	205	元件	244	育雏	150
黄河鲤	142	光束	60	衰变	66
[人部]		光速	60	高锰酸钾	99
人工呼吸	208	光具座	247	高倍镜	256
人造卫星	221	光电子	59	高血压	207
人体组织结构	164	光电效应	59	离心现象	39
合力	29	光年	9	离心运动	39
含氧酸	100	光合作用	163	离子	90
舒张压	184	光源	60	离子键	91
[入部]		光谱仪	236	[冫部]	
入射点	62	光学	56	冷凝器	235
入射光	62	光线	61	减数分裂	128
[亻部]		光缆	238	凝聚	77
负极	18	光屏	238	凝固点	84
负电荷	17	光能	60	凝华	49
色素	216	光子	59	[丶部]	
色散	62	[匕部]		半岛	229
色盲	202	北极	227	半衰期	66

半导体	15	附肢	138	势能	27
并联电路	13	隐性	126	[又部]	
单摆	25	隔热体	47	支点	32
单眼皮	173	[刀部]		支气管	187
单循环	126	分贝	55	支气管炎	204
单色光	57	分解	76	反作用力	30
单子叶植物	152	分馏	73	反射	58
前肢	138	分层	76	反射中枢	171
前脑	169	分子	90	反射镜	256
前臂	168	分子式	90	反射光	58
慈姑	212	分力	27	反射定律	58
[宀部]		分光棱镜	246	反应物	71
农药	121	分类	76	双眼皮	174
冠状动脉	182	分液	73	双循环	126
[讠部]		分液漏斗	248	双受精	198
计时器	245	[力部]		双子叶植物	152
试管夹	252	力矩	25	对照实验	233
试管刷	252	力的平衡	34	对虾	142
试管架	252	力的作用	34	对流	47
试剂	253	力的分解	34	发酵	191
试剂瓶	253	力的合成	34	发光体	58
试纸	253	力的方向	34	取代	74
误差	9	力学	25	受精	198
[凵部]		力臂	33	变形虫	139
凸透镜	245	功	35	变速运动	26
凹透镜	245	功率	35	变压器	234
[卩部]		加速度	30	变态	125
卫星	221	动物	134	变态茎	164
卵生	150	动脉	182	变态根	163
卵巢	197	动脉血	183	变阻器	234
[阝部]		动摩擦因数	36	变色	71
阳离子	91	动滑轮	32	变异	125
阴离子	92	动力	33	[厶部]	
阻力	33	动力臂	33	台秤	242
阻力臂	33	动能	26	参照物	26

能	6	地中海	228	[廾部]		
能量守恒定律	7	地线	15	二画		
能源	7	坩埚	249	艾滋病	210	
[廴部]		坩埚钳	249	节拍器	245	
延髓	171	基因	129	节肢动物	135	
延展性	93	基因突变	130	三画		
		塌棵菜	213	芋艿	215	
三画		[士部]		芋头	215	
[干部]		声源	53	四画		
干旱气候	218	声波	53	苋菜	214	
干电池	240	声学	53	花	154	
干燥器	249	声能	54	花药	154	
干燥剂	79	[扌部]		花岗岩	112	
[工部]		打点计时器	245	花瓣	154	
功	35	扬声器	241	花粉	155	
功率	35	托盘天平	243	芳香烃	117	
左手定则	22	扩散过程	84	苏打	115	
左心房	181	拉力	28	五画		
左心室	182	抛物线	39	苯	117	
巩膜	174	抛体运动	39	苦瓜	212	
汞柱	244	抗原	180	苔藓	160	
[土部]		抗体	180	六画		
土壤	224	挥发	82	草鱼	141	
尘螨	199	指示剂	81	草履虫	139	
地球	225	指南针	232	茼蒿	213	
地球仪	231	指纹	166	荠菜	213	
地理	222	振动	44	药匙	251	
地形	223	推力	28	七画		
地壳	225	探究	7	莲花	159	
地下水	230	排泄系统	193	莲子	160	
地磁场	20	摆长	25	八画		
地震波	229	摄食	192	菜豆	211	
地轴	225	摄氏温标	48	菜粉蝶	139	
地势	222	摄谱仪	236	九画		
		携带者	202	葫芦藓	154	

葡萄糖	192	太阳黑子	219	光电子	59
十画及以上		太阳系	219	光电效应	59
蓝藻	159	太阳能	6	光年	9
蓝宝石	113	[兀部]		光合作用	163
蓬蒿菜	213	元素符号	94	光源	60
蒸腾	160	元素周期表	94	光谱仪	236
蒸馏	73	元件	244	光学	56
蒸馏水	73	光束	60	光线	61
蒸发皿	248	光速	60	光缆	238
蓄电池	239	光具座	247	光屏	238
蔗糖	122	光电子	59	光能	60
蕨类	155	光电效应	59	光子	59
蕹菜	214	光年	9	常染色体	128
薄透镜	246	光合作用	163	[口部]	
藻类	158	光源	60	口腔	188
[寸部]		光谱仪	236	可逆反应	78
对照实验	233	光学	56	可燃物	83
对虾	142	光线	61	可燃性	84
对流	47	光缆	238	右手定则	22
导热性	47	光屏	238	右心室	182
导电	14	光能	60	右心房	181
导管	237	光子	59	叶	157
导体	14	[ナ部]		叶梢	158
导线	237	龙眼	215	叶肉	158
[廾部]		龙虾	142	叶脉	158
异花传粉	162	[小部]		叶绿素	157
异养	162	小苏打	116	叶绿体	158
[大部]		小脑	170	加速度	30
大理石	113	小肠	190	台秤	242
大豆	211	小肠绒毛	190	向心力	29
大气运动	217	尘螨	199	向心加速度	31
大气层	217	[⺌部]		合力	29
大脑皮质	169	光束	60	吸热	92
大肠	189	光速	60	吸热反应	92
大肠杆菌	199	光具座	247	吸收热量	93

吸水	81	微溶	87	[门部]			
呆小症	209	[彡部]		闭合电路	13		
听小骨	177	形变	43	间隙	3		
听阈	178	参照物	26	间脑	170		
听觉	177	须根系	157	[氵部]			
听神经	177	影	63	三画			
味蕾	189	[犭部]		污染物	133		
呼吸	186	狂犬病	210	江米酒	216		
呼吸系统	186	[夕部]		四画			
咽喉	189	外耳	176	沉积物	230		
响度	54	外胚层	131	沉淀	74		
哺乳动物	134	外力	29	五画			
喉	189	多元酸	108	法拉	22		
喙	147	多足类	136	法国梧桐	156		
器官	166	[夂部]		法线	58		
噪音	54	冬虫夏草	153	河蚌	144		
[口部]		条件反射	173	河蟹	143		
国际单位	5	条形磁铁	241	油脂	119		
固态	52	复合材料	123	沿岸	228		
图例	231	复合肥料	115	泥螺	144		
圆周运动	40	复分解反应	79	沸点	50		
[山部]		复色光	57	沼虾	143		
山茶花	152	[饣部]		波	56		
山地	223	饱和	73	波速	57		
岩石	230	饱和溶液	86	波长	56		
岩浆	230	[丬部]		波尔多液	86		
峡谷	223	状态变化	51	波谷	57		
[巾部]		状态方程	51	波源	57		
帕斯卡定律	45	[广部]		波峰	56		
带电粒子	64	广口瓶	249	六画			
常染色体	128	废气	75	测量	7		
[彳部]		废渣	76	测力计	242		
衍射	59	废水	76	洗涤槽	253		
循环系统	181	腐蚀性	78	活泼金属	96		
微量	89			浓度	72		

部首检词表 **267**

浓溶液	87	十画		恒力	28		
七画		滤光器	235	惯性	36		
酒酿	216	滤纸	249	[宀部]			
酒曲	216	溶质	85	宇宙	220		
酒精灯	251	溶质质量分数	86	宇宙空间站	222		
消化腔	188	溶解	85	宇宙飞船	222		
消化系统	187	溶解性	85	安培	22		
消费者	132	溶剂	85	安全电压	12		
海岸	228	溶液	85	完全变态	125		
海蟹	143	溺水	208	完全燃烧	83		
浮力	28	十一画		定理	5		
流量	231	漂白剂	114	定律	5		
流行性感冒	204	漂白粉	115	定滑轮	32		
流线型	39	漫反射	59	实验报告	233		
润滑油	118	滴管	248	实验员	233		
浸泡	132	漏电	18	实验室	233		
八画		漏斗	248	实像	62		
清洁剂	81	十二画		家蚊	149		
淋巴	185	潜望镜	247	家鸽	148		
淋巴管	185	潮	230	寄生	150		
淋病	210	潮解	77	寒带	227		
混合物	71	潮汐	230	寒潮	218		
混合性聋	203	潮汐能	6	[辶部]			
液压传动	43	十三画		边境	224		
液态	52	濒危	208	过滤	74		
液晶	8	激素	196	运动系统	167		
液体	52	激光器	235	远视	202		
液化	52	[忄部]		还原剂	80		
液泡	197	性腺	196	连通器	235		
九画		性状	128	近视	202		
滑动变阻器	235	性状隐性	129	逆反应	78		
滑动摩擦	36	性状分离	129	速率	8		
温带	228	性染色体	128	通式	89		
温度计	255	恒牙	188	通信卫星	221		
游离态	93	恒温器	250	通光孔	175		

遗传因子	130	
避雷针	13	
[尸部]		
尿素	121	
尿常规检查	194	
尿液	194	
尿道	194	
屈光度	61	
[巳部]		
导热性	47	
导电	14	
导管	237	
导体	14	
导线	237	
异花传粉	162	
异养	162	
[弓部]		
引力	29	
张力	29	
弱碱	100	
弱酸	101	
弹簧秤	243	
弹力	27	
强碱	100	
强酸	100	
[子部]		
子叶	161	
子宫	197	
子房	161	
孢子	161	
[马部]		
马兰	155	
马德堡半球	244	
[乜部]		
互感	22	

[纟部]	
三画	
红宝石	113
红细胞	178
红珊瑚	145
纤维素	193
四画	
纬线	226
纯度	72
纯音听力计	242
纯净物	71
纵波	36
五画	
线形动物	136
线速度	31
线圈	241
线粒体	127
组织液	185
细菌性痢疾	207
细口瓶	250
细胞核	165
细胞器	165
细胞质	165
细胞膜	165
细胞液	165
细胞壁	164
细准焦螺旋	257
细调节器	257
经线	226
六画	
结构示意图	83
结构式	82
结构简式	82
结晶	77
绝对零度	47

绝对温标	48
绝缘体	18
继发性	201
七画及以上	
维生素 C	192
缓冲剂	80

四画

[王部]	
环带	148
环节	148
环节动物	135
环境保护	224
理想气体	48
望远镜	247

[无部]	
无机化学	95
无机物	107
无色	72
无氧酸	100
无脊椎动物	135

[韦部]	
韦伯	24
韧带	169

[木(朩)部]	
一画	
末速度	31
二画	
机械运动	38
机械功	37
机械振动	38
机械效率	38
机械波	37
机械能	37

词条	页码	词条	页码	词条	页码
机械能守恒定律	37	检索表	133	[瓦部]	
机油	118	梭子蟹	144	瓦特	24
杀菌剂	121	八画		[止部]	
杀虫剂	121	棱镜	246	正极	17
杂质	94	植物	151	正电荷	17
三画		集气瓶	250	正反应	78
杠杆	32	十一画		雌蕊	153
杨梅	216	横波	36	[日(曰)部]	
条形磁铁	241	横膈膜	166	日冕	220
条件反射	173	橡皮塞	254	曲线运动	40
四画		[支部]		时刻	8
果实	163	支点	32	昆虫类	137
五画		支气管	187	显像管	236
标量	2	支气管炎	204	显微镜	255
标准大气压	3	[犬部]		显性	126
柑橘	215	臭氧	96	星系	220
相对性状	129	[车(車)部]		量杯	250
柏	156	转动	41	量程	6
染色体	127	转基因	129	量筒	251
六画		转速	41	晶体	78
核酸	127	转换器	133	晶状体	175
核电站	66	软体动物	136	[月部]	
核反应	66	载玻片	257	月球	220
核反应堆	67	载物台	258	二画	
核糖体	126	辐射	65	肌肉	169
核糖核酸	127	输尿管	194	肋骨	168
核能	67	输出功率	17	三画	
根	153	输送	133	肝炎	205
根瘤菌	154	[戈部]		肛门	195
根尖	154	戊烷	117	肠液	190
根冠	153	成分	72	四画	
柴油	118	载玻片	257	肺循环	186
七画		载物台	258	肺炎	204
梅	155	[比部]		肺泡	187
梅雨	218	比热	46		

五画		
胡萝卜		212
胚		130
胚珠		131
胚根		130
胚芽		131
胚轴		131
胚乳		130
胚胎		130
胆固醇		191
胆汁		190
胖头鱼		141
脉搏		184
胎生		150
胎盘		198
六画		
胰腺		195
胰岛素		195
胰液		196
脂肪		166
胸骨		168
脐带		198
胶体		82
胶粘剂		81
脑干		171
脑桥		170
脑垂体		171
七画		
脱氧核糖核酸		127
脱水		82
脱水剂		80
八画		
腈纶		121
腔肠动物		136
十画		
膀胱		194

十二画		
膨胀		49
膳食		192
(月)部		
有花植物		152
有机玻璃		122
有机化合物		122
有机化学		116
有色金属		97
有机养料		160
有丝分裂		128
肾		193
肾盂		193
肾盂肾炎		206
肾上腺		196
肾脏		193
育雏		150
胃黏膜		189
胃癌		206
胃炎		206
胃溃疡		206
脊椎动物		135
脊柱		167
脊髓		172
能		6
能量守恒定律		7
能源		7
[贝部]		
贝类		144
负极		18
负电荷		17
质点		44
质量守恒		90
质子		64
贻		145

[水部]		
水土流失		224
水槽		253
水杉		156
水蛭		146
水螅		146
水银柱		244
水质污染		224
水循环		231
水解		77
水痘		210
水溶液		86
水泥		106
水绵		159
水蚤		146
汞柱		244
尿素		121
尿常规检查		194
尿液		194
尿道		194
[见部]		
视野		176
视网膜		175
视觉		175
视觉暂留		175
[牛(牜)部]		
牛顿		45
牛顿运动定律		45
牦牛		149
物体		2
物理		1
物理现象		1
物理模型		1
物理变化		69
物理性质		69
物理学		1

物态变化	51	氧化剂	80	乳酸菌	191
物镜	256	氨基酸	116	乳牙	188
物质的量	89	氨水	96	乳浊液	87
特斯拉	24	[八画]		孵化	150
[手部]		氯水	103	[欠部]	
手足口病	210	氯化铝	104	欧姆	23
摩擦力	35	氯化铜	104	[风部]	
摩尔	90	氯化钠	104	风能	7
[气部]		氯化铁	104	[文部]	
气囊	147	氯化物	104	文蛤	145
气压	3	氮肥	115	[方部]	
气态	51	[毛部]		放大镜	246
气垫导轨	43	毛细血管	184	放热	50
气味	93	毛细淋巴管	185	放热反应	93
气体压强	3	[攵部]		放电	17
气体交换	187	放大镜	246	放射	65
气化	51	放热	50	放射性	65
气孔	146	放热反应	93	[火部]	
气象卫星	221	放电	17	火山喷发	229
气管	187	放射	65	火线	15
[五画]		放射性	65	灭火器	251
氢气	95	数码	8	灭火剂	80
氢氧根离子	92	数据	8	灯管	236
氢氧化钙	105	收缩压	184	灯泡	236
氢氧化铝	105	[长部]		炼钢	114
氢氧化钠	106	长度	4	炼铁	114
氢氧化物	105	长颈漏斗	248	炸药	123
氢离子	92	[斤部]		烧杯	252
[六画]		斥力	27	烧伤	209
氧化还原反应	79	断路	16	烧瓶	252
氧化钙	109	新陈代谢	193	焰色反应	79
氧化铝	109	[爪部]		煤油	118
氧化铁	109	爬行类	137	熔融状态	84
氧化物	109	[罒部]		熔点	84
氧化膜	109	受精	198	熔丝	238

燃点		83
燃烧		83
燃烧匙		251

[斗部]

斜抛运动		40

[灬部]

点光源		60
热运动		50
热带		228
热带雨林		162
热带鱼		141
热量		49
热值		49
热传导		50
热效应		50
热学		46
焦耳		23
焦耳定律		23
焦点		61
蒸馏		73
蒸馏水		73
蒸腾		160
蒸发皿		248
照明电路		13

[户部]

扁形动物		135

[衤部]

视野		176
视网膜		175
视觉		175
视觉暂留		175
神经末梢		172
神经元		172
神经系统		172
神经冲动		173

[心部]

心肌梗死		207
心脏病		207
心率		185
心室		181
心房		181
心绞痛		207
悬铃木		156
悬浊液		87
悬浮		43
感音性聋		203
感染者		202
感觉器官		173
慈姑		212

五画

[石部]

石棉网		255
石蕊		114
石灰石		113
石墨		114
石蜡		122
石油气		123

三画

矾		99
矿物		110
矿物质		110

五画

砝码		244
破伤风		205

六画

硅藻土		99
硅酸		99
硅酸盐		99

七画

硝酸		108
硝酸铜		108
硫		102
硫磺		102
硫酸		102
硫酸亚铁		103
硫酸铝		102
硫酸铝钾		103
硫酸铜		103
硫酸钡		102
硫酸铁		103

八画

碘		98

九画

碱式盐		101
碱石灰		101
碱性		88
碱性氧化物		101
碳酸		106
碳酸钙		106
碳酸钠		107
碳酸氢钠		107
磁极		19
磁感应		19
磁感性		19
磁体		20
磁力		20
磁性		20

十二画

磷		102
磷肥		115

[龙部]

龙眼		215
龙虾		142

[目部]		电学	9	银矿	112	
目镜	256	电源	11	银河系	220	
瞬时速度	31	电流	10	锋面	218	
瞳孔	174	电流表	238	锌	108	
[田部]		电流磁效应	21	错觉	178	
甲烷	116	电池	239	锥形瓶	250	
甲苯	118	电能	11	镁	105	
甲醇	119	电能表	239	镍镉电池	240	
甲基橙	119	电子	63	镍铁电池	240	
甲壳类	137	电子天平	243	**[生部]**		
甲鱼	140	电子秤	243	生理	124	
甲状腺	195	电缆	238	生态	162	
电动机	237	田螺	144	生态平衡	163	
电动势	16	龟	140	生态系统	163	
电功	10	胃黏膜	189	生殖系统	196	
电功率	10	胃癌	206	生菜	213	
电场线	16	胃炎	206	生成物	71	
电压	12	胃溃疡	206	生锈	88	
电压表	239	留鸟	147	生物	124	
电磁场	20	**[皿部]**		生物圈	124	
电磁感应	21	盐酸	108	生长点	132	
电磁震荡	21	盐度	72	生命中枢	171	
电磁铁	240	盖玻片	256	生产者	132	
电磁力	21	**[钅部]**		**[矢部]**		
电荷	10	钝化	75	矢量	4	
电荷量	10	钠	105	短路	16	
电路	11	钩虫	200	**[禾部]**		
电路故障	11	铁树	156	季风气候	218	
电路图	11	铁夹	254	种群	160	
电阻	12	铁圈	254	种子植物	151	
电阻器	234	铁锈	88	稀有气体	95	
电铃	237	铁架台	254	稀释	74	
电键	237	铝土矿	112	稀溶液	87	
电解质	75	铝合金	112	**[白部]**		
电离	75	银杏	156	白薯	211	

白血病	206	耳郭	176	等温线	217		
白金	110	取代	74	简单机械	38		
白暨豚	140	聚苯乙烯	120	简谐运动	26		
白细胞	179	聚氯乙烯	120	[自部]			
[鸟部]		聚焦	61	自花传粉	161		
鸟类	137	聚变	66	自转	227		
鸭嘴兽	149	聚乙烯	120	自由落体	45		
[疒部]		[西部]		自由电子	14		
疟原虫	201	西兰花	214	自然现象	2		
疟疾	205	[页部]		自然科学	2		
病	199	须根系	157	自然光	62		
病毒	199	颅骨	167	自养	162		
疾病	199	频率	55	臭氧	96		
痢疾杆菌	200	额定功率	16	[血部]			
痛觉	178	额定电压	12	血	178		
[立部]		[虍部]		血型	180		
章鱼	142	虚像	63	血压	184		
端脑	169	[虫部]		血吸虫	201		
[穴部]		虹吸现象	37	血管	183		
空心菜	214	虹膜	174	血糖	179		
窒息	208	蚕	139	血浆	179		
[衤部]		蛀牙	204	血清	179		
初速度	30	蛏子	145	血液	178		
被子植物	151	蛋白质	192	血小板	180		
裸子植物	151	蛔虫	200	血红蛋白	179		
褪色	89	蛔虫卵	201	血细胞	180		
[母部]		蛛形类	138	[舟部]			
毒性	75	蛾	140	航天飞机	221		
		蜥蜴	149	[色部]			
六画		蝗虫	139	色素	216		
		螃蟹	143	色散	62		
[耒部]		[舌部]		色盲	202		
耕地	223	甜菜	215	[衣部]			
[耳部]		[艹部]		衣藻	159		
耳蜗	176	第一宇宙速度	32	裂解	77		
耳垂	176	等离子体	15				

[羊(羊羊)部]

羊膜卵	197
群落	161
群岛	229
着火点	83
盖玻片	256

[米部]

粉刺	203
粗调节器	257
粗准焦螺旋	257
粒子	64
糖类	215
糖尿病	205

[艮部]

良导体	46

[羽部]

羽毛	148
翼	148

[系部]

系统	164
紫菜	214
紫藤	152

七画

[麦部]

麦芽糖	122
麦粒肿	203

[走部]

超声	53
超重	26

[赤部]

赤铁矿	111
赤道	226
赤潮	231

[豆部]

短路	16
豌豆	211

[酉部]

酚酞	119
酵母菌	191
酶	191
酸式盐	101
酸雨	219
酸碱性	89
酸性	88

[豖部]

家蚊	149
家鸽	148

[里部]

重金属	97
重心	44
重力	44
重力势能	44
量杯	250
量程	6
量筒量筒	251

[跫部]

路端电压	12
蹄形磁铁	241

[足部]

足癣	209

[身部]

躯干部	168

[谷部]

谷地	223

[龟部]

龟	140

[角部]

角速度	30
角膜	174

触电	19
触手	145

八画

[青部]

青铜	111
青鱼	141
青蟹	143
静止状态	38
静电	18
静脉	183
静脉血	183
静摩擦力	35

[雨(雨)部]

雪菜	214
雪里蕻菜	214
零线	15
震级	229
霉菌	200
霜冻	219

[齿部]

龋齿	204

[隹部]

雄蕊	153
集气瓶	250
雌蕊	153

[金部]

金花菜	212
金刚石	113
金鱼藻	159
金属键	91
金属性	97

[鱼部]

鱼虫	146
鱼类	138

鳃	147	食物链	133	黄铜	111
鳊鱼	140	食管	189	黄铜矿	111
鳙鱼	141	[音部]		黄金	111
鳖	140	音频	55	黄鳝	142
鳜鱼	141	音量	55	黄疸	205
鳞片	146	音量控制器	242	黄河鲤	142
		音色	55	[麻部]	
九画		音调	54	摩擦力	35
		音叉	242	摩尔	90
[骨部]					
骨连接	167	十一画		十二画	
骨骼	167				
骨质疏松	208	[黄部]		[黑部]	
[食部]		黄曲霉	200	黑色金属	96
食物网	134				

拼音索引

Aa

àizībìng 艾滋病 210
ānjīsuān 氨基酸 116
ānpéi 安培 22
ānquándiànyā 安全电压 12
ānshuǐ 氨水 96
āotòujìng 凹透镜 245

Bb

báijīn 白金 110
báijìtún 白鱀豚 140
báishǔ 白薯 211
báixìbāo 白细胞 179
báixuèbìng 白血病 206
bǎi 柏 156
bǎicháng 摆长 25
bàndǎo 半岛 229
bàndǎotǐ 半导体 15
bànshuāiqī 半衰期 66
bànxìngyíchuán 伴性遗传 125
bāozǐ 孢子 161
báotòujìng 薄透镜 246
bǎohé 饱和 73
bǎohéróngyè 饱和溶液 86
bǎoxiǎnsī 保险丝 238
běibànqiú 北半球 225
běihuíguīxiàn 北回归线 226
běijí 北极 227
bèilèi 贝类 144
bèizǐzhíwù 被子植物 151
běn 苯 117
bǐrè 比热 46
bìhédiànlù 闭合电路 13
bìléizhēn 避雷针 13
biānjìng 边境 224
biānyú 蝙鱼 140
biànxíngdòngwù 扁形动物 135
biànsè 变色 71
biànsùyùndòng 变速运动 26
biàntài 变态 125
biàntàigēn 变态根 163
biàntàijīng 变态茎 164
biànxíngchóng 变形虫 139
biànyāqì 变压器 234
biànyì 变异 125
biànzǔqì 变阻器 234
biāoliàng 标量 2
biāozhǔndàqìyā 标准大气压 3
biǎomiànmǐn 表面皿 247
biǎopí 表皮 166
biē 鳖 140
bǐngwán 丙烷 117
bìng 病 199
bìngdú 病毒 199
bìngliándiànlù 并联电路 13
bīnwēi 濒危 208
bō 波 56
bōcháng 波长 56
bō'ěrduōyè 波尔多液 86
bōfēng 波峰 56
bōgǔ 波谷 57
bōlí 剥离 3
bōsù 波速 57
bōyuán 波源 57
bǔrǔdòngwù 哺乳动物 134
bùbǎohéróngyè 不饱和溶液 86
bùhuópōjīnshǔ 不活泼金属 96
bùliángdǎotǐ 不良导体 47
bùxiùgāng 不锈钢 112

拼音索引

Cc

càidòu	菜豆	211
càifěndié	菜粉蝶	139
cānzhàowù	参照物	26
cán	蚕	139
cǎolǚchóng	草履虫	139
cǎoyú	草鱼	141
cèlìjì	测力计	242
cèliáng	测量	7
cèxiàn	侧线	125
cháiyóu	柴油	118
chángdù	长度	4
chángjǐnglòudǒu	长颈漏斗	248
chángrǎnsètǐ	常染色体	128
chángyè	肠液	190
chāoshēng	超声	53
chāozhòng	超重	26
cháo	潮	230
cháojiě	潮解	77
cháoxī	潮汐	230
cháoxīnéng	潮汐能	6
chéndiàn	沉淀	74
chénjīwù	沉积物	230
chénmǎn	尘螨	199
chēngzi	蛏子	145
chéngfèn	成分	72
chìcháo	赤潮	231
chìdào	赤道	226
chìlì	斥力	27
chìtiěkuàng	赤铁矿	111
chōngdiàn	充电	14
chòuyǎng	臭氧	96
chūsùdù	初速度	30
chùdiàn	触电	19
chùshǒu	触手	145
chuándǎo	传导	46
chuándǎoxìnglóng	传导性聋	203
chuánggǎnqì	传感器	234
chuánrǎnbìng	传染病	204
chuànliándiànlù	串联电路	13
chúndù	纯度	72
chúnjìngwù	纯净物	71
chúnyīntīnglìjì	纯音听力计	242
cígǎnxìng	磁感性	19
cígǎnyìng	磁感应	19
cígu	慈姑	212
cíjí	磁极	19
cílì	磁力	20
círuǐ	雌蕊	153
cítǐ	磁体	20
cíxìng	磁性	20
cuīhuàjì	催化剂	79
cuòjué	错觉	178
cūtiáojiéqì	粗调节器	257
cūzhǔnjiāoluóxuán	粗准焦螺旋	257

Dd

dǎdiǎnjìshíqì	打点计时器	245
dàcháng	大肠	189
dàchánggǎnjūn	大肠杆菌	199
dàdòu	大豆	211
dàlǐshí	大理石	113
dànǎopízhì	大脑皮质	169
dàqìcéng	大气层	217
dàqìyùndòng	大气运动	217
dāixiǎozhèng	呆小症	209
dàidiànlìzǐ	带电粒子	64
dānbǎi	单摆	25
dānsèguāng	单色光	57
dānxúnhuán	单循环	126
dānyǎnpí	单眼皮	173
dānzǐyèzhíwù	单子叶植物	152
dǎngùchún	胆固醇	191
dǎnzhī	胆汁	190
dànbáizhì	蛋白质	192
dànféi	氮肥	115
dǎodiàn	导电	14
dǎoguǎn	导管	237
dǎorèxìng	导热性	47
dǎotǐ	导体	14
dǎoxiàn	导线	237
dēngguǎn	灯管	236
dēngpào	灯泡	236
děnglízǐtǐ	等离子体	15
děngwēnxiàn	等温线	217
dībèijìng	低倍镜	255
dīguǎn	滴管	248
dìcíchǎng	地磁场	20
dìlǐ	地理	222
dìqiào	地壳	225
dìqiú	地球	225
dìqiúyí	地球仪	231
dìshì	地势	222
dìxiàn	地线	15
dìxiàshuǐ	地下水	230

dìxíng	地形	223	diànlùtú	电路图	11	dùnhuà	钝化	75
dìyīyǔzhòusùdù		第一宇	diànnéng	电能	11	duōyuánsuān	多元酸	108
	宙速度	32	diànnéngbiǎo	电能表	239	duōzúlèi	多足类	136
dìzhènbō	地震波	229	diànxué	电学	9			
dìzhōnghǎi	地中海	228	diànyā	电压	12		Ee	
dìzhóu	地轴	225	diànyābiǎo	电压表	239			
diǎn	碘	98	diànyuán	电源	11	é	蛾	140
diǎnguāngyuán		点光源	diànzǐ	电子	63	édìngdiànyā	额定电压	12
		60	diànzǐchèng	电子秤	243	édìnggōnglǜ	额定功率	16
diànchǎngxiàn	电场线	16	diànzǐtiānpíng	电子天平		ěrchuí	耳垂	176
diànchí	电池	239			243	ěrguō	耳郭	176
diàncíchǎng	电磁场	20	diànzǔ	电阻	12	ěrwō	耳蜗	176
diàncígǎnyìng	电磁感应		diànzǔqì	电阻器	234	èryǎnghuàdàn	二氧化氮	
		21	dīngwán	丁烷	117			98
diàncílì	电磁力	21	dìnghuálún	定滑轮	32	èryǎnghuàguī	二氧化硅	
diàncítiě	电磁铁	240	dìnglǐ	定理	5			98
diàncízhèndàng		电磁振	dìnglǜ	定律	5	èryǎnghuàliú	二氧化硫	
	荡	21	dōngchóngxiàcǎo	冬虫				98
diàndòngjī	电动机	237		夏草	153	èryǎnghuàtàn	二氧化碳	
diàndòngshì	电动势	16	dònghuálún	动滑轮	32			98
diàngōng	电功	10	dònglì	动力	33	èryuánsuān	二元酸	107
diàngōnglǜ	电功率	10	dònglìbì	动力臂	33			
diànhè	电荷	10	dòngmài	动脉	182		Ff	
diànhèliàng	电荷量	10	dòngmàixuè	动脉血	183			
diànjiàn	电键	237	dòngmócāyīnshù	动摩擦		fāguāngtǐ	发光体	58
diànjiězhì	电解质	75		因数	36	fājiào	发酵	191
diànlǎn	电缆	238	dòngnéng	动能	26	fǎguówútóng	法国梧桐	
diànlí	电离	75	dòngwù	动物	134			156
diànlíng	电铃	237	dúxìng	毒性	75	fǎlā	法拉	22
diànliú	电流	10	duānnǎo	端脑	169	fǎmǎ	砝码	244
diànliúbiǎo	电流表	238	duǎnlù	短路	16	fǎxiàn	法线	58
diànliúcíxiàoyìng		电流磁	duànlù	断路	16	fán	矾	99
	效应	21	duìliú	对流	47	fǎnshè	反射	58
diànlù	电路	11	duìxiā	对虾	142	fǎnshèdìnglǜ	反射定律	
diànlùgùzhàng		电路故障	duìzhàoshíyàn	对照实验				58
		11			233	fǎnshèguāng	反射光	58

fǎnshèjìng 反射镜	256	
fǎnshèzhōngshū 反射中枢	171	
fǎnyìngwù 反应物	71	
fǎnzuòyònglì 反作用力	30	
fāngxiāngtīng 芳香烃	117	
fàngdàjìng 放大镜	246	
fàngdiàn 放电	17	
fàngrè 放热	50	
fàngrèfǎnyìng 放热反应	93	
fàngshè 放射	65	
fàngshèxìng 放射性	65	
fēijīnshǔ 非金属	97	
fēijīnshǔxìng 非金属性	97	
fēishēngwù 非生物	124	
fēitiáojiànfǎnshè 非条件反射	173	
fèidiǎn 沸点	50	
fèipào 肺泡	187	
fèiqì 废气	75	
fèishuǐ 废水	76	
fèixúnhuán 肺循环	186	
fèiyán 肺炎	204	
fèizhā 废渣	76	
fēnbèi 分贝	55	
fēncéng 分层	76	
fēnguānglèngjìng 分光棱镜	246	
fēnjiě 分解	76	
fēnlèi 分类	76	
fēnlì 分力	27	
fēnliú 分馏	73	
fēntài 酚酞	119	
fēnyè 分液	73	
fēnyèlòudǒu 分液漏斗	248	
fēnzǐ 分子	90	
fēnzǐshì 分子式	90	
fěncì 粉刺	203	
fēngmiàn 锋面	218	
fēngnéng 风能	7	
fūhuà 孵化	150	
fúhuò 俘获	65	
fúlì 浮力	28	
fúshè 辐射	65	
fútè 伏特	23	
fǔshíxìng 腐蚀性	78	
fùdiànhè 负电荷	17	
fùfēnjiěfǎnyìng 复分解反应	79	
fùhécáiliào 复合材料	123	
fùhéféiliào 复合肥料	115	
fùjí 负极	18	
fùsèguāng 复色光	57	
fùxiànquān 副线圈	241	
fùzhī 附肢	138	

Gg

gàibōpiàn 盖玻片	256	
gāndiànchí 干电池	240	
gānguō 坩埚	249	
gānguōqián 坩埚钳	249	
gānhànqìhòu 干旱气候	218	
gānjú 柑橘	215	
gānyán 肝炎	205	
gānzàojì 干燥剂	79	
gānzàoqì 干燥器	249	
gǎnjuéqìguān 感觉器官	173	
gǎnrǎnzhě 感染者	202	
gǎnyīnxìnglóng 感音性聋	203	
gāngmén 肛门	195	
gànggǎn 杠杆	32	
gāobèijìng 高倍镜	256	
gāoměngsuānjiǎ 高锰酸钾	99	
gāowán 睾丸	197	
gāoxuèyā 高血压	207	
gérètǐ 隔热体	47	
gēn 根	153	
gēnguān 根冠	153	
gēnjiān 根尖	154	
gēnliújūn 根瘤菌	154	
gēngdì 耕地	223	
gōng 功	35	
gōnglǜ 功率	35	
gōngzhuàn 公转	227	
gǒngmó 巩膜	174	
gǒngzhù 汞柱	244	
gòngdiǎnlì 共点力	27	
gòngjiàjiàn 共价键	91	
gòngshēng 共生	134	
gòngzhèn 共振	35	
gōuchóng 钩虫	200	
gǔdì 谷地	223	
gǔgé 骨骼	167	
gǔliánjiē 骨连接	167	
gǔzhìshūsōng 骨质疏松	208	
gùtài 固态	52	
guānzhuàngdòngmài 冠状动脉	182	

guànxìng 惯性 36	hángtiānfēijī 航天飞机 221	huā 花 154
guāngdiànxiàoyìng 光电效应 59	hébàng 河蚌 144	huābàn 花瓣 154
guāngdiànzǐ 光电子 59	hédiànzhàn 核电站 66	huāfěn 花粉 155
guānghézuòyòng 光合作用 163	héfǎnyìng 核反应 66	huāgāngyán 花岗岩 112
guāngjùzuò 光具座 247	héfǎnyìngduī 核反应堆 67	huāyào 花药 155
guānglǎn 光缆 238	hélì 合力 29	huádòngbiànzǔqì 滑动变阻器 235
guāngnéng 光能 60	hénéng 核能 67	huádòngmócā 滑动摩擦 36
guāngnián 光年 9	hésuān 核酸 127	huàhé 化合 70
guāngpíng 光屏 238	hétánghésuān 核糖核酸 127	huàhéjià 化合价 70
guāngpǔyí 光谱仪 236	hétángtǐ 核糖体 126	huàhétài 化合态 70
guāngshù 光束 60	héxiè 河蟹 143	huàhéwù 化合物 70
guāngsù 光速 60	hēisèjīnshǔ 黑色金属 96	huàxué 化学 68
guāngxiàn 光线 61	hēnglì 亨利 24	huàxuébiànhuà 化学变化 69
guāngxué 光学 56	héngbō 横波 36	huàxuéfǎnyìng 化学反应 68
guāngyuán 光源 60	hénggémó 横膈膜 166	huàxuéfāngchéngshì 化学方程式 70
guāngzǐ 光子 59	hénglì 恒力 28	
guǎngkǒupíng 广口瓶 249	héngwēnqì 恒温器 250	huàxuéfúhào 化学符号 68
	héngyá 恒牙 188	huàxuéjiàn 化学键 91
guī 龟 140	hóngbǎoshí 红宝石 113	huàxuépínghéng 化学平衡 69
guīsuān 硅酸 99	hóngmó 虹膜 174	huàxuéshì 化学式 68
guīsuānyán 硅酸盐 99	hóngshānhú 红珊瑚 145	huàxuéxìngzhì 化学性质 69
guīzǎotǔ 硅藻土 99	hóngxìbāo 红细胞 178	
guìyú 鳜鱼 141	hóngxīxiànxiàng 虹吸现象 37	huándài 环带 148
guójìdānwèi 国际单位 5	hóu 喉 189	huánjié 环节 148
guǒshí 果实 163	hòunǎo 后脑 170	huánjiédòngwù 环节动物 135
guòlǜ 过滤 74	hòuniǎo 候鸟 147	huánjìngbǎohù 环境保护 224
	hòuzhī 后肢 138	
Hh	hūxī 呼吸 186	huányuánjì 还原剂 80
hǎi'àn 海岸 228	hūxīxìtǒng 呼吸系统 186	huǎnchōngjì 缓冲剂 80
hǎixiè 海蟹 143	húluóbo 胡萝卜 212	
háncháo 寒潮 218	húluxiǎn 葫芦藓 154	
hándài 寒带 227	hùgǎn 互感 22	
hányǎngsuān 含氧酸 100		

拼音	词	页码
huángchóng	蝗虫	139
huángdǎn	黄疸	205
huánghélǐ	黄河鲤	142
huángjīn	黄金	111
huángqūméi	黄曲霉	200
huángshàn	黄鳝	142
huángtóng	黄铜	111
huángtóngkuàng	黄铜矿	111
huīfā	挥发	82
huíchóng	蛔虫	200
huíchóngluǎn	蛔虫卵	201
huì	喙	147
hùnhéwù	混合物	71
hùnhéxìnglóng	混合性聋	203
huópōjīnshǔ	活泼金属	96
huǒshānpēnfā	火山喷发	229
huǒxiàn	火线	15

Jj

拼音	词	页码
jīguāngqì	激光器	235
jīròu	肌肉	169
jīlǜ	几率	6
jīsù	激素	196
jīxièbō	机械波	37
jīxiègōng	机械功	37
jīxiènéng	机械能	37
jīxiènéngshǒuhéngdìnglǜ	机械能守恒定律	37
jīxièxiàolǜ	机械效率	38
jīxièyùndòng	机械运动	38
jīxièzhèndòng	机械振动	38
jīyīn	基因	129
jīyīntūbiàn	基因突变	130
jīyóu	机油	118
jíbìng	疾病	199
jíqìpíng	集气瓶	250
jǐsuǐ	脊髓	172
jǐzhù	脊柱	167
jǐzhuīdòngwù	脊椎动物	135
jìcài	荠菜	213
jìfāxìng	继发性	201
jìfēngqìhòu	季风气候	218
jìshēng	寄生	150
jìshíqì	计时器	245
jiāgē	家鸽	148
jiāwén	家蚊	149
jiāsùdù	加速度	30
jiǎběn	甲苯	118
jiǎchún	甲醇	119
jiǎjīchéng	甲基橙	119
jiǎqiàolèi	甲壳类	137
jiǎwán	甲烷	116
jiǎyú	甲鱼	140
jiǎzhuàngxiàn	甲状腺	195
jiānnǎo	间脑	170
jiǎndānjīxiè	简单机械	38
jiǎnshíhuī	碱石灰	101
jiǎnshìyán	碱式盐	101
jiǎnshùfēnliè	减数分裂	128
jiǎnsuǒbiǎo	检索表	133
jiǎnxiéyùndòng	简谐运动	26
jiǎnxìng	碱性	88
jiǎnxìngyǎnghuàwù	碱性氧化物	101
jiànxì	间隙	3
jiāngmǐjiǔ	江米酒	216
jiāodiǎn	焦点	61
jiāo'ěr	焦耳	23
jiāo'ěrdìnglǜ	焦耳定律	23
jiāoliúdiàn	交流电	18
jiāotǐ	胶体	82
jiāozhānjì	胶粘剂	81
jiǎomó	角膜	174
jiǎosùdù	角速度	30
jiàomǔjūn	酵母菌	191
jiégòujiǎnshì	结构简式	82
jiégòushì	结构式	82
jiégòushìyìtú	结构示意图	83
jiéjīng	结晶	77
jiépāiqì	节拍器	245
jiézhīdòngwù	节肢动物	135
jīngāngshí	金刚石	113
jīnhuācài	金花菜	212
jīnshǔjiàn	金属键	91
jīnshǔxìng	金属性	97
jīnyúzǎo	金鱼藻	159
jìnpào	浸泡	132
jìnshì	近视	202
jīnglún	腈纶	121
jīngtǐ	晶体	78
jīngxiàn	经线	226
jīngzhuàngtǐ	晶状体	175
jìngdiàn	静电	18
jìngmài	静脉	183
jìngmàixuè	静脉血	183
jìngmócālì	静摩擦力	35
jìngzhǐzhuàngtài	静止状态	38

jiǔjīngdēng 酒精灯	251	
jiǔniàng 酒酿	216	
jiǔqū 酒曲	216	
jùběnyǐxī 聚苯乙烯	120	
jùbiàn 聚变	66	
jùjiāo 聚焦	61	
jùlǜyǐxī 聚氯乙烯	120	
jùrénzhèng 巨人症	209	
jùyǐxī 聚乙烯	120	
juéduìlíngdù 绝对零度	47	
juéduìwēnbiāo 绝对温标	48	
juélèi 蕨类	155	
juéyuántǐ 绝缘体	18	

Kk

kāi'ěrwén 开尔文	52	
kàngtǐ 抗体	180	
kàngyuán 抗原	180	
kěnìfǎnyìng 可逆反应	78	
kěránwù 可燃物	83	
kěránxìng 可燃性	84	
kèdùchǐ 刻度尺	244	
kōngxīncài 空心菜	214	
kǒuqiāng 口腔	188	
kǔguā 苦瓜	212	
kuángquǎnbìng 狂犬病	210	
kuàngwù 矿物	110	
kuàngwùzhì 矿物质	110	
kūnchónglèi 昆虫类	137	
kuòsànguòchéng 扩散过程	84	

Ll

lālì 拉力	28	
lánbǎoshí 蓝宝石	113	
lánzǎo 蓝藻	159	
lèigǔ 肋骨	168	
léngjìng 棱镜	246	
lěngníngqì 冷凝器	235	
líxīnxiànxiàng 离心现象	39	
líxīnyùndòng 离心运动	39	
lízǐ 离子	90	
lízǐjiàn 离子键	91	
lǐxiǎngqìtǐ 理想气体	48	
lìbì 力臂	33	
lìdefāngxiàng 力的方向	34	
lìdefēnjiě 力的分解	34	
lìdehéchéng 力的合成	34	
lìdepínghéng 力的平衡	34	
lìdezuòyòng 力的作用	34	
lìjígǎnjūn 痢疾杆菌	200	
lìjǔ 力矩	25	
lìxué 力学	25	
lìzǐ 粒子	64	
liánhuā 莲花	159	
liántōngqì 连通器	235	
liánzǐ 莲子	160	
liàngāng 炼钢	114	
liàntiě 炼铁	114	
liángbēi 量杯	250	
liángchéng 量程	6	
liángdǎotǐ 良导体	46	
liángtǒng 量筒	251	

liǎngqīlèi 两栖类	137	
lièjiě 裂解	77	
lín 磷	102	
línbā 淋巴	185	
línbāguǎn 淋巴管	185	
línféi 磷肥	115	
línjièdiǎn 临界点	48	
línpiàn 鳞片	146	
línshízhuāngpiàn 临时装片	257	
lìnbìng 淋病	210	
língxiàn 零线	15	
liú 硫	102	
liúhuáng 硫磺	102	
liúliàng 流量	231	
liúniǎo 留鸟	147	
liúsuān 硫酸	102	
liúsuānbèi 硫酸钡	102	
liúsuānlǚ 硫酸铝	102	
liúsuānlǚjiǎ 硫酸铝钾	103	
liúsuāntiě 硫酸铁	103	
liúsuāntóng 硫酸铜	103	
liúsuānyàtiě 硫酸亚铁	103	
liúxiànxíng 流线型	39	
liúxíngxìnggǎnmào 流行性感冒	204	
lóngxiā 龙虾	142	
lóngyǎn 龙眼	215	
lòudiàn 漏电	18	
lòudǒu 漏斗	248	
lúgǔ 颅骨	167	
lùduāndiànyā 路端电压	12	
lǚhéjīn 铝合金	112	
lǚtǔkuàng 铝土矿	112	

lǜguāngqì 滤光器	235	
lǜhuàlǚ 氯化铝	104	
lǜhuànà 氯化钠	104	
lǜhuàtiě 氯化铁	104	
lǜhuàtóng 氯化铜	104	
lǜhuàwù 氯化物	104	
lǜshuǐ 氯水	103	
lǜzhǐ 滤纸	249	
luǎncháo 卵巢	197	
luǎnshēng 卵生	150	
luǒzǐzhíwù 裸子植物	151	

Mm

mǎdébǎobànqiú 马德堡半球	244
mǎlán 马兰	155
màibó 脉搏	184
màilìzhǒng 麦粒肿	203
màiyátáng 麦芽糖	122
mànfǎnshè 漫反射	59
máoniú 牦牛	149
máoxìlínbāguǎn 毛细淋巴管	185
máoxìxuèguǎn 毛细血管	184
méi 梅	155
méi 酶	191
méijūn 霉菌	200
méiyóu 煤油	118
méiyǔ 梅雨	218
měi 镁	105
miǎnyì 免疫	186
mièhuǒjì 灭火剂	80
mièhuǒqì 灭火器	251
mócālì 摩擦力	35

mó'ěr 摩尔	90
mòsùdù 末速度	31
mùjìng 目镜	256

Nn

nà 钠	105
nánbànqiú 南半球	225
nánguā 南瓜	213
nánhuíguīxiàn 南回归线	226
nánjí 南极	227
nǎochuítǐ 脑垂体	171
nǎogàn 脑干	171
nǎoqiáo 脑桥	170
nèi'ěr 内耳	177
nèifēnmìxìtǒng 内分泌系统	195
nèilì 内力	28
nèinéng 内能	48
nèipēicéng 内胚层	131
nèiránjī 内燃机	49
néng 能	6
néngliàngshǒuhéngdìnglǜ 能量守恒定律	7
néngyuán 能源	7
níluó 泥螺	144
nìfǎnyìng 逆反应	78
nìshuǐ 溺水	208
niǎolèi 鸟类	137
niàochángguījiǎnchá 尿常规检查	194
niàodào 尿道	194
niàosù 尿素	121
niàoyè 尿液	194

nièɡédiànchí 镍镉电池	240
niètiědiànchí 镍铁电池	240
nínggùdiǎn 凝固点	84
nínghuá 凝华	49
níngjù 凝聚	77
niúdùn 牛顿	45
niúdùnyùndòngdìnglǜ 牛顿运动定律	45
nóngdù 浓度	72
nóngróngyè 浓溶液	87
nóngyào 农药	121
nuèjí 疟疾	205
nuèyuánchóng 疟原虫	201

Oo

ōumǔ 欧姆	23

Pp

páxínglèi 爬行类	137
pàsīkǎdìnglǜ 帕斯卡定律	45
páixièxìtǒng 排泄系统	193
pángguāng 膀胱	194
pángxiè 螃蟹	143
pàngtóuyú 胖头鱼	141
pāotǐyùndòng 抛体运动	39
pāowùxiàn 抛物线	39
pēi 胚	130
pēigēn 胚根	130

pēirǔ 胚乳 130	qiānwǎ 千瓦 23	
pēitāi 胚胎 130	qiānwǎshí 千瓦时 24	**Rr**
pēiyá 胚芽 131	qiánbì 前臂 168	
pēizhóu 胚轴 131	qiánnǎo 前脑 169	rándiǎn 燃点 83
pēizhū 胚珠 131	qiánwàngjìng 潜望镜 247	ránshāo 燃烧 83
pénghāocài 蓬蒿菜 213	qiánzhī 前肢 138	ránshāochí 燃烧匙 251
péngzhàng 膨胀 49	qiāngchángdòngwù 腔	rǎnsètǐ 染色体 127
piǎobáifěn 漂白粉 115	肠动物 136	rèchuándǎo 热传导 50
piǎobáijì 漂白剂 114	qiángjiǎn 强碱 100	rèdài 热带 228
pínlǜ 频率 55	qiángsuān 强酸 100	rèdàiyú 热带鱼 141
pínghéng 平衡 42	qīngjiéjì 清洁剂 81	rèdàiyǔlín 热带雨林 162
pínghénglì 平衡力 42	qīnglízǐ 氢离子 92	rèliàng 热量 49
píngjūnsùdù 平均速度 31	qīngqì 氢气 95	rèxiàoyìng 热效应 50
píngpāoyùndòng 平抛运	qīngtóng 青铜 111	rèxué 热学 46
动 40	qīngxiè 青蟹 143	rèyùndòng 热运动 50
pòshāngfēng 破伤风 205	qīngyǎnggēnlízǐ 氢氧根	rèzhí 热值 49
pútáotáng 葡萄糖 192	离子 92	réngōnghūxī 人工呼吸
	qīngyǎnghuàgài 氢氧化	208
Qq	钙 105	réntǐzǔzhījiégòu 人体组
	qīngyǎnghuàlǚ 氢氧化铝	织结构 164
qídài 脐带 198	105	rénzàowèixīng 人造卫星
qìdiàndǎoguǐ 气垫导轨	qīngyǎnghuànà 氢氧化	221
43	钠 106	rèndài 韧带 169
qìguān 器官 166	qīngyǎnghuàwù 氢氧化	rìmiǎn 日冕 220
qìguǎn 气管 187	物 105	róngdiǎn 熔点 84
qìhuà 气化 51	qīngyú 青鱼 141	róngjì 溶剂 85
qìkǒng 气孔 146	qūgànbù 躯干部 168	róngjiě 溶解 85
qìnáng 气囊 147	qūguāngdù 屈光度 61	róngjiěxìng 溶解性 85
qìtài 气态 51	qūxiànyùndòng 曲线运	róngróngzhuàngtài 熔融
qìtǐjiāohuàn 气体交换	动 40	状态 84
187	qǔchǐ 龋齿 204	róngsī 熔丝 238
qìtǐyāqiáng 气体压强 3	qǔdài 取代 74	róngyè 溶液 85
qìwèi 气味 93	qúndǎo 群岛 229	róngzhì 溶质 85
qìxiàngwèixīng 气象卫星	qúnluò 群落 161	róngzhìzhìliàngfēnshù 溶
221		质质量分数 86
qìyā 气压 3		rǔsuānjūn 乳酸菌 191

拼音	汉字	页码
rǔyá	乳牙	188
rǔzhuóyè	乳浊液	87
rùshèdiǎn	入射点	62
rùshèguāng	入射光	62
ruǎntǐdòngwù	软体动物	136
rùnhuáyóu	润滑油	118
ruòjiǎn	弱碱	100
ruòsuān	弱酸	101

Ss

拼音	汉字	页码
sāi	鳃	147
sānjiǎojià	三脚架	254
sānyǎnghuàliú	三氧化硫	106
sèmáng	色盲	202
sèsàn	色散	62
sèsù	色素	216
shāchóngjì	杀虫剂	121
shājūnjì	杀菌剂	121
shāncháhuā	山茶花	152
shāndì	山地	223
shànshí	膳食	192
shàngbì	上臂	168
shāobēi	烧杯	252
shāopíng	烧瓶	252
shāoshāng	烧伤	209
shèpǔyí	摄谱仪	236
shèshí	摄食	192
shèshìwēnbiāo	摄氏温标	48
shēnchángqū	伸长区	132
shénjīngchōngdòng	神经冲动	173
shénjīngmòshāo	神经末梢	172
shénjīngxìtǒng	神经系统	172
shénjīngyuán	神经元	172
shèn	肾	193
shènshàngxiàn	肾上腺	196
shènyú	肾盂	193
shènyúshènyán	肾盂肾炎	206
shènzàng	肾脏	193
shēngbō	声波	53
shēngcài	生菜	213
shēngchǎnzhě	生产者	132
shēngchéngwù	生成物	71
shēnghuá	升华	74
shēnglǐ	生理	124
shēngmìngzhōngshū	生命中枢	171
shēngnéng	声能	54
shēngtài	生态	162
shēngtàipínghéng	生态平衡	163
shēngtàixìtǒng	生态系统	163
shēngwù	生物	124
shēngwùquān	生物圈	124
shēngxiù	生锈	88
shēngxué	声学	53
shēngyuán	声源	53
shēngzhǎngdiǎn	生长点	132
shēngzhíxìtǒng	生殖系统	
shīzhòng	失重	43
shíèrzhǐcháng	十二指肠	190
shíguǎn	食管	189
shíhuīshí	石灰石	113
shíkè	时刻	8
shílà	石蜡	122
shímiánwǎng	石棉网	255
shímò	石墨	114
shíruǐ	石蕊	114
shíwùliàn	食物链	133
shíwùwǎng	食物网	134
shíxiàng	实像	62
shíyànbàogào	实验报告	233
shíyànshì	实验室	233
shíyànyuán	实验员	233
shíyóuqì	石油气	123
shǐliàng	矢量	4
shìguǎnjiá	试管夹	252
shìguǎnjià	试管架	252
shìguǎnshuā	试管刷	252
shìjì	试剂	253
shìjìpíng	试剂瓶	253
shìjué	视觉	175
shìjuézànliú	视觉暂留	175
shìnéng	势能	27
shìwǎngmó	视网膜	175
shìyě	视野	176
shìzhǐ	试纸	253
shōusuōyā	收缩压	184
shǒuzúkǒubìng	手足口病	210
shòujīng	受精	198

shūchūgōnglǜ 输出功率 17	suānjiǎnxìng 酸碱性 89	tiāntǐ 天体 219	
shūniàoguǎn 输尿管 194	suānshìyán 酸式盐 101	tiānwén 天文 217	
shūsòng 输送 133	suānxìng 酸性 88	tiáncài 甜菜 215	
shūzhāngyā 舒张压 184	suānyǔ 酸雨 219	tiánluó 田螺 144	
shùfùdiànzǐ 束缚电子 14	suōzixiè 梭子蟹 144	tiáojiànfǎnshè 条件反射 173	
shùjù 数据 8	**Tt**	tiáoxíngcítiě 条形磁铁 241	
shùmǎ 数码 8			
shuāibiàn 衰变 66	tākēcài 塌棵菜 213	tiějiá 铁夹 254	
shuāngdòng 霜冻 219	tāipán 胎盘 198	tiějiàtái 铁架台 254	
shuāngshòujīng 双受精 198	tāishēng 胎生 150	tiěquān 铁圈 254	
shuāngxúnhuán 双循环 126	táichèng 台秤 242	tiěshù 铁树 156	
shuāngyǎnpí 双眼皮 174	táixiǎn 苔藓 160	tiěxiù 铁锈 88	
shuāngzǐyèzhíwù 双子叶植物 152	tàiyánghēizǐ 太阳黑子 219	tīngjué 听觉 177	
	tàiyángnéng 太阳能 6	tīngshénjīng 听神经 177	
shuǐcáo 水槽 253	tàiyángxì 太阳系 219	tīngxiǎogǔ 听小骨 177	
shuǐdòu 水痘 210	tánhuángchèng 弹簧秤 243	tīngyù 听阈 178	
shuǐjiě 水解 77	tánlì 弹力 27	tōngguāngkǒng 通光孔 175	
shuǐmián 水绵 159	tànjiū 探究 7	tōngshì 通式 89	
shuǐní 水泥 106	tànsuān 碳酸 106	tōngxìnwèixīng 通信卫星 221	
shuǐróngyè 水溶液 86	tànsuāngài 碳酸钙 106	tónghāo 茼蒿 213	
shuǐshān 水杉 156	tànsuānnà 碳酸钠 107	tóngkǒng 瞳孔 174	
shuǐtǔliúshī 水土流失 224	tànsuānqīngnà 碳酸氢钠 107	tóngwèisù 同位素 65	
shuǐxī 水螅 146		tòngjué 痛觉 178	
shuǐxúnhuán 水循环 231	tánglèi 糖类 215	tūtòujìng 凸透镜 245	
shuǐyínzhù 水银柱 244	tángniàobìng 糖尿病 205	túlì 图例 231	
shuǐzǎo 水蚤 146	tèsīlā 特斯拉 24	tǔrǎng 土壤 224	
shuǐzhì 水蛭 146	tíxíngcítiě 蹄形磁铁 241	tuīlì 推力 28	
shuǐzhìwūrǎn 水质污染 224	tǐdòngmài 体动脉 182	tuìshǎi 褪色 89	
	tǐjī 体积 4	tuōpántiānpíng 托盘天平 243	
shùnshísùdù 瞬时速度 31	tǐnèishòujīng 体内受精 198	tuōshuǐ 脱水 82	
sūdá 苏打 115	tǐxúnhuán 体循环 186	tuōshuǐjì 脱水剂 80	
sùlǜ 速率 8	tǐzhòngchèng 体重秤 243	tuōyǎnghétánghésuān	

脱氧核糖核酸	127	wūrǎnwù 污染物 133	xìbāohé 细胞核 165
		wújīhuàxué 无机化学 95	xìbāomó 细胞膜 165

Ww

		wújīwù 无机物 107	xìbāoqì 细胞器 165
wǎtè 瓦特	24	wújǐzhuīdòngwù 无脊椎动物 135	xìbāoyè 细胞液 165
wài'ěr 外耳	176	wúsè 无色 72	xìbāozhì 细胞质 165
wàilì 外力	29	wúyǎngsuān 无氧酸 100	xìjūnxìnglìjí 细菌性痢疾 207
wàipēicéng 外胚层	131	wùchā 误差 9	xìkǒupíng 细口瓶 250
wāndòu 豌豆	211	wùjìng 物镜 256	xìtiáojiéqì 细调节器 257
wánquánbiàntài 完全变态	125	wùlǐ 物理 1	xìtǒng 系统 164
wánquánránshāo 完全燃烧	83	wùlǐbiànhuà 物理变化 69	xìzhǔnjiāoluóxuán 细准焦螺旋 257
wànyòngbiǎo 万用表	239	wùlǐmóxíng 物理模型 1	xiágǔ 峡谷 223
wànyǒuyǐnlìdìnglǜ 万有引力定律	45	wùlǐxiànxiàng 物理现象 1	xiānrénzhǎng 仙人掌 157
wàngyuǎnjìng 望远镜	247	wùlǐxìngzhì 物理性质 69	xiānwéisù 纤维素 193
wēiliàng 微量	89	wùlǐxué 物理学 1	xiǎnwēijìng 显微镜 255
wēiróng 微溶	87	wùtàibiànhuà 物态变化 51	xiǎnxiàngguǎn 显像管 236
wéibó 韦伯	24	wùtǐ 物体 2	xiǎnxìng 显性 126
wéishēngsùC 维生素C	192	wùwán 戊烷 117	xiàncài 苋菜 214
wěixiàn 纬线	226	wùzhìdeliàng 物质的量 89	xiànlìtǐ 线粒体 127
wèi'ái 胃癌	206		xiànquān 线圈 241
wèikuìyáng 胃溃疡	206	## Xx	xiànsùdù 线速度 31
wèilěi 味蕾	189	xīlánhuā 西兰花 214	xiànxíngdòngwù 线形动物 136
wèiniánmó 胃黏膜	189	xīrè 吸热 92	xiāngduìxìngzhuàng 相对性状 129
wèixīng 卫星	221	xīrèfǎnyìng 吸热反应 92	xiǎngdù 响度 54
wèiyán 胃炎	206	xīróngyè 稀溶液 87	xiàngpísāi 橡皮塞 254
wèiyí 位移	9	xīshì 稀释 74	xiàngxīnjiāsùdù 向心加速度 31
wēndài 温带	228	xīshōurèliàng 吸收热量 93	xiàngxīnlì 向心力 29
wēndùjì 温度计	255	xīshuǐ 吸水 81	xiāofèizhě 消费者 132
wéngé 文蛤	145	xīyì 蜥蜴 149	xiāohuàqiāng 消化腔 188
wèngcài 蕹菜	214	xīyǒuqìtǐ 稀有气体 95	xiāohuàxìtǒng 消化系统 187
wūguī 乌龟	140	xǐdícáo 洗涤槽 253	
		xìbāobì 细胞壁 164	

pinyin	词	页
xiāosuān	硝酸	108
xiāosuāntóng	硝酸铜	108
xiǎocháng	小肠	190
xiǎochángróngmáo	小肠绒毛	190
xiǎonǎo	小脑	170
xiǎosūdá	小苏打	116
xiédàizhě	携带者	202
xiépāoyùndòng	斜抛运动	40
xīn	锌	108
xīnchéndàixiè	新陈代谢	193
xīnfáng	心房	181
xīnjiǎotòng	心绞痛	207
xīnjīgěngsǐ	心肌梗死	207
xīnlǜ	心率	185
xīnshì	心室	181
xīnzàngbìng	心脏病	207
xīngxì	星系	220
xíngbiàn	形变	43
xìngrǎnsètǐ	性染色体	128
xìngxiàn	性腺	196
xìngzhuàng	性状	128
xìngzhuàngfēnlí	性状分离	129
xìngzhuàngyǐnxìng	性状隐性	129
xiōnggǔ	胸骨	168
xióngruǐ	雄蕊	153
xūgēnxì	须根系	157
xūxiàng	虚像	63
xùdiànchí	蓄电池	239
xuánfú	悬浮	43
xuánlíngmù	悬铃木	156
xuánzhuóyè	悬浊液	87
xuěcài	雪菜	214
xuělǐhóngcài	雪里蕻菜	214
xuè	血	178
xuèguǎn	血管	183
xuèhóngdànbái	血红蛋白	179
xuèjiāng	血浆	179
xuèqīng	血清	179
xuètáng	血糖	179
xuèxīchóng	血吸虫	201
xuèxìbāo	血细胞	180
xuèxiǎobǎn	血小板	180
xuèxíng	血型	180
xuèyā	血压	184
xuèyè	血液	178
xúnhuánxìtǒng	循环系统	181

Yy

pinyin	词	页
yāpiànjiá	压片夹	257
yāqiáng	压强	2
yāsuō	压缩	4
yāzuǐshòu	鸭嘴兽	149
yáyòuzhì	牙釉质	188
yānhóu	咽喉	189
yán'àn	沿岸	228
yándù	盐度	72
yánjiāng	岩浆	230
yánshí	岩石	230
yánsuān	盐酸	108
yánsuǐ	延髓	171
yánzhǎnxìng	延展性	93
yǎnshè	衍射	59
yànsèfǎnyìng	焰色反应	79
yánglízǐ	阳离子	91
yángméi	杨梅	216
yángmóluǎn	羊膜卵	197
yángshēngqì	扬声器	241
yǎnghuàgài	氧化钙	109
yǎnghuàhuányuánfǎnyìng	氧化还原反应	79
yǎnghuàjì	氧化剂	80
yǎnghuàlǚ	氧化铝	109
yǎnghuàmó	氧化膜	109
yǎnghuàtiě	氧化铁	109
yǎnghuàwù	氧化物	109
yàochí	药匙	251
yè	叶	157
yèhuà	液化	52
yèjīng	液晶	8
yèlǜsù	叶绿素	157
yèlǜtǐ	叶绿体	158
yèmài	叶脉	158
yèpào	液泡	197
yèròu	叶肉	158
yèshāo	叶梢	158
yètài	液态	52
yètǐ	液体	52
yèyāchuándòng	液压传动	43
yīwén	伊蚊	149
yīyǎnghuàdàn	一氧化氮	110
yīyǎnghuàtàn	一氧化碳	110
yīyuánsuān	一元酸	107
yīzǎo	衣藻	159
yí	胰	145

拼音	词语	页码
yíchuányīnzǐ	遗传因子	130
yídǎosù	胰岛素	195
yíxiàn	胰腺	195
yíyè	胰液	196
yǐquē	乙炔	120
yǐsuān	乙酸	119
yǐxī	乙烯	120
yì	翼	148
yìhuāchuánfěn	异花传粉	162
yìyǎng	异养	162
yīnchā	音叉	242
yīndiào	音调	54
yīnlízǐ	阴离子	92
yīnliàng	音量	55
yīnliàngkòngzhìqì	音量控制器	242
yīnpín	音频	55
yīnsè	音色	55
yínhéxì	银河系	220
yínkuàng	银矿	112
yínxìng	银杏	156
yǐnlì	引力	29
yǐnxìng	隐性	126
yǐng	影	63
yōngyú	鳙鱼	141
yǒngcítǐ	永磁体	21
yǒngjiǔzhuāngpiàn	永久装片	258
yóulítài	游离态	93
yóuzhī	油脂	119
yǒuhuāzhíwù	有花植物	152
yǒujībōli	有机玻璃	122
yǒujīhuàhéwù	有机化合物	122
yǒujīhuàxué	有机化学	116
yǒujīyǎngliào	有机养料	160
yǒusèjīnshǔ	有色金属	97
yǒusīfēnliè	有丝分裂	128
yòushǒudìngzé	右手定则	22
yòuxīnfáng	右心房	181
yòuxīnshì	右心室	182
yúchóng	鱼虫	146
yúlèi	鱼类	138
yǔmáo	羽毛	148
yǔzhòu	宇宙	220
yǔzhòufēichuán	宇宙飞船	222
yǔzhòukōngjiānzhàn	宇宙空间站	222
yùchú	育雏	150
yùnǎi	芋艿	215
yùtou	芋头	215
yuándiànchí	原电池	240
yuánfāxìng	原发性	201
yuánjiàn	元件	244
yuánlǐ	原理	5
yuánshēngdòngwù	原生动物	136
yuánsùfúhào	元素符号	94
yuánsùzhōuqībiǎo	元素周期表	94
yuányóu	原油	123
yuánzhōuyùndòng	圆周运动	40
yuánzǐhé	原子核	64
yuánzǐliàng	原子量	65
yuǎnshì	远视	202
yuèqiú	月球	220
yuèyīn	乐音	54
yúnbiànsùyùndòng	匀变速运动	41
yúnjiāsùyùndòng	匀加速运动	42
yúnjiǎnsùyùndòng	匀减速运动	42
yúnqiángdiànchǎng	匀强电场	19
yúnsùyuánzhōuyùndòng	匀速圆周运动	42
yúnsùyùndòng	匀速运动	41
yúnsùzhuàndòng	匀速转动	41
yùndòngxìtǒng	运动系统	167

Zz

拼音	词语	页码
zázhì	杂质	94
zǎibōpiàn	载玻片	257
zǎiwùtái	载物台	258
zǎolèi	藻类	158
zàoyīn	噪音	54
zhàyào	炸药	123
zhānglì	张力	29
zhāngyú	章鱼	142
zháohuǒdiǎn	着火点	83
zhǎoxiā	沼虾	143
zhàomíngdiànlù	照明电路	13
zhètáng	蔗糖	122

拼音	词	页	拼音	词	页	拼音	词	页
zhēnjūn	真菌	212	zhìxī	窒息	208		变化	51
zhēnkōng	真空	4	zhìzǐ	质子	64	zhuàngtàifāngchéng	状态方程	51
zhèndòng	振动	44	zhōng'ěr	中耳	177			
zhènjí	震级	229	zhōnghézuòyòng	中和作用	94	zhuīxíngpíng	锥形瓶	250
zhēngfāmǐn	蒸发皿	248				zǐcài	紫菜	214
zhēngliú	蒸馏	73	zhōngnǎo	中脑	170	zǐfáng	子房	161
zhēngliúshuǐ	蒸馏水	73	zhōngxìng	中性	95	zǐgōng	子宫	197
zhēngténg	蒸腾	160	zhōngzǐ	中子	64	zǐténg	紫藤	152
zhèngdiànhè	正电荷	17	zhǒngqún	种群	160	zǐyè	子叶	161
zhèngfǎnyìng	正反应	78	zhǒngzǐzhíwù	种子植物	151	zìhuāchuánfěn	自花传粉	161
zhèngjí	正极	17				zìránguāng	自然光	62
zhīdiǎn	支点	32	zhòngdú	中毒	94	zìránkēxué	自然科学	2
zhīfáng	脂肪	166	zhòngjīnshǔ	重金属	97	zìránxiànxiàng	自然现象	2
zhígēnxì	直根系	157	zhònglì	重力	44			
zhīqìguǎn	支气管	187	zhònglìshìnéng	重力势能	44	zìyǎng	自养	162
zhīqìguǎnyán	支气管炎	204	zhòngxīn	重心	44	zìyóudiànzǐ	自由电子	14
zhíjiǎoléngjìng	直角棱镜	246	zhōuqī	周期	5	zìyóuluòtǐ	自由落体	45
			zhōuwéishénjīngxìtǒng	周围神经系统	172	zìzhuàn	自转	227
zhíshèdiǎn	直射点	61				zòngbō	纵波	36
zhíwù	植物	151	zhūrúzhèng	侏儒症	209	zúxuǎn	足癣	209
zhíxiànyùndòng	直线运动	40	zhūxínglèi	蛛形类	138	zǔlì	阻力	33
			zhǔdòngmài	主动脉	183	zǔlìbì	阻力臂	33
zhǐnánzhēn	指南针	232	zhǔguāngzhóu	主光轴	63	zǔzhīyè	组织液	185
zhǐshìjì	指示剂	81	zhùyá	蛀牙	204	zuǒshǒudìngzé	左手定则	22
zhǐwén	指纹	166	zhuǎnhuànqì	转换器	133			
zhìdiǎn	质点	44	zhuǎnjīyīn	转基因	129	zuǒxīnfáng	左心房	181
zhìlěngjì	制冷剂	81	zhuàndòng	转动	41	zuǒxīnshì	左心室	182
zhìliàngshǒuhéng	质量守恒	90	zhuànsù	转速	41	zuòyònglì	作用力	30
			zhuàngtàibiànhuà	状态				

英 文 索 引

A

abiochemistry	95
abnormal root	163
abnormal stem	164
absolute scale	48
absolute zero	47
absorbent	81
absorption of heat	93
acceleration	30
acceleration centripetal	31
acetic acid	119
acetylene	120
achromaticity	72
acid rain	219
acid salt	101
acidity	88
acidity and alkalinity	89
acne	203
acoustics	53
acquired immune deficiency syndrome	210
acting force	30
activator	79
active metal	96
adhesive	81
adrenal gland	196
aedes	149
aerification	51
agglomeration	77
AIDS	210
air track	43
alcohol lamp	251
alga	158
alkalescence	88
alkali	100
alternating current	18
alum	99
alumina	109
aluminium chloride	104
aluminium hydroxide	105
aluminium potassium sulfate	103
aluminium sulfate	102
alveolus	187
amaranth	214
amino acid	116
ammeter	238
ammonia	96
amniotic eggs	197
amoeba	139
amount of substance	89
ampere	22
amphibians	137
angina	207
angiosperm	151
angular velocity	30
animal	134
annelid	135
anode	17
anther	155
antibody	180
antigen	180
antiseptic	121
anus	195
aorta	183
aperture	175
appendage	138
aqueous solution	86
arable land	223
arachnida	138
archipelago	229
arid climate	218
arm	33
aromatic hydrocarbons	117
arrowhead	212
arteriae systematicac	182
arterial blood	183
artery	182
arthropod	135
artificial respiration	208
asbestos network	255

ascarid	200	bauxite	112	Brassica narinosa	213		
ascaris eggs	201	bayberry	216	breakout friction	35		
aspergillus flavus	200	beak	147	bream	140		
asphyxia	208	beaker	252	breathing	186		
astronomy	217	breakout friction	35	broccoli	214		
athlete's foot	209	beam	61	bronchitis	204		
atmosphere	217	beam of light	60	bronchus	187		
atmospheric motion	217	beet	215	bronze	111		
atmospheric pressure	3	benzene	117	brood	150		
atomic nucleus	64	bequeath	145	buffer	80		
atomic weight	65	biatomic acid	107	bulb	236		
atrium	181	bighead carp	141	buoyancy	28		
audio	55	bile	190	burn	209		
auditory nerve	177	biology	124	butane	117		
auditory ossicles	177	biosphere	124				
auricle	176	birds	137	**C**			
autosome	128	bitter melon	212				
autotrophic	162	black metal	96	cabbage butterfly	139		
average velocity	31	bladder	194	cactus	157		
axis	225	bleacher	114	calcium carbonate	106		
axunge	119	bleaching powder	115	calcium hydroxide	105		
		blood	178	calcium oxide	109		
B		blood cells	180	calorific value	49		
		blood pressure	184	calorifics	46		
bacterial dysentery	207	blood sugar	179	camellia	152		
Baiji	140	blood type	180	cane sugar	122		
balance	42	blood vessel	183	canyon	223		
balloon	147	blue crab	143	capillary	184		
bar magnets	241	blue green algae	159	capture	65		
barium sulfate	102	bluestone	103	carbamide	121		
barycenter	44	boiling point	50	carbinol	119		
base oil	123	Bordeaux mixture	86	carbohydrate	215		
basic oxide	101	border	224	carbon dioxide	98		
basic salt	101	bound electron	14	carbon monoxide	110		
basil dish	213	brainstem	171	carbonic acid	106		
battery	239	brass	111	carbuncle	113		

carriers	202	chemical valence	70	component	244
carrot	212	chemistry	68	component	72
catheter	237	Chlamydomonas	159	composite material	123
cathode	18	chloride	104	composition of forces	34
cathode ray tube	236	chlorine water	103	compound	70
causticity	78	chlorophyll	157	compound fertilizer	115
celestial body	219	chloroplast	158	compression	4
cell membrane	165	cholesterol	191	concave lens	245
cell nucleus	165	chromosome	127	concentrated solution	87
cell wall	164	circuit	11	concentration	72
cellulose	193	circuit diagram	11	concurrent forces	27
Celsiur scale	48	circuit fault	11	condenser	235
cement	106	circular motion	40	conditioned response	173
centrifugal motion	39	circulatory system	181	conduction	46
centrifugal phenomenon	39	clams	145	conductive	14
centripetal force	29	classification	76	conductive deafness	203
cerebellum	170	cleanser	81	conductor	14
cerebral cortex	169	closed circuit	13	conical flask	250
chalcopyrite	111	coarse adjustement knob	257	connected device	235
change color	71	coast	228	constant	28
change of state	51	coastal area	228	consumer	132
change of state	51	cochlea	176	contribute	27
character segregating	129	coelenterate	136	control experiment	233
characters	128	coil	241	convection	47
charge amount	10	cold wave	218	converter	133
charge up	14	colloid	82	convex lens	245
charged particle	64	color blindness	202	copper dichloride	104
chemical bond	91	combined form	70	Cordyceps sinensis	153
chemical change	69	combustibility	84	cornea	174
chemical combination	70	combustible	83	corona	220
chemical equation	70	combustion	83	coronary	182
chemical equilibrium	69	combustion spoon	251	cotyledon	161
chemical formula	68	communications satellite	221	counterbalance	42
chemical property	69	community	161	counterforce	30
chemical reaction	68	compass	232	covalent bond	91
chemical symbol	68	complete combustion	83	cover glass	256

crab	143
cretinism	209
critical point	48
cross-pollination	162
crown block	32
CRT	236
crucible	249
crucible tongs	249
crustaceans	137
cryogen	81
crystal	78
cupric nitrate	108
current	10
current magnetic effect	21
curvilinear motion	40
cycle	5
cypress	156
cytoplasm	165
cytosol	165

D

data	8
decalescence	92
decibel	55
deciduous tooth	188
decomposition	76
deformation	43
dehydrater	80
dehydration	82
delamination	76
deliquescence	77
dental caries	204
deoxyribonucleic acid	127
depigmentation	89
dermatophagoides pteronyssinus	199
desiccant	79
desiccator	249
desublimation	49
diabetes	205
diamond	113
diaphragm	166
diastolic blood pressure	184
dicotyledon	152
diencephalon	170
diesel oil	118
diffraction	59
diffuse reflection	59
diffusion process	84
digestive cavity	188
digestive system	187
digital	8
dilutedness	74
dimethylmethane	117
diopter	61
direct point	61
direction of force	34
discharge	17
disease	199
disintegration	66
dispersion	62
dispersion prism	246
displacement	9
dissolve	85
distillation	73
distilled water	73
distiller's yeast	216
DNA	127
dominant	126
double decomposition reaction	79
double fertilization	198
double-fold eyelid	174
dropper	248
drowning	208
dry cell	240
ductibility	93
duodenum	190
duralumin	112
dwarfism	209
dynamic friction coefficient	36
dynamometer	242
dysentery bacillu	200

E

earlobe	176
earth	225
earth crust	225
earth wire	15
ecological balance	163
ecology	162
ecosystem	163
ectoderm	131
elasticity	27
electric bell	237
electric cable	238
electric charge	10
electric energy	11
electric field line	16
electric light source	60
electric motor	237
electric power	10
electric shock	19
electric work	10
electricity	9

electrolyte	75	exothermic reaction	93	flask	252
electromagnet	240	expand	49	flow	231
electromagnetic field	20	experimental report	233	flower	154
electromagnetic force	21	explore	7	flowering plants	152
electromagnetic induction	21	explosive	123	fluid drive	43
electromagnetic vibration	21	external ear	176	focal point	61
electromotive force	16	external force	29	focus	61
electron	63	eyepiece	256	food chain	133
electronic balance	243			food network	134
electronic scale	243	**F**		foot and mouth disease	210
electrovalent bond	91			forearm	168
elemental symbol	94	farad	22	forebrain	169
elongation zone	132	fat	166	forelimb	138
embryo	130	feather	148	fractionation	73
emulsion	87	feeding	192	fragmentation	77
enamel	188	fermentation	191	free electron	14
endangered	208	fern	155	free fall	45
endocrine system	195	ferric chloride	104	free state	93
endoderm	131	ferric oxide	109	freezing point	84
endosperm	130	ferric sulfate	103	frequency	55
endothermic reaction	92	ferrisulfas	103	friction force	35
energy	6	fertilization	198	frigid zone	227
energy conservation law	7	fibrous root system	157	front	218
engine oil	118	field of vision	176	frost	219
environmental protection	224	filter	235	fruit	163
enzyme	191	filter paper	249	fulcrum	32
epidermis	166	filtration	74	funaria hygrometrica	154
equation of state	51	final velocity	31	function of force	34
equilibrium of forces	34	fine adjustment knob	257	fungi	212
error	9	fingerprint	166	funnel	248
escherichia coli	199	fire extinguisher	251	fuse	238
esophagus	189	fire extinguisher	80	fusion	66
ethylene	120	firedamp	116		
evaporating dish	248	first cosmic velocity	32	**G**	
excretory system	193	fish	138		
exhaust gas	75	flame reaction	79	galaxy	220

gap	3
gas collecting bottle	250
gas exchange	187
gas pressure	3
gaseity	51
gastric carcinoma	206
gastric mucosa	189
gastric ulcer	206
gastritis	206
gene	129
gene mutation	130
general formula	89
genetic factors	130
geography	222
geomagnetic field	20
germ	131
gigantism	209
gill	147
ginkgo	156
globe	231
glucose	192
gold	111
golden cauliflower	212
gonad	196
gonorrhea	210
good conductor	46
graduated cylinder	251
graduated scale	244
granite	112
graphite	114
grass carp	141
gravitational	29
gravitational potential energy	44
gravity	44
groundwater	230
growing point	132
gymnosperm	151

H

half life	66
heart disease	207
heart rate	185
heat	49
heat conductivity	47
heat insulator	47
heat liberation	50
heavy metal	97
helianthin B	119
hematite	111
hemoglobin	179
henry	24
hepatitis	205
herring	141
heterotrophic	162
high magnification	256
hind legs	138
hindbrain	170
holometabolism	125
homogeneous light	57
hookworm	200
hoop	254
horizontal projectile motion	40
hormone	196
hornwort	159
horseshoe magnet	241
house mosquito	149
human organization	164
hydra	146
hydrochloric acid	108
hydrogen	95
hydrogen acid	100
hydrogen ion	92
hydrolyze	77
hydroxid	105
hydroxyl ions	92
hyperopia	202
hypertension	207
hypocotyl	131

I

ideal gas	48
illuminant	58
illusion	178
immunity	186
impurity	94
in vivo fertilization	198
inactive metal	96
incident light	62
incident point	62
incubation	150
indicator	81
inertia	36
infectious disease	204
infector	202
influenza	204
infusorial earth	99
inner ear	177
insecticide	121
insects	137
instantaneous velocity	31
insulator	18
insulin	195
internal energy	48
internal force	28

internal-combustion engine		49
international unit		5
intestinal juice		190
invertebrates		135
iodine		98
ion		90
ionization		75
ipomoea aquatica		214
iris		174
iron clamp		254
iron support		254
ironwood		156
isotherm		217
isotope		65

J

jar	249
jaundice	205
joule	23
Joule's law	23

K

Kelvin	52
kerosene	118
key	133
kidney	193
kidney bean	211
kilowatt	23
kilowatt-hour	24
kindling point	83
kinetic energy	26

L

laboratory	233
laboratory technician	233
lactic acid bacteria	191
lamp house	60
lamp tube	236
landform	223
large intestine	189
larynx	189
laser	235
lateral line	125
laver	214
law	5
law of conservation of mechanical energy	37
law of reflection	58
leaf	157
leaf sheath	158
leaf vein	158
leakage	18
leech	146
left atrium	181
left ventricle	182
left-half rule	22
legend	232
length	4
lens	175
lettuce	213
leukemia	206
lever	32
life hub	171
ligament	169
light energy	60
light years	9

lighting circuit	13
lightning rod	13
limestone	113
linear animal	136
linear velocity	31
link	148
liquefaction	52
liqueur	216
liquid	52
liquid crystal	8
liquid state	52
litmus	114
live wire	15
lizard	149
lobster	142
locust	139
longan	215
longitudinal wave	36
long-necked funnel	248
lotus	159
lotus seed	160
loud speaker	241
loudness	54
low magnification	255
lube	118
lymph	185
lymph vessel	185
lymphatic capillary	185

M

Macrobrachium	143
Magdeburg hemispheres	244
magma	230
magnesium	105
magnet	20

magnetic force	20	
magnetic induction	19	
magnetic inductive	19	
magnetic pole	19	
magnetism	20	
magnifier	246	
magnitude	229	
malaria	205	
malt dust	122	
mammal	134	
mandarin fish	141	
man-made satellite	221	
marble	113	
mass conservation	90	
meals	192	
measure	7	
measuring glass	250	
mechanical efficiency	38	
mechanical energy	37	
mechanical motion	38	
mechanical vibration	38	
mechanical wave	37	
mechanical work	37	
mechanics	25	
medicine spoon	251	
Mediterranean	228	
medulla oblongata	171	
meiosis	128	
melting point	84	
mercury	244	
meridian	226	
mesencephalon	170	
mesophyll	158	
metabolism	193	
metallic bond	91	
metallicity	97	
metamorphosis	125	
Metasequoia glyptostroboides	156	
meteorological satellite	221	
metronome	245	
microscope	255	
middle ear	177	
migratory birds	147	
mildbase	100	
mildew	200	
Milky Way galaxy	220	
mineral	107	
mineral	110	
mineral substance	110	
mirror	256	
mitochondria	127	
mitosis	128	
mixed deafness	203	
mixture	71	
mol	90	
molecular formula	90	
molecule	90	
mollusc	136	
molten condition	84	
monacid	107	
monocotyledon	152	
mononitrogen monoxide	110	
Monopterus alba	142	
monsoon climate	218	
moon	220	
moss	160	
moth	140	
motion system	167	
mountainous region	223	
mud snail	144	
multimeter	239	
muscle	169	
musical tone	54	
mussel	144	
mutual inductance	22	
muzzle velocity	30	
myocardial infarction	207	
myopia	202	
myriapoda	136	

N

N Pole	227	
natrium	105	
natroncalk	101	
natural light	62	
natural phenomena	2	
natural science	2	
negative charge	17	
negative ion	92	
nerve endings	172	
nerve impulse	173	
nervous system	172	
neuron	172	
neutral line	15	
neutrality	95	
neutralization	94	
neutron	64	
Newton	45	
Newton's law of motion	45	
nickel-cadmium battery	240	
nickel-iron battery	240	
nitric acid	108	
nitrilon	121	
nitrogen dioxide	98	
nitrogenous fertilizer	115	
noise	54	

non-biology	124	ovary	197	permanent slide	258
nonferrous metal	97	overweight	26	permanent teeth	188
nonmetal	97	oviparity	150	persistence of vision	175
non-metallic nature	97	ovule	131	pesticide	121
normal	58	oxid	109	petal	154
North Pole	227	oxidant	80	petroleum gas	122
northern hemisphere	225	oxidation-reduction reaction		Ph value	88
nuclear energy	67		79	phenolphthalein	119
nuclear power station	66	oxide film	109	phosphate fertilizer	115
nuclear reaction	66	oxyacid	100	phosphor	102
nuclear reactor	67	ozone	96	photoelectron	59
nucleic acid	127			photoemission	59
		P		photon	59
O				photosynthesis	163
		pallet scale	243	physical change	69
object	2	pancreas	195	physical model	1
objective	256	pancreatic juice	196	physical phenomena	1
octopus	142	parabola	39	physical property	69
ohm	23	parallel	226	physics	1
olefin	122	parallel circuit	13	physics	1
open circuit	16	paramecium	139	physiology	124
optical block	247	parasitism	150	pigeon	148
optical cable	238	particle	44	pigment	216
optical screen	238	particle	64	pistil	153
optics	56	Pascal law	45	pituitary	171
oral cavity	188	passivation	75	placenta	198
orange	215	pea	211	plane tree	156
organ	166	peel off	3	plant	151
organelles	165	pendulum length	25	plasma	15
organic chemistry	116	peninsula	229	plasma	179
organic compound	122	pentane	117	plasmodium	201
organic nutrients	160	periodic table	94	platelet	180
osteonectin	167	peripheral nervous system		platform scale	242
osteoporosis	208		172	platina	110
output power	17	periscope	247	platyhelminthes	135
ovary	161	permanent magnet	21	platypus	149

plexiglass	122	
plum	155	
plum rain	218	
pneumonia	204	
poisoning	94	
pollen	155	
pollutant	133	
polyacid	108	
polychromatic light	57	
polystyrene	120	
polyvinyl chloride	120	
pons	170	
poor conductor	47	
positive charge	17	
positive ion	91	
positive reaction	78	
potassium permanganate	99	
potential energy	27	
potherb mustard	214	
power	33	
power	35	
power arm	33	
power meter	239	
power source	7	
power supply	11	
prawns	142	
precipitation	74	
pressure	2	
primary	201	
primary cell	240	
principal optic axis	63	
principle	5	
prism	246	
probability	6	
producer	132	
projectile motion	39	
projectile motion	40	
protein	192	
proton	64	
protozoa	136	
puddling	114	
pull	28	
pulmonary circulation	186	
pulse	184	
pumpkin	213	
pupil	174	
pure materials	71	
pure tone audiometer	242	
purity	72	
PVC	120	
pyelonephritis	206	

R

rabies	210	
radicalization	65	
radicle	130	
radioactivity	65	
rancois	155	
range	6	
rare gas	95	
rate	8	
rated power	16	
rated voltage	12	
razor fish	145	
RBI timer	245	
reagent	253	
reagent	71	
reagent bottle	253	
real image	62	
recessive	126	
recessive form	129	
rectilinear motion	40	
red blood cell	178	
red coral	145	
red tide	231	
reducing agent	80	
reference	26	
reflected light	58	
reflex	58	
reflex center	171	
relative character	129	
renal pelvis	193	
reproductive system	196	
reptile	137	
repulsion	27	
resident	147	
residue	76	
resistance	12	
resistance	33	
resistance arm	33	
resistor	234	
resolution of force	34	
resonance	35	
respiratory system	186	
resultant	71	
resultant force	29	
retina	175	
rev	41	
reverse reaction	78	
reversible reaction	78	
revolution	227	
rheostat	234	
rhizobium	154	
rib	168	
ribonucleic acid	127	
ribosome	126	
right angle prism	246	

right atrium	181	semiconductor	15	small jar	250
right ventricle	182	sense of hearing	177	smell	93
right-half rule	22	sense of pain	178	soak	132
rime	77	sense organ	173	soda	115
river crab	143	sensor	234	sodium bicarbonate	107
river snail	144	sensorineural deafness	203	sodium carbonate	107
RNA	127	separatory funnel	248	sodium chloride	104
rock	230	series circuit	13	sodium hydroxide	106
root	153	serum	179	soil	224
root cap	153	sex chromosome	128	soil erosion	224
root tip	154	sex-linked heredity	125	solar energy	6
rotation	227	shadow	63	solar system	219
rubber plug	254	shellfish	144	solid state	52
rust	88	shepherd's purse	213	solubility	85
rustiness	88	short circuit	16	solute	85
		silicate	99	solute concentration	86
S		silicic acid	99	solution	85
		silicon dioxide	98	solvent	85
S Pole	227	silkworm	139	sound power	54
safe voltage	12	silver ore	112	sound source	53
saleratus	116	simple harmonic motion	26	sound wave	53
salinity	72	simple machine	38	South Pole	227
sapphire	113	simple pendulum	25	southern hemisphere	225
satellite	221	simplified structure	82	soybean	211
saturated solution	86	single cycle	126	space shuttle	221
saturation	73	single-edged eyelid	173	space station	222
scalar	2	sink	253	spacecraft	222
scale	146	siphon	37	specific heat	46
schistosoma	201	skeleton	167	spectrograph	236
sclera	174	skimming	73	spectrometer	236
sea crab	143	skull	167	spinal cord	172
secondary	201	slide	257	spine	167
sediment	230	sliding friction	36	spirogyra	159
seed plant	151	sliding rheostat	235	spore	161
seismic waves	229	slightly soluble	87	spring balance	243
self-pollination	161	small intestine	190	stage	285

stage clips	257	telegraph key	237	tone	54
stainless steel	112	telencephalon	169	tooth decay	204
stamen	153	telescope	247	torque	25
standard atmosphere	3	temperate zone	228	torrid zone	228
static electricity	18	temporary slide	257	toxicity	75
stationary state	38	tensility	29	trace	89
steelmaking	114	tentacle	145	trachea	187
sternum	168	terminal voltage	12	transformer	234
stocks	160	terrain	222	transgenic	129
stoma	146	tesla	24	transpiration	160
storage battery	239	test strips	253	transportation	133
streamline	39	test tube brush	252	transverse wave	36
strong acid	100	test tube clip	252	travelling block	32
structural formula	82	test tube rack	252	tripod	254
structural representation	83	testis	197	tropic of cancer	226
sty	203	tetanus	205	tropic of capricorn	226
sublimation	74	the equator	226	tropical fish	141
substituent	74	the law of gravity	45	tropical rain forest	162
sulfur	102	theorem	5	trough	57
sulfur anhydride	106	thermal conduction	50	trunk	168
sulfur dioxide	98	thermal effect	50	tuning fork	242
sunspot	219	thermal motion	50	turn	41
suspension	43	thermometer	255	turtle	140
suspension	87	thermostat	250	turtle	140
sweet potatoes	211	thin lens	246	two-cycle	126
swimming crab	144	threshold	178		
symbiosis	134	throat	189	**U**	
system	164	thrust	28		
systematic circulation	186	thyroid	195	ultrasound	53
systolic blood pressure	184	tidal energy	6	umbilical cord	198
		tide	230	unconditioned response	173
T		timbre	55	uniform circular motion	42
		time	8	uniform electric field	19
tap root system	157	timer	245	uniform motion	41
taro	215	tissue fluid	185	uniform rotation	41
taste bud	189	toluene	118		

uniformly accelerated motion		42
uniformly retarded motion		42
uniformly variable motion		41
universe		220
unsaturated solution		86
upper arm		168
ureter		194
urethra		194
urine		194
urine routine examination		194
uterus		197

V

vacuole	197
vacuum	4
valley	223
variable motion	26
variation	125
varicella	210
VC	192
vector	4
vein	183
velocity of light	60
venous blood	183
ventricle	181
vertebrate	135
vibration	44
vice-coil	241
villi intestinales	190
virtual image	63
virus	199
vision sense	175
vitamin C	192
vitriol	102
viviparous	150
volatilization	82
volcanic eruption	229
volt	23
voltage	12
voltmeter	239
volume	4
volume	55
volume controller	242

W

washing tank	253
waste water	76
watch glass	247
water cycle	231
water flea	146
water pollution	224
water spinach	214
watt	24
wave	56
wave crest	56
wave source	57
wave velocity	57
wavelength	56
weak acid	101
weak solution	87
weber	24
weighing scale	243
weight	244
weightlessness	43
white blood cell	179
wind energy	7
wing	148
wire	237
wisteria	152
work	35

Y

yak	149
yeast	191
Yellow River carp	142

Z

zinc	108
zone	148

附录

中华人民共和国法定计量单位

中华人民共和国的法定计量单位(以下简称法定单位)包括:
(1)国际单位制的基本单位(见表1);
(2)国际单位制中具有专门名称的导出单位(见表2);
(3)国家选定的非国际单位制单位(见表3);
(4)由以上单位构成的组合形式的单位;
(5)由词头和以上单位所构成的十进倍数和分数单位(词头见表4)。

法定单位的定义、使用方法等,由国家计量局(其职权现由国家质量监督检验检疫总局执行)另行规定。

表1 国际单位制的基本单位

量的名称	单位名称	单位符号
长度	米	m
质量	千克(公斤)	kg
时间	秒	s
电流	安[培]	A
热力学温度	开[尔文]	K
物质的量	摩[尔]	mol
发光强度	坎[德拉]	cd

表2　国际单位制中具有专门名称的导出单位

量的名称	单位名称	单位符号	其他表示式例
平面角	弧度	rad	1
立体角	球面度	sr	1
频率	赫[兹]	Hz	s^{-1}
力;重力	牛[顿]	N	$kg \cdot m/s^2$
压力,压强;应力	帕[斯卡]	Pa	N/m^2
能量;功;热	焦[耳]	J	$N \cdot m$
功率;辐射通量	瓦[特]	W	J/s
电荷量	库[仑]	C	$A \cdot s$
电位;电压;电动势	伏[特]	V	W/A
电容	法[拉]	F	C/V
电阻	欧[姆]	Ω	V/A
电导	西[门子]	S	A/V
磁通量	韦[伯]	Wb	$V \cdot s$
磁通量密度,磁感应强度	特[斯拉]	T	Wb/m^2
电感	亨[利]	H	Wb/A
摄氏温度	摄氏度	℃	
光通量	流[明]	lm	$cd \cdot sr$
光照度	勒[克斯]	lx	lm/m^2
放射性活度	贝可[勒尔]	Bq	s^{-1}
吸收剂量	戈[瑞]	Gy	J/kg
剂量当量	希[沃特]	Sv	J/kg

表3　国家选定的非国际单位制单位

量的名称	单位名称	单位符号	换算关系和说明
时间	分 [小]时 天(日)	min h d	1min = 60s 1h = 60min = 3600s 1d = 24h = 86400s
平面角	[角]秒 [角]分 度	(″) (′) (°)	$1″ = (\pi/648\,000)\,\text{rad}$ 　(π 为圆周率) $1′ = 60″ = (\pi/10\,800)\,\text{rad}$ $1° = 60′ = (\pi/180)\,\text{rad}$
旋转速度	转每分	r/min	$1\text{r/min} = (1/60)\,\text{s}^{-1}$
长度	海里	n mile	1n mile = 1852m (只用于航程)
速度	节	kn	1kn = 1n mile/h 　= (1852/3600) m/s (只用于航行)
质量	吨 原子质量单位	t u	$1\text{t} = 10^3\,\text{kg}$ $1\text{u} \approx 1.6605402 \times 10^{-27}\,\text{kg}$
体积	升	L, (l)	$1\text{L} = 1\text{dm}^3 = 10^{-3}\,\text{m}$
能	电子伏	eV	$1\text{eV} \approx 1.60217733 \times 10^{-19}\,\text{J}$
级差	分贝	dB	用于对数量
线密度	特[克斯]	tex	1tex = 1g/km
土地面积	公顷	hm², (ha)	$1\text{hm}^2 = 10^4\,\text{m}^2 = 0.01\,\text{km}^2$

表4 用于构成十进倍数和分数单位的词头

所表示的因数	词头名称	词头符号	所表示的因数	词头名称	词头符号
10^{24}	戈[它]	Y	10^{-1}	分	d
10^{21}	泽[它]	Z	10^{-2}	厘	c
10^{18}	艾[可萨]	E	10^{-3}	毫	m
10^{15}	拍[它]	P	10^{-6}	微	μ
10^{12}	太[拉]	T	10^{-9}	纳[诺]	n
10^{9}	吉[咖]	G	10^{-12}	皮[可]	p
10^{6}	兆	M	10^{-15}	飞[母托]	f
10^{3}	千	k	10^{-18}	阿[托]	a
10^{2}	百	h	10^{-21}	仄[普托]	z
10^{1}	十	da	10^{-24}	幺[科托]	y

注:1. 周、月、年(年的符号为a),为一般常用时间单位。

2. [ ]内的字,是在不致混淆的情况下,可以省略的字。

3. ( )内的字为前者的同义语。

4. 角度单位度分秒的符号不处于数字后时,用括号。

5. 升的符号中,小写字母 l 为备用符号。ha 为公顷的国际符号。

6. r 为"转"的符号。

7. 日常生活和贸易中,质量习惯称为重量。

8. 公里为千米的俗称,符号为 km。

9. 10^4 称为万,10^8 称为亿,10^{12} 称为万亿,这类数词的使用不受词头名称的影响,但不应与词头混淆。

图书在版编目(CIP)数据

理科专业手语/中国残疾人联合会教育就业部,中国聋人协会主编.
—北京:华夏出版社,2011.9
(中国手语)
ISBN 978 - 7 - 5080 - 6060 - 6

I.①理… Ⅱ.①中… ②中… Ⅲ.①理科(教育) - 手势语 - 教材
Ⅳ.①H126.3

中国版本图书馆 CIP 数据核字(2011)第 184015 号

华 夏 出 版 社 出 版 发 行
(北京东直门外香河园北里4号 邮编:100028)
新 华 书 店 经 销
三河市李旗庄少明印装厂印刷
三河市李旗庄少明印装厂装订
880×1230 1/32 开本 10.5 印张 323 千字 插页2
2011 年 9 月北京第 1 版 2011 年 9 月北京第 1 次印刷
定价:28.00 元

本版图书凡有印刷、装订错误,可及时向我社发行部调换